HISTOIRE DU THÉATRE EN FRANCE

# LA COMÉDIE

## ET LES MŒURS EN FRANCE

### AU MOYEN AGE

PAR

L. PETIT DE JULLEVILLE

PROFESSEUR-SUPPLÉANT A LA SORBONNE

Quatrième édition

PARIS
LIBRAIRIE LÉOPOLD CERF
12, RUE SAINTE-ANNE, 12

Tous droits réservés

# LA COMÉDIE ET LES MŒURS

### EN FRANCE

## AU MOYEN AGE

*OUVRAGES DU MÊME AUTEUR*

## HISTOIRE DU THÉÂTRE EN FRANCE

### AU MOYEN AGE

Ouvrage terminé se composant des parties suivantes :

**Les Mystères.** Paris, Hachette, 1880, 2 volumes in-8°.

**Les Comédiens en France au moyen âge.** Paris, L. Cerf, 1885, in-16.

**La Comédie et les mœurs en France au moyen âge.** Paris, L. Cerf, 1886, in-16.

**Répertoire du Théâtre comique en France au moyen âge.** Paris, L. Cerf, 1886, grand in-8°.

HISTOIRE DU THÉATRE EN FRANCE

# LA COMÉDIE

## ET LES MŒURS EN FRANCE

### AU MOYEN AGE

PAR

L. PETIT DE JULLEVILLE

PROFESSEUR-SUPPLÉANT A LA SORBONNE

Quatrième édition

PARIS
LIBRAIRIE LÉOPOLD CERF
12, RUE SAINTE-ANNE, 12

Tous droits réservés

# INTRODUCTION

L'histoire de la comédie en France n'est pas, comme celle du drame sérieux, coupée par la Renaissance en deux moitiés distinctes.

Entre le mystère et la tragédie, il n'y a véritablement rien de commun. Quand on passe de l'un à l'autre, la nature du sujet, la conduite de l'action, la versification et le style, la mise en scène et les procédés dramatiques ; en un mot, la forme et le fond, tout paraît changé.

Au contraire, l'histoire de la comédie, quoiqu'on puisse y distinguer des périodes et des tendances successives, ne présente pas une seule interruption bien tranchée de la tradition originale. Depuis le XIII<sup>e</sup> siècle jusqu'à nos jours, on peut suivre, dans cette histoire, l'éclosion, puis le développement et les modifications nombreuses, mais lentement ménagées, d'un même genre littéraire toujours identique à lui-même, sous des formes diverses pendant six cents ans.

Ainsi s'explique, en grande partie, l'incomparable perfection où s'est élevé le genre comique en France. Cette suite et cette unité maintenues pendant tant de siècles, ont dû contribuer, plus qu'aucune autre cause, à donner à notre comédie une vie si florissante et un si durable éclat. Aucun effort n'a été perdu ; chaque époque a instruit, formé, enrichi l'époque suivante ; et la tradition comique ininterrompue est arrivée jusqu'à Molière, qui se vantait, on le sait, « de prendre son bien partout où il le trouvait ». — Ses vols étaient des conquêtes », a-t-on dit. Mot plus éclatant que juste. Ne disons ni vol ni conquête ; mais légitime héritage ; toute l'immense matière comique accumulée depuis près de quatre siècles, est tombée en ses mains puissantes ; il l'a comme pétrie et refaite, et marquée à la marque de son génie ; il en a tiré une vaste comédie, nationale et humaine à la fois, qui n'eut jamais, ni peut-être n'aura d'égale en aucun temps.

La persistance des genres est sensible à travers la transformation des noms. La *moralité* du quinzième siècle est devenue la grande comédie de mœurs, la comédie classique par excellence ; où le poète s'efforce d'incarner dans un personnage unique, un type entier, un caractère universel. Prenez le *Misanthrope*, et supposez qu'Alceste, au lieu de porter un nom d'homme, s'appelle *Misanthropie*; que Célimène s'y nomme *Coquetterie*; Philinte, *Optimisme;* Arsinoé, *Pruderie;* les deux marquis, *Sottise* et *Fatuité ;* le *Misanthrope* serait-il alors autre chose qu'une pure *moralité ?* Qu'est-ce que la *Sottie*, sinon la comédie politique si rarement libre dans son essor, depuis que Louis XII est mort; mais toujours prête à s'émanciper, à la faveur d'une révolution qui éclate, d'un règne qui vieillit, d'un pouvoir qui chancelle, et laisse dormir la censure ? La *farce* est devenue la petite comédie en un acte, preste, vive, amusante ; cadre restreint, mais commode, où Molière a peint ses *Précieuses,* sa *Comtesse d'Escarbagnas;* où tant d'autres, depuis, ont ébauché de piquantes esquisses des travers de leur époque, jusqu'à M. Labiche, qui a donné au genre droit d'entrée dans l'Académie française (dût s'en scandaliser l'ombre du digne Chapelain, qui accusait Molière de *scurrilité !)*

Que dire du *Monologue*, à l'heure présente fort à la mode et florissant d'un regain de jeunesse ? Le monologue se croit et se dit né d'hier [1] ; mais c'est

---

[1] « J'aurais d'autant plus de peine, si le monologue menaçait de mourir, à lui dire le dernier adieu, que je le considère un peu comme mon fils. » (Coquelin aîné, *La défense du Monologue, Figaro* du 17 novembre 1883).

à tort. Il brillait, sous le même nom, sous la même forme, au temps du roi Louis XI, et amusait déjà, en étalant les mêmes ridicules à peu près de la même façon.

Il n'était peut-être pas inutile de rappeler, au début de ce livre, cette filiation qui rattache la comédie moderne à la comédie du moyen âge. C'est, en effet, pour celle-ci, son meilleur titre de noblesse. On a souvent mis en doute qu'elle méritât l'honneur d'une étude approfondie. Au lieu de consumer tant d'années sur des œuvres pour la plupart médiocres et grossières, ne vaudrait-il pas mieux s'appliquer aux seuls chefs-d'œuvre, désignés, consacrés par une approbation universelle, et abandonner tout le reste à la poussière de l'oubli ? Mais qu'on nous permette de répéter ici ce que nous écrivions ailleurs [1] pour répondre au même scrupule : « Oui, l'œuvre comique du moyen âge est imparfaite et grossière, mais pouvons-nous, pour cela, en négliger l'étude ; et l'histoire ne doit-elle pas faire revivre avec le même zèle tout ce qui a vécu, sous peine d'être incomplète et fausse ? Une époque n'est bien connue que si l'on connaît bien les choses que cette époque a particulièrement aimées. Qui saura la passion du moyen âge pour son théâtre, sera prêt

---

[1] *Les Mystères*, introduction, page 15.

à convenir que, si l'on ignore ce théâtre, on ignore en même temps une partie considérable du moyen âge. » Cela doit s'entendre aussi bien de la comédie que des mystères. Le moyen âge, au moins dans sa décadence, s'est peint dans ce vaste tableau ; l'histoire des mœurs et des idées au quinzième siècle n'a pas de source plus abondante. La *moralité*, genre mixte, où le sérieux se mêle au plaisant, marque l'esprit didactique du temps, son goût pour l'allégorie et sa passion de moraliser ; elle abonde en tableaux naïfs, où se trouve exactement dépeint tout ce que ne racontent jamais les chroniqueurs et les historiens : la vie domestique, les relations des parents avec les enfants, des maris avec leurs femmes, des maîtres avec leurs serviteurs ; elle oppose et elle rapproche toutes les classes de la société, plus tranchées alors qu'aujourd'hui par les privilèges, plus différentes par leurs mœurs et leurs usages et toutefois plus familièrement mêlées par les commerces de la vie. La *farce* peint aussi les mœurs, mais d'une autre façon et sous un autre jour. Elle n'est pas le portrait de la société, mais elle en est la parodie. Elle est vraie, toutefois, à sa manière ; elle a la vérité d'une caricature bien faite. Elle indique vivement le trait saillant des hommes et des choses, en l'exagérant encore. Elle saisit, anime et met en scène les ridicules et les vices de la rue et de la maison ; toutes les petitesses, toutes les faiblesses de la vie journalière ; tout ce qu'elle peut rencontrer de grotesque en courant à travers le monde. Pour la *sottie,* aucun genre ne fut plus varié ; aucun n'est plus curieux à étudier. Ce n'est parfois qu'une simple parade ; mais souvent à l'abri du chaperon de folie, les *Sots* ont transporté hardiment la politique sur la scène ; louant ou blâmant rois et grands ; approuvant un édit, ou conspuant un traité ; appelant parfois la guerre quand on avait la paix, et toujours la paix, quand on était en guerre ; ils jugent, un peu à tort et à travers, de beaucoup de choses qu'ils connaissent mal ; mais plus ils sont mobiles, changeants, indiscrets, plus on doit croire qu'ils sont l'écho fidèle des opinions populaires. Durant un siècle entier, de 1450 à 1550, tous les grands événements publics eurent ainsi leur contre-coup sur la scène comique. N'est-ce pas assez dire tout l'intérêt que ce théâtre peut offrir à l'historien ?

On n'aura pas tort en doutant qu'il puisse, au même degré, toucher le pur lettré. Nos farces, nos moralités, nos sotties ne sont pas des œuvres littéraires. Mais y a-t-il, parmi les écrits du moyen âge, beaucoup d'œuvres qu'on puisse appeler vraiment *littéraires,* au sens où les délicats entendent ce mot depuis la Renaissance ? Ce que nous nommons « le goût », ce fruit exquis et rare des civilisations polies et déjà raffinées, manque absolument dans ce théâtre. La comédie au moyen âge, composée pour plaire au peuple, non pour plaire aux lettrés, s'est développée au hasard, sans nul souci de style et d'arrangement. Les scrupules du goût naquirent avec la Pléiade ; on avait jusque-là composé purement de verve et sans choix.

Mais cette œuvre, en dehors de l'agrément délicat du style, qu'il ne faut pas y chercher, peut intéresser le philologue et peut-être même le lettré par d'autres qualités qui tiennent encore à la forme ; par son vocabulaire si riche en mots rares et expressifs ; par sa langue, si abondante en proverbes, en gallicismes, en tous genres de tours et de figures originales et vives. Car il faut distinguer ici non seulement le fond de la forme, mais dans la forme elle-même apprécier diversement la langue et le style. Un grand nombre de farces et de sotties sont, quant au fond, d'une extrême platitude ; et, quant au style, d'une extrême trivialité ; mais ces platitudes triviales sont le plus souvent exprimées dans une bonne langue, un français sain, dru et gaillard ; exempt de l'affectation, de la pédanterie, et du galimatias qui ont infecté tant de poèmes composés à la même époque.

Le mérite principal de ce théâtre est dans son

parfait naturel. Si nombreux que soient ses défauts, il a du moins cette qualité d'être entièrement original. Quoi qu'il puisse valoir, il ne le doit qu'à lui-même, à son génie propre, à la tradition indigène. Il n'imite rien des pays voisins, il ne doit rien à l'antiquité. Il se répète quelquefois lui même, il ne répète jamais autrui.

Son tort le plus grave est bien connu. La plupart de nos farces sont malheureusement gâtées par une crudité de langage qui choque et rebute à bon droit beaucoup de lecteurs. Qu'on ne croie pas que ce vice fût inhérent au genre. *Pathelin* qui en est le chef-d'œuvre, *Pathelin* suffit à prouver que la farce n'avait nul besoin de ce condiment trop épicé. Mais l'époque était indulgente à cette forme de liberté ; ou plutôt, aucune crudité de langage et même d'invention ne lui paraissait sérieusement coupable. Le mal était seulement, croyait-on, dans la mauvaise doctrine enseignée, non dans les mots librement choisis, ni même dans l'immoralité des images et des situations. Or, il est vrai que la farce la plus grossière n'enseigne jamais le mal, ne conseille jamais le vice ; au contraire, elle le peint si ridicule, si grotesque et si laid, qu'elle devrait en éloigner les cœurs les moins délicats.

Mais à cette condition peut-on troubler la pudeur et offenser les chastes oreilles, quelquefois même les chastes regards ; nous sommes très loin de le croire; nous ne pensons pas du tout que ce genre d'impudeur soit moralement inoffensif ; pour tout dire, nous pensons, au contraire, que le mal possède en lui-même un honteux attrait, qui fait qu'il ne suffit pas d'en montrer la laideur pour le faire haïr.

Toutefois, sans louer le moyen âge de n'avoir pas eu l'horreur de l'obscénité, ne lui imputons pas à crime une faute dont il n'avait pas conscience. Le théâtre ne faisait que suivre un abus général ; les moralistes n'étaient guère plus retenus que les comiques ; les prédicateurs eux-mêmes, satisfaits d'être édifiants dans leurs enseignements, étaient parfois singulièrement crus dans l'emploi des mots, et hardis dans la peinture des vices et des passions dont ils instruisaient le procès.

La farce était plus hardie encore et se croyait tout permis, parce qu'elle n'était pas sérieuse : selon les idées du temps, ce prétexte suffisait à la rendre innocente. Dans le *Prologue* des *Corrivaux,* pièce fort libre de Jean Troterel, sieur d'Aves, publiée en 1612, on lit ces deux vers qui auraient pu servir d'épigraphe à la plupart des farces représentées durant les deux siècles précédents :

Car sachez que ces vers ne sont faits que pour rire,
Et non pas pour aux mœurs autrement vous instruire.

Au reste, sommes-nous certains que notre comédie moderne, par des hardiesses d'un autre genre, n'aurait pas choqué, s'ils avaient pu la connaître, les spectateurs du xv<sup>e</sup> siècle, autant et plus, peut-être, que les farces du xv<sup>e</sup> siècle ne peuvent aujourd'hui choquer les lecteurs du xix<sup>e</sup>?

Un adversaire du théâtre au dix-huitième siècle [1], sectateur obscur de Jean-Jacques Rousseau dans la campagne entreprise par celui-ci contre les spectacles, Desprez de Boissy, écrivait avec beaucoup de bon sens : « Ces farces grossières..., qui amusaient nos pères [2], pouvaient ne point faire sur les spectateurs les mêmes impressions qu'elles feraient présentement sur nous. Une nation varie dans son langage, dans le goût de ses plaisirs, comme dans la manière de s'habiller. Vous savez, par exemple, que dans les neuf premiers siècles de notre monarchie, les femmes portaient des robes si haut montées que leur gorge était entièrement couverte. Ce ne fut que sous Charles VI qu'elles commencèrent

---

[1] Desprez de Boissy, *Première lettre sur les spectacles*, Paris, 1756.

[2] Il y aurait lieu de distinguer, d'ailleurs, entre le grand nombre des farces qui sont libres et même licencieuses, et le petit nombre de celles qui sont véritablement obscènes, qui n'ont d'autre sel et d'autre piquant que quelque équivoque impure. A toute époque, celles-ci n'ont dû plaire qu'à certains esprits froidement libertins, et n'ont pu être jouées sans indigner les honnêtes gens. Elles sont heureusement assez rares; notre *Répertoire* en mentionne les titres, mais toute analyse de telles œuvres est impossible.

à découvrir leurs bras et leurs épaules. Or de même que les femmes qui se prêtent avec réserve à l'usage présent, ne passent point pour immodestes, ne doit-on pas aussi présumer que dans les siècles d'ignorance l'on ne se choquait pas de la plupart de nos farces qui nous paraissent aujourd'hui si monstrueuses? »

Au reste, nous le répétons, si la licence est le trait commun de beaucoup de farces, elle n'est pas le caractère essentiel du genre. Ce qui lui est vraiment propre, c'est l'exubérance de la gaieté. La farce n'a pas, en effet (comme font souvent la sottie et la moralité), de hautes visées philosophiques, ou morales, religieuses ou politiques. Son seul objet est de faire rire par une représentation frappante, énorme, du ridicule. La gaieté y déborde sans arrière-pensée ni sous-entendu ; sans retour amer ou sérieux sur nous-mêmes, sur nos défauts, sur nos vices, dont elle s'amuse à rire, sans perdre temps à s'en plaindre, et sans prétendre à nous corriger. On a dit, d'une façon un peu bizarre et obscure : « Il y a de l'*au delà* dans Molière ». Il n'y a pas d'*au delà* dans la farce. Elle était avant tout l'expansion d'une veine joyeuse, qui semblait déborder alors dans le caractère populaire. Car aux plus sombres jours des époques les plus malheureuses, de grandes misères et de grandes souffrances, étaient mieux supportées en ce temps-là que de moindres souffrances et de moindres misères ne le sont aujourd'hui, grâce à deux dérivatifs, à deux puissants remèdes fort affaiblis de nos jours, mais qui faisaient alors l'homme du peuple à la fois plus résigné à ses maux, et moins sensible à leurs atteintes, c'étaient la religion et la gaieté.

Il ne faut pas trop médire de la gaieté. Le gros rire est vulgaire, plutôt que criminel. Encore a-t-il peut-être du bon dans sa vulgarité. Le plus grave et le plus altier des critiques de notre temps, s'en est porté défenseur : « Heureux le génie à qui il a été donné d'exciter le gros rire ! Heureux le spectateur qui se dilate au théâtre ! Le rire délicat, ce rire de l'esprit que provoque le ridicule finement exprimé, laisse une arrière-pensée triste et comme un arrière-goût d'amertume. Le gros rire que ne suit aucune réflexion, réjouit le cœur et fait circuler le sang [1]. » Ainsi pensait le moyen âge, sans dire aussi bien ; on n'apportait pas alors au théâtre les préoccupations littéraires qui, selon Molière, gâtaient au XVIIe siècle le plaisir de beaucoup de spectateurs ; on n'y apportait pas davantage les préoccupations morales ou philosophiques du siècle

---

[1] Désiré Nisard, *Histoire de la littérature française*, II, 85 (1874, in-12).

dernier. On allait voir un mystère un peu pour s'édifier, un peu pour s'amuser ; mais on allait voir une sottie ou une farce seulement pour s'amuser ; sans presque attendre de l'auteur autre chose que de la gaieté, surtout sans chercher « des raisonnements, comme dit Dorante [1], pour s'empêcher d'avoir du plaisir ».

[1] *Critique de l'Ecole des femmes.*

# CHAPITRE IER

## LES ORIGINES —
## LE THÉATRE COMIQUE AU XIIIe SIÈCLE
## ET AU XIVe SIÈCLE — ADAM DE LA HALLE

Les origines de notre comédie sont inconnues comme la plupart des origines. Il est possible que les *Jongleurs,* dès les premiers temps de la dynastie capétienne, aient possédé, en dehors du répertoire sérieux que leur fournissaient les chansons de gestes, une ample provision de bouffonneries et de satires ; il est certain que beaucoup de ces libres jeux devaient être dialogués ; mais enfin ces temps reculés ne nous ont transmis dans ce genre aucun morceau qui offre nettement le caractère d'une œuvre dramatique, et si l'histoire des comédiens en France [1] peut s'ouvrir par celle des Jongleurs, l'his-

---

[1] Voyez nos *Comédiens en France au moyen âge*, p. 15. Nous

toire de la Comédie ne peut alléguer un seul texte écrit en français avant le milieu du XIII° siècle.

Même les formes dans lesquelles notre théâtre comique devait se développer pleinement au moyen âge, et fleurir pendant deux cents ans, datent au plus tôt du règne de Charles VI. Les *farces*, les *moralités*, les *sotties*, les *monologues*, les *sermons joyeux* ne remontent pas au delà de cette époque[1].

Mais, dès le temps de saint Louis, la comédie avait existé, elle avait même donné des œuvres très remarquables, dans un genre très différent de ceux qui se développèrent plus tard : les deux pièces d'Adam de la Halle ne ressemblent à rien de ce que nous verrons après lui, sur la scène comique.

Qu'est-ce donc que cette œuvre ? Est-ce le caprice heureux d'un génie tout à fait original, qui n'eut en ce genre ni maîtres, ni rivaux, ni disciples ? Est-ce au contraire le seul type qui nous soit parvenu d'un vaste développement dramatique et comique, lequel aurait fleuri à la même époque, en

avons essayé de restituer dans ce livre ce qu'a pu être la comédie antérieurement aux plus anciens textes comiques conservés : l'histoire du genre à ses origines se confond en effet avec celle des acteurs.

[1] Toutefois, notre *Répertoire* mentionne une courte pièce de la fin du XIII° siècle, fort analogue aux farces du XV°. Voy. *Le garçon et l'aveugle*, *Répertoire*, page 24.

divers lieux de France, puis aurait disparu sans laisser d'autres monuments que le *Jeu de la Feuillée* et *Robin et Marion*.

Mais ces deux œuvres n'ont elles-mêmes aucun rapport entre elles. L'une est une satire dialoguée remplie de personnalités très mordantes ; l'autre est un opéra-comique pastoral. Faut-il croire que l'un et l'autre genre ont existé en France au XIII° siècle, et que l'injure du temps en a détruit tous les témoignages, sauf un seul ? Faut-il admettre qu'Adam de la Halle ait été dans les deux genres, doublement créateur et original ?

Il était d'Arras, cette ville qui avait déjà vu naître Jean Bodel[1] et d'autres poètes moins illustres. Il naquit probablement vers l'an 1230. Ses contemporains le désignaient le plus souvent par un sobriquet ; ils le nommaient Adam *le Bossu*. Ce sobriquet ne lui agréait pas : il le repousse formellement.

> On m'appelle bochu, mais je ne le sui mie,

dit-il. Mais lui-même ailleurs se fait dire par un adversaire : « Vous raisonnez *bossument* », ce qui semble indiquer, selon Paulin Paris, qu'il avait au moins la taille légèrement déviée[2]. Un critique

---
[1] Voy. nos *Mystères*, tome 1, page 95.
[2] *Histoire littéraire de la France*, tome XX.

pense qu'il fut peut-être appelé *bossu* pour la gentillesse de son esprit [1].

Nous savons peu de chose sur sa vie : ce qu'il en raconte dans le *Jeu de la Feuillée* peut bien n'être, en partie, qu'une plaisante fantaisie. Il étudia, comme clerc, dans l'abbaye de Vaucelles, près d'Arras ; et fut probablement destiné à l'Eglise. Mais vivement charmé de la beauté d'une jeune fille appelée Marie, il l'épousa lorsqu'il était encore très jeune. Il paraît n'avoir pas été heureux en ménage. Vers le milieu de sa carrière, il dut quitter sa ville natale que troublaient de graves dissensions civiles et privées ; il s'exila quelque temps avec sa famille. Plus tard il s'attacha à Robert II d'Artois, cousin germain de Philippe-le-Hardi ; il le suivit en Italie, quand ce prince fut envoyé (en 1283) par le roi, au secours de leur oncle, Charles d'Anjou, menacé de perdre Naples après les Vêpres siciliennes (1282). Robert d'Artois devint régent du royaume de Naples (en 1284), après la mort de Charles d'Anjou. C'est auprès de lui qu'Adam de la Halle mourut, à Naples, avant 1288 ; car à cette date, on sait qu'il n'était plus [2]. Il devait avoir alors au plus

[1] *Théâtre français au moyen âge*, par Michel et Monmerqué, page 21.
[2] Par le témoignage de son neveu, Jean Mados. Voy. Magnin, *Journal des savants*, septembre 1846. Jean Mados atteste la mort de son oncle dans une note manuscrite datée de 1288, écrite à la fin d'un exemplaire du *Roman de Troie*.

soixante ans : car il était encore jeune quand il composa, vers l'an 1262, sa plus ancienne œuvre dramatique, le *Jeu d'Adam* ou de *la Feuillée*.

Cette pièce singulière ne ressemble à rien qu'on connaisse, excepté peut-être aux brillantes fantaisies du grand comique athénien Aristophane. Le rapprochement de noms aussi disparates, Athènes et Arras, Aristophane et Adam de la Halle, surprend d'abord ; toutefois Magnin qui l'a le premier hasardé, montre bien par quels traits communs les deux théâtres appellent la comparaison. Il signale dans l'un et dans l'autre : l'amertume et la vivacité des personnalités satiriques ; la hardiesse et la crudité du langage, l'emploi familier du merveilleux. J'ajouterais encore : le caprice absolument déréglé de l'invention ; la fantaisie, régnant en maîtresse dans la conduite de la pièce. Y a-t-il même là une pièce ? Non, au sens où nous entendons ce mot aujourd'hui. Tout est trop décousu pour former une œuvre vraiment dramatique. C'est une satire scénique plutôt qu'une comédie. Mais on en peut dire autant des *Grenouilles*, des *Oiseaux*, des *Guêpes*.

Les personnages sont au nombre de dix-huit, si incohérents que le lecteur se demande de quoi ils pourront bien s'entretenir. Ce sont, d'abord : Maître Adam, le poète ; Maître Henri, son père ; et cinq bons bourgeois de la ville d'Arras, Riquier, Hane, Guillot, Walés et Rainnelés. Avec eux, un médecin ; un moine vagabond ; une dame ; un fou ; le père du fou ; un cabaretier ; et le *commun* (c'est-à-dire le *populaire*), personnage collectif qui représente l'opinion publique. Enfin trois fées nommées Morgue, Maglore et Arsile ; et le courrier Croquesos.

Adam paraît le premier en scène ; il annonce à son père et à ses amis qu'il va quitter Arras et sa femme, Marie, pour aller à Paris ; il veut étudier et devenir grand clerc. On le blâme d'abandonner celle que Dieu a unie à lui. Pourquoi l'a-t-il épousée ? Il répond par des vers charmants, mais qui feraient plus d'honneur à son esprit qu'à son cœur, s'il fallait les prendre tout à fait au sérieux :

Amour me surprit en ce point — où deux fois un amant se blesse — s'il se veut contre lui défendre — Je fus pris au premier bouillon — tout droit en la verte saison — et en l'âpreté de jeunesse — où la chose a plus grand saveur — C'était l'été, beau et serein — doux et vert et clair et joli — délectable en chants d'oisillons — En haut bois, auprès d'une eau vive — courant sur lit de fins cailloux — devant moi j'eus la vision — de celle... aujourd'hui c'est ma femme [1].

<blockquote>
Amours me prist en itel point<br>
Ou li amans deus fois se point,<br>
S'il se veut contre li deffendre :
</blockquote>

Il fait un portrait détaillé de la beauté qui l'a charmé ; puis il ajoute avec cynisme : « Depuis j'ai ouvert les yeux, je ne la vois plus telle ; et, ayant cessé de l'aimer, je la quitte,

> Car ma faim en est apaisée. »

Les biographes d'Adam de la Halle ont pris tout cela au sérieux, et l'ont fort maltraité comme indigne époux. Ils n'ont pas tenu un assez grand compte du caractère de la pièce. Qu'il fût aujourd'hui de mauvais goût de parler ainsi de ses affaires domestiques en scène, cela n'est pas douteux. Mais on ne savait guère, au XIIIe siècle, ce qu'était bon ou mauvais goût. Je crois qu'Adam, se proposant de faire beaucoup rire aux dépens des autres, a voulu rire d'abord un peu de lui-même et de sa femme ; je n'en conclus pas qu'il voulût sérieusement l'abandonner ; cette menace est une plaisanterie bonne ou mauvaise, inventée pour égayer ses compères et camarades, acteurs ou spectateurs dans la même pièce.

> Car pris fu au premier boullon,
> Tout droit en le varde saison,
> Et en l'aspreche de jouvent,
> Ou li cose a plus grant saveur.
> . . . Esté faisoit bel et seri,
> Douc et vert, et cler, et joli,
> Delitaule en chans d'oiseillons,
> En haut bos, pres de fontenele,
> Courans seur maillie gravele ;
> Adont me vint avisions
> De cheli que j'ai a feme oré...

Il n'épargnera pas plus Maître Henri, son père ; et cependant Maître Henri jouait peut-être en personne son rôle ; ou au moins assistait à la pièce. Mais il fallait que tout le monde eût son tour. Nous sommes vraiment à Athènes en plein débordement de la *comédie ancienne*. Ainsi partout les origines se ressemblent.

Maître Henri accueille fort bien le projet de départ de son fils, et lui dit :

— Ah! beau doux fils, que je te plains — d'avoir ici tant attendu — et pour femme ton temps perdu ; — or fais sagement, et va-t'en.

Guillot le Petit intervient :

— Or donc, donnez-lui de l'argent — on n'est pas pour rien à Paris.

Maître Henri se récrie :

— Hélas! mais où serait-il pris? — Je n'ai plus que vingt-et-neuf livres — Beau fils, vous êtes fort, agile — et vous tirerez bien d'affaire — je suis un vieillard, plein de toux — infirme, catarrheux, malade.

Le *physicien* (médecin) l'interrompt :

— Bien sais de quoi êtes malade ; — c'est un mal qu'on nomme avarice — J'ai des gens amont et aval — que je guérirai de ce mal — et nommément dans cette ville — ou j'en ai bien plus de deux mille [1].

[1]
— A ! biaus dous flex, que je te plaing,
Quant tu as chi tant atendu,
Et pour feme ten tans perdu ;
Or fai que sages, reva-t'ent.

Suivent les noms d'une dizaine de bourgeois d'Arras, gravement atteints « du mal d'avarice ». On devait rire entre voisins.

Sous prétexte de consultation médicale, d'autres libertés et d'autres médisances s'étalent sur la scène. Tout Arras y défile ; les acteurs en première ligne ; et leurs femmes, absentes ou présentes (probablement absentes [1], vu la licence de certains passages) font les frais de la joie publique.

Autre incident ; un moine ambulant paraît, agitant sa sonnette et montrant un reliquaire ; ce sont les reliques de saint Acaire ; elles guérissent de la folie : il suffit de les toucher, en offrant une petite aumône. Chacun s'élance pour recommander ses parents, ses amis ; nul ne se croit fou, mais chacun

> — Or li donnés dont de l'argent ;
> Pour nient n'est on mie a Paris.
> — Las ! dolans ! ou seroit-il pris ?
> Je n'ai mais que vint et neuf livres.
> . . . Biaus flex, fors estes et legiers,
> Si vous aiderés a par vous ;
> Je suis uns vieus hom, plains de tous,
> Enfers, et plains de rume, et fades.
> — Bien sai de coi estes malades...,
> C'est uns maus c'on claime avarice...
> S'ai des gens, amon et aval,
> Cui je garirai de cest mal ;
> Nommeement en ceste vile,
> En ai-je bien plus de deus mile.

[1] Nous croyons que les femmes assistaient, au moyen âge, à la représentation des farces les plus libres ; mais, dans les farces, elles n'étaient pas, comme ici, désignées par leurs propres noms, et, pour ainsi dire, montrées au doigt. On verra plus loin que la représentation de la Feuillée ne fut probablement pas tout à fait publique.

taxe de folie son voisin. Un véritable fou paraît, amené par son père; il touche les reliques et n'est pas guéri. Il ne devait pas l'être; car sa démence est une trop heureuse invention. En le faisant jaser à tort et à travers le poète introduira tous les sujets dont il veut parler sans suite et sans plan. On disserte beaucoup, dans cette pièce, sur la politique, au moins sur la politique ecclésiastique ; on y critique une décrétale d'Alexandre IV, contre les clercs mariés à des veuves. On dit que ce pape est mort; or, il mourut le 25 mai 1261. Probablement notre pièce fut composée peu de temps après.

La fantaisie du poète amène alors de nouveaux acteurs. La nuit où l'on joue est une nuit de féerie; tous les ans à pareille époque, la reine des fées, Morgue, et ses compagnes viennent goûter, sous une *feuillée,* au repas que leur préparent les bourgeois d'Arras. Jamais elles n'ont autant tardé à paraître. C'est que le moine les effraie avec son reliquaire. On fait cacher le moine. Aussitôt grand bruit de sonnettes. C'est la *mesnie,* c'est-à-dire le cortège d'*Hellequin,* qui s'avance, précédant les fées. Qui est cet *Hellequin,* ailleurs nommé *Herlequin, Hennequin, Harlequin* [1]? Suivant les uns,

[1] Sur Hellequin, voir une dissertation de Paulin Paris dans les *Manuscrits français de la bibliothèque du Roi*, tome I, p. 322.

c'est la plus vieille forme de cet *Arlequin* qui nous revint d'Italie à la Renaissance, métamorphosé, avec son léger masque et ses habits bigarrés. Mais l'ancien *Hellequin* est un chasseur fantôme qui traverse à grand bruit les forêts, avec une suite nombreuse et bruyante. D'autres veulent qu'Hellequin soit Charles-Quint, non pas le fameux empereur, mais un roi qui aurait régné en France, on ne sait trop à quelle époque. D'autres, enfin, ont rattaché Hellequin à l'*Erlen-Kœnig* des Germains, le *Roi des Aulnes,* qu'a illustré la ballade de Gœthe. Quoi qu'il en soit, tout le moyen âge a parlé de ce personnage mystérieux. Mais on l'entendait, on ne le voyait pas. Dans notre pièce, quand le bruit de son passage s'éloigne, le courrier d'Hellequin, Croquesos, arrive, en chantant, sur la scène ; il est chargé d'un message d'amour pour la fée Morgue. Celle-ci paraît enfin, avec ses deux compagnes, Maglore et Arsile. On s'assied pour le repas champêtre. Mais on a oublié, par malheur, de donner un tapis[1] à la fée Maglore ! Les fées sont très susceptibles ; Maglore ne pardonnera pas cette injure ; Morgue et Arsile font les plus beaux souhaits à leurs hôtes ; mais Maglore souhaite que Riquier devienne chauve, qu'il n'ait plus un seul

---

[1] *Coutel* dans le texte ; autre forme de *coutil*. On peut comprendre aussi un *couteau* (de *cultellum*).

cheveu sur la tête ; qu'Adam reste à Arras en compagnie de sa femme. Là-dessus la Fortune arrive ; elle est muette, aveugle et sourde ; mais sa roue tourne toujours ; en ce moment, on voit en haut de la roue trois personnages qui sont, sans doute, les plus puissants de la province. En bas, roule un ministre disgrâcié du comte d'Artois, Thomas de Bourienne, qui n'avait point, disent les fées, mérité son sort. Mais quoi !

Fortune — à toute chose elle est commune — et tient tout le monde en sa main — pauvre aujourd'hui, riche demain — ni ne sait point qui elle avance — Pour ce, nul n'y ait confiance — si haut qu'il puisse être monté ; — car il ne faut qu'un tour de roue — il lui convient descendre à bas [1].

La Fortune s'évanouit, les Fées disparaissent ; nos gens restent seuls ; en bons Flamands, ils se mettent à boire, le moine avec eux. On feint d'avoir, pendant qu'il dormait, joué aux dés pour lui, et perdu. On le charge de payer pour tous ; comme il n'a point d'argent, il laisse en gage son reliquaire. La pièce finit ainsi, ou plutôt s'arrête

---

[1]
    Ele est a toute riens commune
    Et tout le mont tient en se main ;
    L'un fait povre hui, riche demain,
    Ne point ne set cui ele avanche.
    Pour chou n'i doit avoir fianche
    Nus, tant soit haut montés en roche,
    Car se chele roe bescoche,
    Il le couvient descendre jus.

sur ces scènes populaires qui charmaient les spectateurs. Jean Bodel, qui écrivait dans le même siècle et dans la même ville, n'avait pas craint de les multiplier dans son drame de *Saint Nicolas*, où l'on voit se succéder les tableaux épiques de la croisade et les querelles d'un cabaret flamand [1].

Plus d'un auteur dramatique a écrit dix pièces de théâtre, qui toutes se ressemblent et se répètent. Adam de la Halle n'en a laissé que deux qui ont, entre autres mérites, celui de n'avoir aucun rapport ensemble.

Le *Jeu de Robin et Marion* est une œuvre moins originale, mais aussi moins bizarre, mieux composée, plus achevée que le *Jeu de la Feuillée*. Robin et Marion, c'est le plus ancien de nos opéras-comiques ; il est vieux de six cents ans ; et moins défraîchi toutefois, que beaucoup de pastorales qui n' sont pas six fois séculaires.

Le *livret* ne renferme pas moins de vingt-six morceaux ou couplets qui se chantaient avec accompagnement de musique. On n'y trouve aucun morceau d'ensemble. La notation des airs, conservée dans les manuscrits, a été traduite en caractères modernes dans la belle édition que Coussemaker a donnée des œuvres d'Adam de la Halle. Cette mu-

---

[1] Voy. nos *Mystères*, t. I, p. 99.

sique est purement mélodique. Dans ses autres poésies, en particulier dans les *chansons* et dans les *jeux-partis,* Adam s'est essayé à la musique harmonique, avec plus de science et moins de succès. Cette partie de son œuvre musicale est obscure, heurtée, sans agrément pour notre oreille moderne. Au contraire, ses mélodies, assez analogues à certains chants rustiques et doux, qu'on entend encore çà et là dans les campagnes reculées, sont demeurées fort agréables [1].

Au commencement de la pièce, une jeune bergère est seule en scène ; assise auprès de ses moutons, elle chante ses naïves amours :

> Robins m'aime, Robins m'a ;
> Robin m'a demandée ; si m'ara [2]...

La bergère se nomme Marion, diminutif familier de Marie. Celui qu'elle aime s'appelle Robin, forme rustique de Robert. Adam de la Halle n'associait pas le premier ces deux noms de Robin et de Marion ; ils étaient populaires avant lui dans la poésie pastorale [3]; et le demeurèrent après lui ; ce sont

---

[1] « Toutes ces mélodies... sont en mesure ternaire, la seule usitée à cette époque. Mais plusieurs pouvaient se chanter par dipodies, ce qui répond à la mesure moderne de six-huit. Cela se pratiquait spécialement dans les mouvements vifs » (Coussemaker, p. LXV).

[2] Il m'aura certes.

[3] Citons entre autres une jolie *Pastourelle* de Perrin d'Angecourt, imitée d'assez près, dans certains détails, par Adam de la

au moyen âge les noms traditionnels de tous les amoureux champêtres.

Tandis que chante la bergère, un chevalier paraît, tout armé, faucon au poing et de brillante allure. Il s'arrête à causer avec la jolie enfant.

> — Or dites, douce bergerette,
> Aimeriez-vous un chevalier ?
> — Beau sire, tirez-vous arrière.
> Je ne sais que chevaliers sont.
> Dessus tous les hommes du monde,
> Jamais n'aimerai que Robin.

Puis elle chante gentiment :

> Vous perdez peine, sire Aubert,
> Autre n'aimerai que Robert...
> — Non, bergère ? — Non, par ma foi.
> — Bergère, Dieu vous donne joie !
> Puis qu'ainsi est, j'irai ma voie[1].

Le chevalier s'en va en chantant ; et l'heureux Robin paraît. On lui conte l'aventure ; on mange

Halle. Voy. *Hist. litt.*, t. XXIII, p. 668, 764, 765. Le refrain « Robin m'aime, etc. », est déjà dans Perrin et paraît plus ancien. Dans la comédie d'Adam, Marion est fidèle à Robin ; chez Perrin, le berger est moins heureux.

[1]
> — Or dites, douce bregerete
> Ameriés vous un chevalier ?
> — Biaus sire, traiiés vous arrier.
> Je ne sai que chevalier sont.
> Deseur tous les homes du mont
> Je n'ameroie que Robin.
> — Vous perdés vo paine, sire Aubert.
> Je n'aimerai autrui que Robert.
> — Nan, bregiere, — Nan, par ma foi.
> — Bregiere, Diex vous en doint joie.
> Puis qu'ensi est, g'irai me voie.

un repas champêtre, fait de pain, de fromage et de pommes ; le repas fini, ils jouent, ils dansent et chantent en dansant.. Il y a là une scène mimée, chantée et dansée à la fois qui devait être fort gracieuse.

Mis en train par cette danse, ils veulent des compagnons ; Robin propose d'aller chercher Baudon et Gautier ; Marion lui dit d'amener Péronnelle. Mais pendant que Robin rassemble cette compagnie, moins pour animer la danse, que pour faire tête au chevalier, si celui-ci revient sur ses pas ; l'accident qu'il redoute arrive en effet, le chevalier reparaît sous prétexte de demander à la bergère des nouvelles de son faucon. Il n'est pas mieux reçu que la première fois, et s'éloigne d'assez méchante humeur. Il rencontre Robin qui tient le faucon dans sa main. Le chevalier mécontent commence à battre le vilain au lieu de le remercier. Marion accourt pour défendre son ami, le chevalier la met sur son cheval, et l'emporte. Robin resté penaud ; entre ses deux cousins, qui font les braves, et ne bougent pas :

Si j'y fusse venu à temps — il y aurait eu grand mêlée — Or, regardons leur destinée — s'il vous plaît, et nous embusquons — tous trois derrière ces buissons — Je veux secourir Marion — si vous m'aidez à la rescousse — Le cœur m'est un peu revenu

Pendant ce temps, la brave petite bergère s'est fort bien délivrée toute seule. Elle a parlé si ferme au chevalier que celui-ci se décourage et s'écrie de façon peu galante :

Certes, vraiment, suis-je assez bête — quand à cette bête m'arrête — Adieu, bergère — Adieu, beau sire.

Marion délivrée raccourt; et Robin en l'apercevant se fait tout joyeux et tout brave :

Dieu! que je serais déjà preux — si le chevalier revenait — Demande à Baudon, mon cousin — et Gautier; quand t'ai vu partir —, s'ils ont eu peine à me tenir — Trois fois j'échappai à tous deux [1].

La bonne Marion se contente de cet héroïsme tardif, et tout le monde est fort joyeux dans la petite société champêtre, que grossit l'arrivée de deux

---

[1]
— Se g'i fusse venus a tans
Il i eüst eü merlée...
— Or esgardons leur destinée ;
Par amour, si nous embuissons
Tout trois derriere ces buissons,
Car je voeil Marion sekeure.
Si vous le m'aidiés a reskeure,
Li cuers m'est un peu revenus.
— Certes voirement sui-je beste,
Quant a ceste beste m'areste.
Adieu, bregiere. — Adieu, biau sire.
— Diex ! com je seroie ja preus
Se li chevaliers revenoit.
Demandés Baudon, men cousin,
Et Gautier, quant t'en vi partir,
S'il orent en moi que tenir
Trois fois leur escapai tous deux.

nouveaux venus, Huart et Perrette ou Péronnelle. Tout le monde chante :

> Avec telle compagnie
> Grand' joie on doit bien mener [1].

Mais à quoi s'amuser ? On propose divers jeux. Celui de *Saint-Coisne* est accepté d'abord. Quelqu'un s'assied et fait le saint, dans sa niche; les autres viennent l'un après l'autre offrir quelque présent. Celui qui rit, en offrant, paie une amende ou un gage. Les deux bergères ne trouvent pas le jeu de Saint-Coisne amusant. On jouera donc *aux rois et aux reines;* qui n'est pas le jeu des cartes, comme on l'a cru à tort [2].

Quelqu'un que le sort désigne est roi, ensuite les autres viennent un à un à la cour et répondent à la question que le roi leur adresse. La réponse de Marion donnera une idée des autres :

— Marotte, or sus, viens en cour; viens — Faites-moi donc demande belle — Volontiers. Dis-moi, Marotelle — combien tu aimes Robinet, — mon cousin, ce joli varlet, — et honnie soit qui mentira — Ma foi ! je ne mentirai pas — sire, je l'aime, d'amour si vrai — que je n'ai brebis qu'autant j'aime — même quand viennent d'agneler [3].

[1] Aveuc tele compaignie
Doit on bien joie mener.

[2] Voy. *Histoire littéraire de la France*, t. XX, p. 671.

[3] Marote, or sus, vien a court, vien.
— Faites moi dont demande bele.

Un incident rompt la monotonie de ces gentillesses ; un loup emporte une brebis du troupeau de Marion ; et Robin, plus brave en face des loups qu'en face des chevaliers, met en fuite le voleur et ramène la brebis.

Deux bergers se disputent le cœur et la main de Perrette ; l'un d'eux joue mieux de la musette, mais l'autre est plus riche et c'est lui qui l'emportera, même au XIII° siècle.

Vraiment, sire, pour la musette — tu n'as au monde plus vaillant — mais j'ai au moins cheval de trait — bon harnais et herse et charrue — et suis seigneur de notre rue ; — j'ai robe et surcot tout d'un drap — et ma mère a un bon hanap — qui m'écherrait, s'elle mourait — et une rente qu'on lui doit — de grain sur un moulin à vent — et une vache qui nous rend — par jour force lait et fromage — N'est-il en moi bon mariage ? — Dites, Perrette [1].

[1]
— Volentiers. Di moi, Marotele,
Combien tu aimes Robinet,
Men cousin, che joli varlet.
Honnie soit qui mentira.
— Par foi, je n'en mentirai ja.
Je l'aim, sire, d'amour si vraie
Que je n'aim tant brebis que j'aie,
Nis cheli qui a aignelé !

Voire, sire, pour vo musete,
Tu n'as ou monde plus vaillant.
Mais j'ai au mains ronchi traiant,
Bon harnas, et herche, et carue
Et si sui sires de no rue.
S'ai houche et sercot tout d'un drap.
Et s'a ma mere un bon hanap
Qui m'escherra s'elle moroit,
Et une rente c'on li doit

Puis d'autres villageois arrivent d'une fête voisine, portant musettes et cornets. On danse la *tresque* ou la *tresse*, c'est une sorte de chaîne sans fin où pouvait entrer un nombre illimité de danseurs ; tous se tenant par la main et suivant un chef de la danse qui conduisait et entraînait la troupe joyeuse. Le chef de la danse est Robin : il emmène ses compagnons et ses compagnes, en sautant de toutes ses forces et en chantant :

> Suivez le sentier, venez après moi,
> Le sentier, le sentier du bois [1].

Bergers et bergères disparaissent ainsi en dansant ; la pièce est finie.

Telles sont les deux œuvres dramatiques d'Adam de la Halle ; ses deux *jeux* comme il les nommait ; nous dirions maintenant sa *comédie* et sa *pastorale* ; même aujourd'hui ces pièces porteraient d'autres noms ; la comédie serait une *revue* où l'on raillerait (moins hardiment) les hommes et les choses du jour. La pastorale serait un opéra-comique, quoiqu'elle soit toute en vers : tandis que dans nos opéras-comiques, la prose alterne avec les

> De grain, seur un molin a vent,
> Et une vake qui nous rent
> Le jour assés lait et froumage :
> N'a-il en moi bon mariage,
> Dites, Perrete.

[1] Venés après moi, venés le sentelé,
Le sentele, le sentele, lès le bois.

chansons. Il n'importe, le genre est le même au fond. Ainsi Adam de la Halle est doublement créateur, et son nom, aujourd'hui si obscur, méritait de rester doublement glorieux. Nous avons été longtemps injustes envers nos vieux écrivains. Nous avons fait pis que de les dédaigner, nous les avons ignorés. On a cru, sur la foi des livres, que le premier opéra-comique joué en France, était la *pastorale* de l'abbé Perrin, exécutée devant Mazarin et Louis XIV, en 1659. « C'est la première pièce en musique dans notre langue. » Voilà ce qu'on lit partout. Mais les pièces françaises en musique sont plus vieilles de quatre cents ans.

Si le treizième siècle a produit d'autres œuvres dramatiques égales et analogues à *la Feuillée,* à *Robin et Marion,* pouvons-nous assez déplorer le mauvais sort qui ne nous a transmis que ces deux débris d'un répertoire, qui fut peut-être riche et abondant?

Si, au contraire, Adam de la Halle, seul entre ses contemporains, cultiva ce genre, et s'il y fut non seulement charmant, mais tout à fait original; s'il y réussit sans avoir eu de maîtres, et si ses œuvres dramatiques n'ont pas eu d'imitateurs, quel rang mériterait dans notre histoire littéraire ce génie singulier, créateur inconnu du théâtre comique en France?

Les deux comédies d'Adam de la Halle furent-elles représentées ? Nous n'en savons rien. Tout ce qu'on peut dire, c'est qu'elles furent certainement écrites en vue de la représentation ; la lecture des deux pièces suffit à le démontrer ; elles sont au plus haut point dramatiques ; elles réclament sans cesse l'action et la mise en scène. Mais si elles furent jouées, comme nous le pensons, sans qu'aucun document nous autorise à l'affirmer, où purent-elles être jouées ? Sur quel théâtre ? Par quels acteurs ? Devant quel public ?

Nous avons tout lieu de croire que le *Jeu de la Feuillée* fut représenté dans quelque *puy* ; probablement au puy d'Arras. On sait ce qu'étaient les *Puys* au moyen âge ; des académies littéraires semi-religieuses et semi-profanes ; ce dernier caractère dominait au Puy d'Arras, si l'on s'en rapporte au témoignage d'un trouvère du pays, Vilain d'Arras, qui dit que ce puy

> Pour soutenir amour, joie et jeunesse
> Fut établi...

Les représentations des Puys n'étaient probablement pas publiques. On ne se figure pas la *Feuillée* jouée devant tout le peuple assemblé ; les personnalités sont trop vives dans cette pièce, et surtout trop directes. « Les farces les plus audacieuses ne le sont pas autant ; elles ne nomment pas par leurs noms, vingt habitants connus et honorés d'une ville ; elles ne mettent pas en scène l'auteur même de la comédie, son père et sa femme. Il nous paraît probable que le jeu de la *Feuillée* dut être représenté entre amis et compères, par Adam lui-même, et ses camarades, devant un public nombreux peut-être, mais toutefois trié. Les représentations à demi-privées, à demi-ouvertes, et presque toujours très hardies, qui se donnent de nos jours dans certains cercles, sont ce qui peut le mieux donner l'idée de la façon dont la *Feuillée* était probablement jouée au XIIIe siècle [1]. »

Quant au jeu pastoral de *Robin et Marion,* composé selon toute apparence à la cour du régent de Naples, il fut très probablement représenté dans cette ville devant les nombreux Français qui s'y étaient établis sous le sceptre de la maison d'Anjou. Robert d'Artois fit sans doute un brillant accueil à cette œuvre charmante d'un poète célèbre, et fut flatté de la goûter dans sa primeur. Est-ce assez de cette circonstance pour dire avec Magnin que *Robin et Marion* est « le chef-d'œuvre du théâtre aristocratique » au moyen âge ? Y a-t-il même un théâtre aristocratique au moyen âge ? *Robin et Marion* n'est pas une flatterie à l'endroit

---

[1] Voy. nos *Comédiens en France au moyen âge*, p. 49.

des grands. Le seul gentilhomme qu'il mette en scène est fort joliment dupé par la petite bergère, fidèle à son berger. Dans la pastourelle que Perrin d'Angecourt (qui fut aussi l'un des compagnons de Charles d'Anjou), composa vers le même temps sur une donnée semblable, Marion trahit Robin pour suivre le gentilhomme. Mais Adam de la Halle s'est bien gardé de faire cette injure à la gentille paysanne. D'autre part, rien ne prouve que la pièce ait été jouée devant la Cour par des gens de naissance. Les acteurs furent probablement Adam lui-même, et quelques-uns de ces « joueurs de personnages » que nous voyons dès cette époque attachés à la Cour des rois et des grands seigneurs. Ce qui prouve enfin que la pièce n'avait rien d'aristocratique, c'est qu'elle plaisait au peuple. *Robin et Marion* demeura populaire. Après un siècle écoulé, on jouait encore leurs naïves amours ; non pas, sans doute, selon le texte vieilli d'Adam de la Halle, mais dans un texte analogue, et qui n'était peut-être qu'un rajeunissement de sa pièce. Une lettre de rémission, datée de 1392[1], faisait mention de ce fait curieux : « Jean le Bègue et cinq en six autres écoliers, ses compagnons, s'en allèrent jouer par la ville d'Angers

---

[1] Voir notre *Répertoire, Représentations*, année 1392.

déguisés, à un jeu que l'on dit Robin et Marion »,
et le texte ajoute « que les écoliers, les fils de bourgeois, et en général, tous les jeunes gens d'Angers
avaient coutume de faire ce jeu tous les ans aux
fêtes de Pentecôte. » Il est assurément très peu
probable qu'on *reprit* ainsi annuellement, la pastorale d'Adam de la Halle ; même en admettant
qu'on en rajeunissait de temps en temps le texte.
Cette fidélité serait tout à fait en dehors des habitudes littéraires du moyen âge. Mais on jouait peutêtre une sorte de ballet champêtre, imité de loin
de l'œuvre du trouvère ; et il est permis en tout cas
de voir dans le nom donné à ce jeu un vague souvenir de la popularité dont avait joui longtemps
l'œuvre d'Adam de la Halle.

Le siècle suivant ne nous a rien laissé de remarquable en fait d'œuvres dramatiques appartenant
au genre comique. On pourrait avoir étudié, même
avec soin, l'histoire de la littérature au XIV$^e$ siècle,
et croire qu'il n'y eut pas à cette époque de théâtre
comique en France. Le nombre des pièces qu'on
peut attribuer à ce siècle est extrêmement restreint ; les représentations dont la trace a survécu
ne sont pas beaucoup plus nombreuses. Le genre
original et neuf créé par Adam de la Halle dans
*Robin et Marion* et dans *le Jeu de la Feuillée* ne
lui avait pas survécu. D'autre part, les genres qui

devaient se développer si brillamment au xv° siècle, sous les noms de *moralités, farces, solties*, n'existaient pas encore au xiv°, ou du moins n'existaient pas dans la forme et sous les noms qu'ils devaient recevoir plus tard. Toutefois Eustache Deschamps (dans le *Miroir de Mariage*), met le théâtre au nombre des plaisirs dont les femmes ne veulent plus être privées ; et qui les attirent à la ville, en faisant déserter les campagnes.

> Elles desirent les cités,
> Les douls mos a euls recités,
> Festes, marchiés et le theatre,
> Lieux de delis pour euls esbatre.

Mais s'il existait un théâtre[1], y avait-il une comédie ?

On trouve deux pièces comiques dans l'œuvre immense du trop fécond poète que nous venons de citer, Eustache Deschamps ; toutes deux offrent un caractère assez particulier, qui ne permet pas qu'on les confonde avec les œuvres du siècle suivant. La première est une façon de moralité, qui se conclut par cette maxime :

> Suffise a chascun son estat.

La seconde est une farce. Mais ni l'une ni l'autre ne portent ces noms.

---

[1] Voy. dans nos *Mystères*, t. I, p. 115, l'étude sur les *Miracles de Notre-Dame*, qui appartiennent au xiv° siècle.

La moralité est un *dit* « le dit des quatre offices de l'hôtel du Roi » c'est-à-dire *Panneterie, Echansonnerie, Cuisine* et *Saucerie*. Pour amuser la Cour, Eustache Deschamps met ces quatre rivaux aux prises ; et cette bataille, d'ailleurs médiocrement plaisante, servit peut-être d'*entremets*, selon le terme du temps, c'est-à-dire d'intermède à quelque festin royal. Observons que le titre indique avec soin la destination dramatique de l'œuvre : « Cy commence un beau dit... *a jouer par personnaiges.* » Mention unique, exceptionnelle, et qui ne se rencontre nulle part à la suite de ce terme de *dit* lequel désigne un genre étranger au théâtre. La même observation s'étend à d'autres genres voisins et dérivés, tels que le *débat,* la *dispute,* le *jeu-parti* [1].

L'autre pièce d'Eustache Deschamps, « Maître Trubert et Antroignart », est un dialogue entre un avocat malhonnête et un plaideur de mauvaise foi ; c'est une première et bien imparfaite ébauche de l'admirable *Pathelin*. Fut-elle vraiment destinée à la scène? c'est douteux. Le titre indique un fabliau plutôt qu'une œuvre de théâtre : « Comment un homme en trouva un autre en son jardin, cueillant une amande, et dont il le fist mettre en prison;

---

[1] Voy. notre *Répertoire,* p. 28.

et du jugement qui en advint. » Les noms des personnages sont omis dans le manuscrit, mais quelquefois la qualité de l'interlocuteur est indiquée dans le corps du vers, selon le procédé narratif. N'y eut-il que quelques hémistiches ainsi disposés, la pièce ne pouvait être représentée, si l'on ne suppose un lecteur chargé de réciter ces intermèdes narratifs[1]. Peut-être aussi un seul acteur débitait-il tous les rôles, y compris la partie narrée. La pièce alors se réduirait à un fabliau dialogué, récité sur la scène.

Voilà tout ce que nous fournit, en fait de comédie française, l'histoire littéraire du XIV° siècle. Que faut-il en conclure ? Y eut-il interruption presque absolue de la veine comique au théâtre entre le temps de Philippe-le-Hardi et celui de Charles VII ? Ou bien, les comédies du XIV° siècle, quelle que fut la forme qu'elles avaient pu adopter, soit qu'elles rappelassent les satires ou les pastorales d'Adam de la Halle, soit qu'elles annonçassent (comme il est plus vraisemblable) les farces et les moralités du siècle suivant, ont-elles péri tout à fait sans laisser aucune trace ?

Il est toujours malaisé d'affirmer l'existence de ce qui n'a pas laissé de traces. Toutefois, nous in-

---

[1] Comme il arrivait dans un fragment de *Résurrection*, du XII° siècle, cité dans nos *Mystères*, t. I, p. 93.

clinons à penser que beaucoup de pièces, qui, dans leur texte actuel, datent du XVe siècle, peuvent être un rajeunissement d'œuvres plus anciennes dont le texte est perdu. Dans le théâtre comique, la nouveauté absolue est rare ; la tradition très puissante, et durable indéfiniment. L'idée de respecter un texte littéraire est d'ailleurs une idée toute moderne, absolument étrangère à l'esprit du moyen âge : une pièce ne continuait à plaire aux spectateurs qu'à condition que la forme en fût perpétuellement rajeunie et remaniée. Mais que pouvons-nous hasarder au delà de cette hypothèse ? Quand même nous pourrions discerner à coup sûr dans le répertoire comique du XVe siècle, les pièces d'invention nouvelle et les imitations ou rajeunissements de textes plus anciens, nous n'aurions toujours aucun moyen pour restituer ces originaux perdus.

# CHAPITRE II

## LES GENRES COMIQUES — MORALITÉS — FARCES — SOTTIES — MONOLOGUES

### Moralités.

Les formes dans lesquelles le théâtre comique s'est pleinement développé au moyen âge, moralités, farces, sotties, monologues, *sermons joyeux*, datent seulement du quinzième siècle. On a vu plus haut qu'elles ont pu exister en germe au siècle précédent; mais ce n'est là qu'une hypothèse.

Avant de se restreindre au vocabulaire dramatique, le nom de *Moralité* désignait, au moyen âge, tout poème didactique, inspiré par une intention édifiante ou simplement par une pensée philosophique. La satire morale usait aussi de ce nom, et du procédé d'allégorie, que toutes les littératures ont trouvé le plus commode pour glisser une leçon, ou insinuer un blâme. Le succès inouï du *Roman de la Rose* avait d'ailleurs mis l'allégorie à la mode. La moralité allégorique est partout au xiv° siècle, avant d'envahir la scène au xv°. Les personnifications des vertus et des vices, du *Temps,* de *Chacun,* du *Monde,* et tant d'autres froides entités dont la moralité dramatique abusera plus tard, étaient nées avant que le théâtre les adoptât, et les fît vivre et agir sous les yeux des spectateurs.

Mais, quoique l'allégorie abonde, en effet, dans nos moralités de théâtre, elle n'en est pas, toutefois, le caractère essentiel; c'est l'esprit didactique, c'est l'intention de *moraliser* qui constitue le genre. Il est vrai que le mystère aussi se vantait d'être édifiant, mais d'une autre façon. Il enseignait par le spectacle de l'histoire, ou de légendes que l'époque acceptait pour historiques. Le domaine de la moralité est autre; les faits y sont imaginaires; ils appartiennent à la vie privée et domestique.

A la vérité, il arriva dans la décadence du genre, qu'on tenta, non sans quelque bonheur, de le rajeunir, en composant des moralités historiques; et, nous l'avouons, entre ces pièces et les mystères, ou plutôt les *Miracles* du xiv° siècle, étudiés par nous ailleurs[1], nous ne voyons pas de différence marquée. C'est le point où le théâtre comique du moyen âge confine au théâtre sérieux, jusqu'à se confondre avec lui.

Si les limites des genres dans la nature sont difficiles à fixer, de même dans la littérature populaire qui est aussi la plus naturelle, les genres se confondent, du moins vers leurs frontières. La distinction absolue des genres est une conception, je n'ose dire fausse, mais factice, qui n'appartient qu'aux époques de littérature polie et savante. Ainsi, certaines moralités diffèrent peu des mystères; d'autres, au contraire, ressemblent beaucoup aux farces, et ne s'en écartent guère que par l'intention didactique, toujours persistante, quoique dissimulée souvent par une intention presque contraire, celle d'amuser les spectateurs. Certaines farces sont dites : *farces morales*. Plusieurs moralités auraient dû s'appeler *moralités joyeuses*, et cette singulière appellation se rencontre, en effet, au moins une fois[2].

Cependant la moralité se distinguait de la farce, et même s'opposait à la farce par cette pointe de sérieux qu'elle conservait toujours. Ainsi, dans les

---

[1] Voy. nos *Mystères*, t. I, p. 115.
[2] Voyez notre *Répertoire*, p. 100, *Le Ventre, les Jambes, le Cœur, le Chef*.

représentations où l'on donnait successivement des pièces de genre différent, comme on voulait renvoyer les spectateurs en joyeuse humeur, la farce terminait le jeu[1], après la moralité. De cet usage était né un proverbe qu'on trouve dans Henri Estienne[2]. « Comme la moralité avoit esté bien jouée, encore sceut on mieux jouer la farce », pour dire : « On rusa bien jusqu'au bout. »

Plusieurs fois, d'ailleurs, au moyen âge, on semble n'avoir pas distingué nettement les divers genres dramatiques : une pièce de la Reine Marguerite de Navarre (*Trop, Prou, Peu, Moins*), intitulée *farce; Bien Avisé, Mal Avisé*, qualifié mystère, sont réellement des moralités, et mettent en scène des personnages purement allégoriques[3].

La *Vendition de Joseph,* publiée sous le nom de moralité, est simplement un long épisode de sept mille vers, détaché du grand mystère du Vieux Testament[4]. Au XVIe siècle, La Croix Du Maine et Du Verdier, dans leurs *Bibliothèques françoises,* ont

---

[1] L'auteur d'une moralité pieuse (*L'Homme justifié par Foi*) se plaint de cet usage dans son *Avis au lecteur :* « Communement apres telz dialogues (les moralités) on joue quelque farce dissolue, n'estimant rien le tout, si la farce joyeuse n'y est adjoustée. » Voyez notre *Répertoire,* p. 70.

[2] *Apologie pour Hérodote,* ch. XXI. Comparer une expression proverbiale analogue : « S'ils ont joué la *Passion*, nous jouerons la *Vengeance.* » Voy. nos *Mystères,* t. I, p. 229.

[3] Voy. notre *Répertoire,* p. 39, 249.

[4] Voy. nos *Mystères,* t. II, p. 368.

plusieurs fois employé l'un pour l'autre les termes de mystère et de moralité.

Il nous reste environ soixante-cinq moralités. Les plus nombreuses sont celles qui, fidèles à leur titre, s'attachent à prêcher la vertu et à faire haïr le vice, en offrant un tableau frappant des malheurs réservés aux méchants dans ce monde et dans l'autre. Tantôt, la moralité oppose la vie d'un impie à celle d'un homme de bien; et, à travers cent aventures, conduit l'un jusqu'en enfer, et l'autre jusqu'au ciel; tantôt, elle attaque un vice en particulier : le blasphème, la gourmandise, la jalousie fraternelle ou l'impiété filiale; et montre à quelles misères, à quelle vie, à quelle mort, sont réservés ceux qui s'abandonnent à ce vice.

Les moralités de ce genre ne séparent pas, cela va de soi, la morale de la religion; et leurs auteurs ne supposent même pas qu'il puisse exister une morale en dehors de la religion. Toutefois, l'intention de ces pièces est plutôt morale que religieuse; et elles semblent se proposer de former des honnêtes gens, au sens mondain, plutôt que de pieux chrétiens.

Il n'en est pas de même d'une classe de moralités où l'intention dogmatique est tout à fait dominante; leurs auteurs veulent raviver la foi plutôt que corriger les mœurs; ils sont formellement catholiques ou protestants; car, dès ses premiers jours, la Réforme usa hardiment du théâtre pour répandre ses doctrines et exprimer ses griefs, et l'orthodoxie usa également de la scène pour combattre la Réforme. Dans certaines pièces, les auteurs se bornent à affirmer leur foi; ailleurs, ils attaquent la foi d'autrui; dans l'une et l'autre église, le théâtre polémique n'est rien moins que tolérant.

Les moralités satiriques sont les plus nombreuses et, dans ce qui nous reste du genre, c'est la partie la plus intéressante. La hardiesse et la verve n'y manquent pas aux poètes; soit qu'ils dénoncent les abus, soit qu'ils raillent l'avidité des grands, la lâcheté des petits. Le haut clergé, la noblesse, sont rudement traités dans ces pamphlets dialogués, tout pleins d'un souffle démocratique et de passions qu'on croit, à tort, propres à un autre temps.

Les moralités qui ne rentrent pas dans l'une de ces trois classes (pièces morales, religieuses, satiriques), sont en petit nombre. Ce sont, tantôt, des pièces de circonstance, destinées à célébrer un grand événement, une victoire, un traité de paix; tantôt, des allégories banales, ennuyeux panégyriques d'une ville ou d'un prince; quelquefois, de véritables drames où un événement public ou privé, d'un caractère émouvant, est mis en scène pour toucher et intéresser les spectateurs, plutôt que pour les moraliser. Ce dernier genre, en se développant, en se perfectionnant, aurait pu donner des œuvres originales; mais il parut trop tard, car il venait de naître, quand la Renaissance l'étouffa en germe.

Thomas Sibilet, dans son *Art Poétique,* publié en 1548[1], a donné explicitement la théorie de ce genre, nouveau sous un nom ancien. Il distingue fort bien les deux espèces de moralités : l'une, surtout pathétique; et l'autre, surtout didactique. « La moralité françoise represente, en quelque sorte, la tragedie grecque et latine, singulierement en ce qu'elle traite faits graves et principaux... magnanimes et vertueux, et vrais ou au moins vraisemblables...; et, si le Françoys s'estoit rangé a ce que la fin de la moralité fust toujours triste et douloureuse, la moralité seroit tragedie... Il y a une autre sorte de moralité que celle dont je viens de parler; en laquelle nous suivons allegorie ou sens moral (d'ou encore retient-elle l'appellation) », traitant l'une et l'autre « a l'instruction des mœurs ».

On trouvera, dans le chapitre suivant, l'analyse d'un certain nombre de moralités qui, par leur caractère édifiant, religieux ou pathétique, sont véritablement les types du genre. Pour celles qui se confondent presque avec les farces et les sotties,

---

[1] Paris, veuve F. Regnault, in-16, 1548, livre II, ch. VIII.

nous n'avons pas cru pouvoir les distinguer, dans nos analyses, des sotties et des farces, sans nous exposer à d'ennuyeuses redites.

## Farces.

A l'époque où l'on s'ingéniait à tirer du grec tous les mots français; vers la fin du xvi° siècle, on a voulu rattacher le mot *farce* au grec άρσος, qui signifie *lambeau d'étoffe*. Ménage rejeta cette étymologie ridicule, que Du Cange mentionne encore, mais sans l'accepter. Le latin *farcire,* qui signifie *remplir* ou *farcir,* fait, au participe passé, *fartus,* et, en bas latin, déjà même chez Hygin, chez Apicius, *farsus;* dont *farsa* est le féminin; *farsus* est tout ce qui est rempli, bourré, fourré, farci; *farsa* désigne aussi, par une figure de mots fréquente et bien connue, la chose qui sert à bourrer, à farcir. Cette étymologie explique tous les sens primitifs du mot *farce*. En cuisine, la farce est un hachis qu'on introduit dans une pièce de viande, dans une volaille, ou dans la croûte d'un pâté. Un fabliau du xiii° siècle dit ainsi :

...La crouste en est faussée,
Et la farce s'en est volée [1].

[1] Barbazan, *Fabliaux,* t. IV, p. 95.

Dans le langage liturgique, la farce fut une interpolation, une sorte de paraphrase que l'on mêlait au texte consacré de l'office canonique. On lit ainsi dans de vieux *cérémoniaux* : « Le *Kyrie eleison* se chantera aux jours de fête *avec farce*[1]. » Du Cange nous apprend que, de son temps, ces interpolations étaient encore en usage aux fêtes solennelles, dans certaines églises, comme à Sens, au Mans ; elles devaient être alors d'un caractère fort respectable[2]. Mais, au moyen âge, il n'est pas douteux que cet usage avait dégénéré souvent en abus, et l'on sait que la trop fameuse *fête des fous* en est même issue. Dès le XIIIᵉ siècle, plusieurs évêques s'efforçaient de retrancher les *farces* liturgiques. On lit ainsi, dans le Registre des visites pastorales d'Eudes Rigaud (archevêque de Rouen, de l'année 1248 à 1275) : « Nous avons visité le monastère des religieuses de la Sainte-Trinité de Caen... A la fête des Innocents elles chantent des leçons *avec farces* (*cum farsis*); nous l'avons interdit[3]. » Mais Eudes de Sully, évêque de Paris, en 1198, prescrit de lire à certains jours une épître

---

[1] *Vetus ceremoniale Lirensis Monasterii*, dans Du Cange, glossaire, au mot *Farsa*.

[2] Du Cange (Glossaire, *Farsa*) cite celle-ci : *Kyrie — fons bonitatis, Pater ingenite, a quo bona cuncta procedunt — eleison.*

[3] *Reg. visitat. Odon. archiep. Rotomag.* dans Du Cange, Glossaire, *Farsa*.

farcie [1] (*epistola cum farsia*). Nous avons dit, ailleurs [2], combien étaient nombreuses ces épîtres farcies, où un libre et abondant commentaire se mêlait sans scrupule au texte apostolique ; la plupart étaient composées pour la fête de saint Étienne, et retraçaient la mort de ce premier martyr de la foi.

Quoiqu'on ne voie guère au premier abord quelle ressemblance il peut exister entre ces interpolations, généralement graves et sérieuses, et les farces de théâtre dont une gaieté licencieuse paraît le caractère commun et principal ; il est certain néanmoins que l'origine du mot est la même dans toutes ses acceptions ; et que l'idée de « farcissure » comme dit Montaigne [3] est toujours inhérente à ce mot [4].

De même qu'on appelait *farce* en cuisine, un mélange de viandes hachées et *farsa* en langue liturgique une glose extra-canonique, insérée dans le texte consacré de l'office, on appela *farce* au théâtre une petite pièce, une courte et vive satire formée d'éléments variés et souvent mêlée de di-

---

[1] *Charta Odonis, episcopi Parisiensis*, etc., dans Du Cange, Glossaire, *Farsa*.

[2] Voy. nos *Mystères*, t. I, p. 46. — D. Martène, *De antiquis Ecclesiæ ritibus*, ch. III, art. 2.

[3] « Il y paroist a la farcissure de mes exemples. » *Essais*, t. I, p. 81, éd. Didot, an X.

[4] Comparer le mot latin *satura*, qui signifie à la fois *mélange de viandes* et *mélange comique*.

vers langages et de différents dialectes. Tel est au moins le sens original; *Pathelin* est une vraie farce, puisque, dans une seule scène, le principal personnage y parle successivement sept ou huit langues ou patois. Plus tard évidemment, ce sens premier s'effaça ; le mot de *farce* n'éveilla plus d'autre idée que celle de comédie très réjouissante.

Il est malaisé de fixer la date où ce nom de farce fut employé pour la première fois dans le sens que nous venons de définir ; mais comme cette date ne semble pas antérieure aux premières années du xv$^e$ siècle, il nous paraît probable que la chose précéda le nom et qu'il exista de véritables farces, avant que le genre déjà créé fût ainsi désigné. Rien n'est d'ailleurs plus plausible, et tel est l'ordre habituel des choses : c'est quand les œuvres se sont déjà multipliées, que le genre se constitue avec son nom et ses traditions ; et c'est quand le genre est pleinement constitué, que la critique s'en empare et que les *poétiques* prétendent lui donner des règles, tandis qu'elles ne font autre chose que le décrire, et en codifier les exemples.

L'influence des *fabliaux* sur les farces est incontestée. L'esprit des deux genres est sensiblement le même. Le fabliau raconte vivement dans un rythme court et dans un style aisé, une aventure plaisante; la farce s'empare du même fait, et, dans le même style et la même mesure, elle met en dialogue et en scène ce que le fabliau avait raconté. Ajoutons, ce qui est frappant, que l'époque où l'on cesse de composer des fabliaux est précisément celle où l'on commence à écrire les farces ; le xiiie siècle et le xive appartiennent aux fabliaux ; le xv[o] siècle et le xvi[o] aux farces. Il semble d'abord que l'un des genres succédant ainsi à l'autre et en tenant lieu, le second ne soit qu'une transformation du premier. Il ne faudrait pas exagérer cependant jusqu'à prétendre qu'il en soit ainsi, ni faire une vraie filiation de ce qui fut plutôt une succession. Si la farce était ainsi sortie du fabliau tout entière, il y aurait plus de ressemblance entre les sujets traités dans l'un et l'autre genre. Nous avons conservé quelques centaines de fabliaux ; nous ne possédons pas moins de cent cinquante farces ; si la farce n'était qu'un fabliau métamorphosé, quarante ou cinquante farces reproduiraient sous la forme dialoguée le récit d'autant de fabliaux. Or il n'en est pas du tout ainsi. Les rapprochements de sujets sont très rares d'un genre à l'autre. Il se peut que le *Cuvier* rappelle la vieille querelle de Sire Hain et de Dame Anieuse ; que le *Meunier* ressemble en partie à un conte de Rutebeuf[1]. Trois ou quatre rapprochements

---

[1] Méon, III, p. 380-393. — *Histoire littéraire*, t. XXIV. L'au-

du même genre [1], n'empêcheront pas qu'on puisse affirmer, que, si la farce hérite de l'esprit narquois et de l'humeur libre du fabliau, elle est néanmoins tout à fait indépendante et dispose d'un fonds comique en grande partie originale et propre à elle.

En revanche, le genre emprunte beaucoup à lui-même, si l'on peut ainsi dire ; la matière comique est quasi commune à tous les auteurs de farces; chacun la reprend au voisin et la pétrit à son gré; la même argile sert à plusieurs moules, tantôt différents entre eux, tantôt presque semblables. La même farce est quelquefois reprise sous d'autres noms [2], et probablement il ne venait pas à l'esprit du premier auteur qu'il eût à s'en plaindre ; ni du second qu'il dût s'excuser. Durant tout le moyen âge les auteurs de facéties se sont pillés les uns les autres sans vergogne. Le théâtre emprunte au

---

teur (J.-V. Leclerc) exagère beaucoup en disant des farces « qu'elles viennent le plus souvent des fabliaux ».

[1] La farce du *Chaudronnier* (*Ancien théâtre français*) reproduit un fabliau qui est dans Méon (*Nouveau Recueil*, t. I, p. 170-173). Le *Poulier* à six personnages ressemble au fabliau de *Constant du Hamel* (Méon, III, 296-326). Le *Testament Pathelin* rappelle en partie le fabliau des *Trois Aveugles de Compiègne* (Méon, III, 398-408). Les histoires d'amants cachés, de femmes perfides, remplissent les fabliaux comme les farces.

[2] Les *catalogues* de notre *Répertoire* fournissent de nombreux exemples : *Pernet qui va au vin* ressemble au *Retraict;* le *Gentilhomme, Lison et Naudet* au *Mounyer;* les *Cinq sens de l'homme* répètent une moralité (*Le Ventre, les Jambes, le Cœur, le Chef*).

récit ; le récit emprunte au théâtre. Tout est à tous [1].

Quoique nous possédions beaucoup de farces, peut-être n'avons-nous pas la centième partie des pièces de ce genre composées au moyen âge. Ce qui a survécu n'est rien au prix de ce qui a certainement existé, mais a péri sans laisser aucun souvenir. Dans chaque ville, et dans beaucoup de bourgs, jusqu'au seuil du XVIIe siècle, il a existé une ou deux ou trois et quelquefois cinq ou six compagnies joyeuses qui n'étaient occupées à certains jours de l'année qu'à jouer des pièces, surtout des farces ; le répertoire dramatique n'était pas, comme aujourd'hui, tiré directement de Paris ; la capitale n'était pas encore devenue cette grande fabrique de rire et de larmes et d'émotions littéraires, où s'approvisionne à présent toute la France ; chaque pays s'amusait lui-même avec l'esprit de son cru.

Du Verdier s'exprime ainsi dans sa *Bibliothèque françoise*, en 1585 : « On ne sauroit dire les farces qui ont été composées et imprimées, si grand en est le nombre. Car au temps passé, chascun se

---

[1] M. de Montaiglon (*Anciennes poésies*, V, 157) remarque que le *Dialogue plaisant et recreatif*, etc., paraît tiré de quelque vieille farce « mise en pièces »; dans le *Caquet des Chambrières* (*id.*, V, 79-80) quarante-quatre vers viennent de la *Farce des Chambrières qui vont à la messe de cinq heures*.

mesloit d'en faire. » Mais combien de ces farces ne furent jamais imprimées [1] !

Ces fruits improvisés d'une verve toute locale et tout éphémère, n'étaient pas estimés même par leurs auteurs au delà de leur vrai mérite; une fois qu'ils avaient fait rire, l'objet semblait atteint, et la farce de la veille était oubliée, dès qu'on pensait à ébaucher celle du lendemain. Beaucoup de ces petites pièces purent n'être pas même écrites; on s'enseignait oralement les rôles, on les improvisait à moitié. Ainsi s'explique la perte à peu près complète d'un répertoire, qui fut immense, mais dont tant d'accidents inévitables menaçaient la durée; à commencer par l'indifférence même des auteurs, presque tous anonymes, tous désintéressés du succès littéraire, et jaloux seulement de s'amuser eux-mêmes en amusant les autres.

On sait l'objet ordinaire des farces. Elles peignaient de préférence les détails vulgaires et plaisants de la vie privée; tantôt d'une façon générale, et sans allusions personnelles, tantôt avec une intention très marquée de satire et de dénigrement contre des personnages ridicules et vicieux, qui n'étaient presque jamais nommés, mais clairement désignés à la malice des spectateurs. Les farces

---

[1] Voy. E. Fournier, *Chansons de Gaultier Garguille*, p. xxx.

qu'on peut nommer *locales,* composées pour une circonstance donnée, jouées dans une société particulière, comme celle des fameux *Connards* de Rouen[1], avaient surtout ce caractère. Ce sont pour nous les plus obscures ; c'étaient peut-être au goût du temps, les plus plaisantes. Le répertoire des bateleurs de métier, promené par eux de ville en ville, et repris sans cesse sur de nouveaux tréteaux, avait naturellement un intérêt, une portée plus générale, sans être pour cela moins satirique. Car toute farce était agressive, avec plus ou moins d'audace. Il est vrai qu'elle touchait à toutes choses en riant et que ses coups piquaient sans vouloir blesser, comme l'auteur a soin de nous en avertir à mainte reprise. C'est la seule, mais constante précaution du genre. A tous ceux qu'elle attaque, la farce dit : « Ne vous fâchez pas ; je ris, je suis folle ; ne vous donnez pas le ridicule de prendre un fou au sérieux :

> Ne prenez point garde a folye ;
> Aussy sages gens n'en font compte.
> Car la parole est abolye
> D'un fol, fust-il roy, duc, ou comte [2].

D'ailleurs l'attaque est souvent détournée, obscure ; c'est surtout au théâtre que tout mauvais cas est niable. La pièce finie, on peut toujours dire

---

[1] Voyez nos *Comédiens en France,* p. 246.
[2] Farce de *Messire Jean et la mère de Jaquet Badin.*

aux plaignants : « Vous n'avez pas compris. » A la fin d'une de nos farces [1], on lit ces vers qui pourraient fournir un épilogue à beaucoup d'autres ;

> Nous ne pensons avoir dict chose
> Ou aulcuns puissent faire glose.
> Si on s'en sent piqué au poinct,
> Messieurs, on ne l'entendra poinct.

Avec ces précautions, la malice humaine aidant, l'on mettait toujours les rieurs de son côté.

Nous avons loué les qualités qu'offre la langue ordinaire des farces [2], simple, vive, claire, naturelle, allant droit au but; sans ces longueurs, cette diffusion, cette subtilité qui trop souvent, gâtent en voulant l'orner, le style du théâtre sérieux au moyen âge. C'est un inépuisable trésor pour la connaissance du langage populaire du temps; dans mainte farce il arrive même que la forme courte, aisée, naïve, vaut beaucoup mieux que le fond insignifiant ou banal.

La versification ordinaire des farces est le vers octosyllabique, à rimes plates, propre à toutes les formes dramatiques au moyen âge. Les triolets se rencontrent fréquemment dans les farces comme dans les mystères. L'emploi du vers décasyllabique est exceptionnel. Un grand nombre de textes ne

---

[1] Voir au Catalogue : *La mère, la fille, le témoin, l'amoureux, l'official.*
[2] Voyez ci-dessus, *Introduction*, p. 7.

nous sont parvenus qu'affreusement mutilés ; beaucoup de vers sont faux, le plus souvent par la faute des scribes qui les ont copiés, et qui furent peut-être d'ignorants bateleurs ; quelquefois aussi, sans doute, par l'inhabileté des auteurs qui n'étaient pas tous des lettrés comme les auteurs des mystères. Souvent les textes, transmis oralement, passaient par cinq ou six bouches avant d'être écrits, ou bien ils étaient recueillis à la représentation par des spectateurs, curieux de théâtre, mais incapables d'ailleurs de distinguer un vers boiteux d'un vers juste. Enfin toutes les causes dites plus haut qui ont contribué à anéantir un si grand nombre de farces ont fait aussi que beaucoup de celles que nous possédons nous sont arrivées tronquées, et incomplètes [1].

Un autre genre non moins populaire se mêlait presque toujours à la farce ; c'était la chanson. Certaines farces (comme celle du *savetier Calbain*), renferment plus de vingt chansons ; ou plus exactement, les indiquent par leur premier vers. Le texte de la chanson n'est jamais transcrit tout entier dans la farce ; tout le monde parmi les joueurs, surtout parmi les bateleurs, savait par cœur

---

[1] Parmi les textes les plus mutilés, citons : *Le Badin, la Femme et la Chambrière ;* — *Charité ;* — *La Mère, le Fils, l'Examinateur;* — *Pernet qui va à l'école.*

un répertoire infini de chansons « nouvelles et joyeuses ». Les *farceurs* de ce temps-là, comme ceux du nôtre, étaient tous chanteurs au besoin; chanteurs sans voix peut-être, mais qui, à défaut de l'organe, brillaient par l'expression, le débit, la pantomime. Plusieurs durent leur grand succès à leur talent de chanteur comique; au XVIIe siècle, Gaultier Garguille fit accourir tout le beau monde à l'hôtel de Bourgogne pour ouïr sa chanson; la chanson dite, il était de bon goût de quitter la salle; on n'était pas venu pour la pièce principale, mais pour le hors-d'œuvre. Et quel hors-d'œuvre épicé que la chanson de Gaultier Garguille! Les sujets du roi Louis XIII n'étaient pas beaucoup plus délicats que ceux de Louis XI ou de Louis XII.

Quelquefois la chanson insérée dans la farce n'est pas indiquée spécialement; on laissait à l'acteur le soin de la choisir, ou au public celui d'exprimer sa préférence. Le dernier refrain à la mode pouvait ainsi entrer dans un vieux texte, y donnait du piquant et servait à le rajeunir.

Selon le goût du temps, la farce était jugée un condiment exquis, bon à mêler avec toute chose. On trouve une farce (*le Brigand, le Vilain, le Sergent*) insérée dans le Mystère de saint Fiacre. On en connaît une autre, écrite en patois auvergnat, qui fut introduite dans une représentation de la

Passion, donnée à Clermont-Ferrand, vers 1477[1]. En 1447, à Dijon l'on jouait le mystère de saint Eloi; les acteurs étaient « certains religieux de l'ordre des freres du Carmel, avec certains prestres et aultres gens laiz... et par dedans ledit mystere y avoit certaine farce meslée par maniere de faire resveiller ou rire les gens ». Quelques hardiesses ajoutées au texte donnèrent lieu à un procès criminel dont nous avons parlé ailleurs[2]. La moralité de l'*Enfant ingrat* renfermait aussi une farce, amenée là à peu près comme le ballet dans nos opéras : le héros se marie, et pour solenniser la noce on joue une farce à volonté; le texte n'indique aucun titre. On variait selon l'à-propos et les goûts du lieu où la moralité était jouée.

Les gens les plus graves de caractère ou de profession, des échevins, des magistrats et même des ecclésiastiques, ne dédaignaient pas d'assister à la représentation des farces. Qu'une femme de mœurs légères mît la comédie libre sur la liste des plaisirs qu'elle entendait se faire offrir :

> Je souhaitte nouvelletez,
> De joyaux estre bien fardée,
> Farces, rimes, moralitez[3].

---

[1] Voy. notre *Répertoire*, p. 159 : *Malbec, Mallegorge et Malleguêpe*, — et nos *Mystères*, t. II, p. 40.
[2] Voy. *Représentations*, 1447, Dijon ; dans notre *Répertoire*.
[3] *Les souhaitz des femmes, Poésies françoises des* xv° *et* xvi° *siècles*, t. III, p. 151.

Cela n'est pas pour nous surprendre. Mais que tant d'hommes sérieux partageassent le même goût, nous en sommes plus étonnés, tant les usages ont changé sur ce point, depuis que la tragédie classique est devenue chez nous comme une institution nationale.

Une épithète jointe au titre commun de *farce*, désignait toujours, mais non pas très exactement, le genre de la pièce. Voici celles que nous avons relevées : la farce était dite : *nouvelle*, tout d'abord (c'est l'épithète habituelle et presque inséparable du mot, une véritable épithète homérique), ensuite *très bonne, joyeuse, très joyeuse, morale* et *moralisée ; fort plaisante* et *récréative*, et quelquefois *profitable*. Delaporte, en son *Dictionnaire des épithètes* (1570), qualifie ainsi la farce : *joyeuse, historique, fabuleuse, enfarinée, morale, récréative, facétieuse, badine, française, nouvelle, plaisante, folastre*. Il faut accepter cette liste comme une série de qualificatifs analogues à ceux qu'offraient jadis les *Gradus*, pour la confection des vers latins, mais ne pas y voir une division rigoureuse du genre en autant de variétés que la liste contient d'adjectifs.

Dès qu'on écrivit des *poétiques* en France, on y fit mention de la farce, et l'on exposa la forme et les règles que l'usage assignait à ces petites comédies.

L'auteur anonyme du *Jardin de plaisance
et fleur de rethoricque*, art poétique en vers et en
prose, écrit vers 1500, explique ainsi dans son galimatias rimé, les règles de la *comédie* qu'il distingue
des *moralités :*

*Pro comœdiis.*

Pour faire ce, *nota* maintiengne
Chascun qui en veult compiler :
Ceste joyeuse matiere tiengne,
S'il veult bien a droit postiler.
*Item* il doit bien simuler
Chose qui soit melodieuse,
Et plaisante pour recoler
Pour matiere comedieuse.

Suivait un excellent précepte qui fut toujours
mal observé.

Secondement que l'on y mecte
Tous motz joyeux sans vilennie,
Sans nommer mot fort deshonneste,
Car ord langaige tost ennuye
A toute honneste compaignie,
Especialement aux dames.
Si soit la matiere fournie
De motz joyeux, et non infames.

Gracien du Pont, dans son *Art et science de
rhetorique metrifiée*, publié en 1539[1], détermine
ainsi l'étendue qui convient aux divers genres :

Qui aura envie de sçavoir le nombre des lignes ap-
partientz en Monologues, Dyalogues, Farces, Sottises

[1] Toulouse, par Nicolas Vieillard, in-4°, 1539, f° 77 et dernier.

et Moralitez, saichent que quant Monologue passe deux cens lignes, c'est trop ; Farces et Sottises, cinq cens ; Moralitez, mille ou douze cens au plus [1].

En 1548, Thomas Sibilet dit à son tour [2] :

La farce retient peu ou rien de la comedie latine, aussi a vray dire ne serviroyent de rien les actes et scenes ; et en seroit la prolixité ennuïeuse ; car le vray subject de la farce ou sottye françoyse sont badineries, nigauderies et toutes sorties esmouvantes, a ris et plaisir.

Le subjet de la comedie grecque et latine estoit tout autre : car il y avoit plus de moral que de ris et bien souvent autant de verité que de fable. Noz moralitez tiennent lieu entre nous de Tragedies et Comedies indifferemment ; et noz farces sont vrayment ce que les Latins ont appellé Mimes ou Priapées. La fin et effect desquelz estoit un ris dissolu ; et pour ce toute licence et lascivie y estoit admise, comme elle est aujourd'huy en noz farces. A quoy exprimer tu ne doubtes point que les vers de huit syllabes ne soyent plus plaisans, et la rime platte plus coulante.

L'*Art poétique* de Pierre Delaudun d'Aigaliers [3]

---

[1] Du Verdier (*Bibliothèque françoise*) recommande aussi la brièveté aux auteurs de farces : « Or n'est la farce qu'un acte de comédie, et la plus courte est estimée la meilleure, afin d'éviter l'ennuy qu'une prolixité et longueur apporteroit aux spectateurs. »

[2] *Art poëtique françoys pour l'instruction des jeunes studieux et encore peu avancez en la poësie françoyse.* Paris, veuve Regnault, 1555, petit in-16, II° livre, ch. VIII, p. 60. (La première édition est de 1548.)

[3] L'*Art poëtique françois* divisé en cinq livres. Paris, Ant. du Breuil. 1598.

fut écrit à la fin du XVIᵉ siècle, à une époque (1598) où la réforme poétique entreprise par la Pléiade était achevée, et le théâtre du moyen âge déjà tombé dans l'oubli. Toutefois, l'auteur nomme encore la farce, qui de tous les vieux genres devait se montrer le plus résistant. Il lui assigne ses lois et son objet :

Le suject (de la farce) doit estre gay et de risée; il n'y a ny scenes ni pauses. Il faut noter qu'il n'y a pas moins de science a scavoir bien faire une farce qu'une eglogue ou moralité. Il faut surtout observer estroictement le decore des personnes, et que chacun parle selon sa dignité.

Voilà de bien graves préceptes pour une petite œuvre ; mais un peu plus loin Pierre Delaudun rabat quelque chose de cette solennité :

La farce reçoit toutes sortes de vers pour ce que les joueurs, faisant des personnages de fols, veulent quelquefois contrefaire les graves; ce qui donne grace a tout. La matiere est presque semblable a celle de la comedie, ne seroit qu'elle n'est point distinguée par actes et n'est pas si longue. Car coustumierement on ne la faict que de trois et quatre cens carmes (*Gracien Du Pont allait à cinq cents*). Mais il faut que presque a chaque vers il y aye moyen de rire. (*C'est peut-être exiger beaucoup.*) On peut faire une ou deux pauses pour soulager les joueurs en la farce. On n'introduict point des dieux, deesses, ni autres divinitez ou personnes morales.

Mais à l'époque où Pierre Delaudun d'Aigaliers

écrivait son *Art poétique,* il n'était déjà plus besoin de tracer des règles à la farce. Le genre était en pleine décadence, en butte aux dédains de tous les esprits lettrés, et discrédité par les scrupules de tous les gens graves.

### Sotties.

Nous avons expliqué, dans un autre ouvrage (*Les Comédiens en France au moyen âge* [1]), ce qu'étaient les *sots* dans le langage facétieux du temps ; nous avons exposé leur origine probable. Selon toute apparence, les *sots* sont les anciens célébrants de la Fête des Fous, jetés hors de l'Église par les conciles indignés, et rassemblés sur la place publique ou dans le prochain carrefour pour y continuer la fête. La confrérie des sots, dans toutes les villes où elle existe, c'est la fête des Fous sécularisée. A la parodie de la hiérarchie et de la liturgie ecclésiastiques, ils font succéder la parodie de la société tout entière. C'était d'ailleurs une idée fort répandue à cette époque de libre jugement et de libre parole (les matières du dogme seules exceptées) que le monde était surtout composé

[1] P. 143.

de fous et que la folie de ces fous était principalement faite de sottise et de vanité. Lâchez sur la scène une troupe de fous de tout habit et de tout rang, roi, juge, abbé, gentilhomme ou laboureur, toutes les absurdités qu'ils y pourront faire offriront une assez juste image de la société humaine. De cette idée, au fond pessimiste, mais féconde en inventions joyeuses, naquirent les *sots* ou *fous*, et la *sottie* qui n'est qu'une farce jouée par des sots [1].

Dans une remarquable étude sur la sottie [2], M. E. Picot nous paraît avoir beaucoup trop rétréci les limites du genre, et en avoir diminué à tort l'importance. Il le rattache à la *fatrasie*, ce coq-à-l'âne du moyen âge ; mais la sottie ne peut être sortie tout entière de cette courte ineptie qui s'appelle la fatrasie ; la fatrasie n'est tout au plus qu'un des éléments comiques qui entrèrent dans la sottie, où ce genre de plaisanterie n'est point rare, en effet. Mais il y a bien d'autres choses dans la sottie que des coq-à-l'âne. Il s'y trouve autre chose encore qu'une parade ; et c'est à quoi

---

[1] L'histoire de la sottie se confond ainsi en partie avec celle des acteurs qui la représentaient ; nous en avons traité longuement dans *Les Comédiens en France*, p. 145.

[2] *La Sottie en France, fragment d'un répertoire historique et bibliographique de l'ancien théâtre français*, par Emile Picot, in-8°, 1878, 96 pages. (Extrait de *Romania*, tome VII.)

pourtant M. Picot voudrait réduire tout le genre,
Pourquoi ? c'est que deux ou trois témoignages
nous font connaître une représentation multiple,
composée 1° d'une sottie, 2° d'un sermon joyeux,
3° d'une moralité, 4° d'une farce [1]. De là cette définition : « La sottie était une sorte de parade récitée avant la représentation pour attirer les spectateurs ; on ne saurait mieux la comparer qu'aux boniments de nos saltimbanques et de nos bateleurs modernes. » Cette définition peut convenir à plusieurs petites sotties, mais elle exclut toutes les grandes œuvres, tous les monuments les plus authentiques et les plus intéressants du genre ; comme par exemple, le célèbre *Jeu du Prince des Sots* de Gringore, qui certes est bien autre chose qu'une parade. Il est possible que certains *sots* fussent en même temps faiseurs de tours de force ; et le mau-

[1] En 1512, Gringore fit jouer aux Halles le *Prince des Sots*, l'*Homme obstiné*, *Dire et Faire*. (C'est-à-dire *sottie*, *moralité*, *farce*.) Des trois pièces, la plus importante de beaucoup est la *sottie;* comment la qualifier de *parade ?* En 1515, maître Cruche fit jouer à la place Maubert *Sottie*, *sermon joyeux*, *moralité et farce*, d'après le *Journal d'un bourgeois de Paris*. Voilà les seuls faits que M. Picot puisse alléguer à l'appui de son opinion. Car de ce fait que la moralité *Mundus Caro Dæmonia* nous est parvenue reliée avec la farce des *Savetiers*, il n'y a rien à conclure, et l'on ne voit pas pourquoi M. Picot avance que la sottie, qui devait ici précéder la moralité, est perdue. Y avait-il une sottie ? C'est ce qu'il faudrait démontrer. Aux deux témoignages cités par M. Picot, joignons-en toutefois un troisième ; c'est une représentation multiple (*moralité*, *sottie* et *farce*), donnée à Paris, en 1482, dans l'hôtel du cardinal de Bourbon. Voy. notre *Répertoire*, p. 343.

vais jeu de mots sur les *sots* faiseurs de *sauts* est, en effet, ancien. Mais beaucoup de sots n'étaient pas des *clowns,* ni même des comédiens de profession, mais de bons bourgeois de quartier, qui revêtaient l'habit de sottise, pour s'amuser eux-mêmes et amuser leurs voisins ; beaucoup de sotties visaient à censurer les grands et à réformer l'État, bien loin de se borner à de vulgaires gambades.

Une célèbre définition de la sottie, par Jean Bouchet montre bien que le genre avait, dans l'esprit du moyen âge, une portée plus grande et presque un rôle social. Ayant parlé d'abord de la satire d'une façon générale, Jean Bouchet ajoute ces vers, souvent cités, mais parfois inexactement :

> En France elle a de *Sotie* le nom,
> Parce que Sotz des gens de grand renom
> Et des petits jouent les grands follies
> Sur eschaffaux en parolles polies ;
> Qui est permis par les princes et roys,
> A celle fin qu'ils sçachent les derroys
> De leur conseil, qu'on ne leur ause dire ;
> Desquelz ils sont advertiz par satire.
> Le roy Loys douziesme desiroit
> Qu'on les jouast a Paris ; et disoit
> Que par tels jeux il sçavoit maintes faultes
> Qu'on luy celoit par surprinses trop caultes[1].

[1] *Epistres morales et familieres du Traverseur*, Poitiers, 1545, in-fol., I, 32 d. Le même auteur, dans ses *Annales d'Aquitaine*, a loué de nouveau chez le roi Louis XII ce rare amour pour la vérité. Sur cette humeur libérale que l'histoire et la tradition attribuent au roi Louis XII, voyez nos *Comédiens en France au moyen âge*, p. 106.

Ainsi, pour Jean Bouchet, la sottie, c'est la satire universelle, transportée sur la scène et représentée par des *sots*, que leur capuchon de folie met à l'abri des rancunes et des colères que pourrait soulever l'audace de leurs médisances.

Si la gaieté sans mesure est le trait commun qui appartient à toutes les farces, la tendance agressive est le caractère ordinaire auquel on reconnaît les sotties. Mais combien de fois il arrive que la même pièce, à la fois joyeuse et mordante, flotte indécise entre les deux genres. Aussi avons-nous cru devoir réunir les farces et les sotties dans les chapitres consacrés ci-dessous à l'analyse et à l'appréciation des pièces qui nous sont parvenues sous l'un et l'autre titre ; et puiser à la fois dans les deux répertoires pour tracer le tableau de la société et des mœurs au moyen âge, telles qu'elles nous sont dépeintes par le théâtre comique. Les limites des deux genres sont trop indécises, trop de farces ont pu être jouées par des *sots*, sans être tout à fait des *sotties*[1], les sujets traités, les situations mises en scène dans les farces et dans les sotties sont souvent trop analogues, pour qu'on puisse séparer les

---

[1] La liste de vingt-six sotties dressée par M. Picot (*La Sottie en France*, p. 18) renferme certaines pièces qui peuvent être aussi bien considérées comme des farces : *Les Brus, Le Pèlerinage de mariage*, etc.

unes et les autres, sans s'exposer à des redites et à des confusions [1].

## Monologues et Sermons joyeux.

S'il est un genre dramatique dont l'origine soit claire et certaine, c'est assurément le *sermon joyeux*. Il est né de la Fête des Fous ; ou plus exactement, dans la Fête des Fous. Le premier qui s'avisa, pendant l'ivresse bruyante de la fête, de monter dans la chaire chrétienne et d'y parodier le prédicateur dans une improvisation burlesque, débita le premier *sermon joyeux* [2]. C'est à l'origine, comme nous avons dit, « une indécente plaisanterie de sacristain en goguette [3] ». Plus tard, le

[1] Le nom de *sottie* s'est appliqué quelquefois à des œuvres non dramatiques. Dans le *Doctrinal de seconde rhétorique* on trouve les règles de la « sottie amoureuse » aussi nommée « sotte chanson » — « et tant plus sont de sots mots et diverses et estranges rimes, et mieux valent ». Ce genre était cultivé surtout dans les Puys d'Amiens et de Valenciennes (voy. *Archives des missions scientifiques et littéraires*, mai 1850, p. 267, et *Serventois et sottes chansons de Valenciennes*, publiés par Hécart).

[2] Au reste la parodie religieuse est ancienne au moyen âge. Dès le XIIIᵉ siècle, on compose des *Patenostres de l'usurier, de l'amour, du vin ; le Credo du ribaud, de l'usurier*. (*Hist. litt. de la France*, XXIII, 493) ; ou des *Vies de saints* comme *Les miracles de saint Tortu* (le vin). *Id., id.*, p. 495. Les parodies faites de termes liturgiques détournés, surtout dans un sens bachique, sont fréquentes dès cette époque.

[3] Voy. *Les Comédiens en France au moyen âge*, p. 33.

prêcheur bouffon, enfin chassé de l'Église, trouva refuge sur le théâtre, et put y continuer la parodie du discours chrétien. Le genre s'étendit, se régularisa ; il fut écrit en vers, quelquefois même en assez jolis vers ; il conserva le texte tiré de l'Ecriture sainte, avec un sens détourné ; ses divisions scolastiques, imitées exactement des usages de la chaire. L'intention demeura toujours, sinon impie, au moins libertine. L'irrévérence, pour ne pas dire pis, était flagrante. On s'étonne que les Échevinages aient quelquefois encouragé de telles audaces en les soudoyant : on lit ainsi dans les comptes municipaux de Cambrai (à la date de 1538) : « Dix sous à Claude Le Mausnier, ayant ce jour prêché sur un tonneau, en récréant le peuple. » On s'étonne surtout que l'Église, à une époque où de moindres écarts étaient si sévèrement réprimés, ait toléré l'existence d'un genre dramatique qui était la dérision constante et la parodie avouée d'une de ses institutions les plus respectées.

Le monologue a pu naître du sermon joyeux, qui est lui-même un monologue d'un genre particulier. Otez du sermon joyeux le texte et les divisions, il reste un monologue. Toutefois, dans la tradition théâtrale, le monologue diffère du sermon autrement que par ces caractères extérieurs. Le sermon est une dissertation satirique ; le monologue est le plus souvent un récit burlesque. Le sermon se moque de tout et de tous. Le monologue met en scène un personnage plaisant, qui fait rire de lui-même, en se faisant connaître avec ses vices ou ses travers. Le *dit* du XIII<sup>e</sup> siècle et du XIV<sup>e</sup>, a pu, au siècle suivant, donner naissance au monologue, qui n'en diffère que par une intention dramatique plus marquée, qui même n'en diffère pas du tout, là où cette intention fait défaut. En effet, tous les monologues ne peuvent être rangés parmi les pièces de théâtre, et nous en pouvons dire autant des sermons joyeux. Les uns étaient bien destinés à des spectateurs ; les autres ne s'adressaient qu'aux lecteurs. Nous avons essayé ailleurs de distinguer les deux genres ; mais la séparation n'est pas toujours aisée à établir [1].

Il nous reste une vingtaine de monologues dramatiques et autant de sermons joyeux composés pour la scène. Plusieurs sont des pièces bachiques (le sermon de *Bien-Boire* ; l'*Invitatoire bachique*). Les plus piquants sont ceux qui mettent en scène un faux brave, un aventurier aux abois ; bref, quelque personnage qui fait, sans le vouloir, la confession de ses ridicules et de sa sottise. Les plus plats roulent sur des énumérations ou sur des jeux de

---

[1] Voy. notre *Répertoire, Catalogue des monologues*.

mots prolongés (comme *Les grands et merveilleux faits de Nemo*, etc.).

La popularité du monologue ne se prolongea pas au delà du XVIᵉ siècle ; je veux dire celle du monologue isolé ; car on sait assez quelle place occupe, dans la tragédie, et même dans la comédie classique, cette forme dramatique.

Mais, chose singulière ! De nos jours le monologue, mêlé aux grandes pièces, a perdu la faveur dont il avait joui longtemps, et le monologue isolé est revenu à la mode ; notre siècle a entendu débiter sur la scène beaucoup de ces petites pièces à un seul personnage, peu différentes, au fond, de celles qui avaient amusé le moyen âge. C'est le même genre qui se continue en esquissant d'autres mœurs.

Les sermons joyeux n'ont pu survivre à l'épuration des coutumes populaires et au progrès de la dignité publique. L'Église au XVIIᵉ siècle n'aurait pas toléré un genre dramatique outrageant, sinon impie, par essence même. Les débris du genre ont passé dans la littérature du colportage, où l'on trouverait encore aujourd'hui des *sermons plaisants* en prose, qui sont une transformation fort adoucie des anciens *sermons joyeux*[1].

---

[1] Voy. Ch. Nisard, *Histoire du colportage*, t. I, p. 393, 401. — — *Le sermon gai et plaisant*, in-18, 11 pages, Épinal, Pellerin,

Toutes les œuvres comiques du moyen âge, sans nulle exception, furent écrites en vers, quoique tous les auteurs de pièces ne fussent pas des poètes ; mais les plus ineptes bateleurs n'auraient pas osé débiter leurs moindres facéties sans y coudre une rime, qui se passait de la richesse ; et sans s'astreindre à une mesure, il est vrai, souvent boiteuse. On ne se doutait guère, avant Ronsard, qu'il n'est permis qu'au poète de faire des vers ; le moyen âge alignait des rimes aussi naturellement que le Bourgeois gentilhomme parle en prose. Avec le respect de la Muse, enseigné par la Pléiade, naquit la comédie en prose : des écrivains qui sentirent en eux le goût du comique sans le génie des vers, tentèrent cette innovation qui fut lente à s'établir. Mais pas une ligne de prose en français ne fut dite sur un théâtre avant l'époque de la Renaissance.

s. d. (il est du xviii<sup>e</sup> siècle et renferme des traits vraiment spirituels). — *Le sermon en proverbes*, in-18, 11 pages, Charmes, chez Buffet ; Montbéliard, chez Deck, s. d. (xviii<sup>e</sup> siècle). — *Discours joyeux ou façon de sermon en vers faict... par defunct maistre Jehan Pinard...* Auxerre, P. Vatard, 1607, 48 pages ; et : Réimpression à 62 exemplaires en 1851 par Veinant. — *Sermons facétieux ou plaisants prononcés en divers lieux par quelques prédicateurs à larges manches* (Paris, in-18).

# CHAPITRE III

## MORALITÉS RELIGIEUSES, ÉDIFIANTES OU PATHÉTIQUES [1]

Nous avons distingué les moralités sérieuses de celles où une part considérable est faite à l'élément comique. Parmi les premières, le plus grand nombre s'inspire d'une pensée religieuse, et le plus souvent, cette pensée consiste à mettre en scène l'opposition et la lutte des bons et des mauvais instincts qui se disputent le cœur d'un homme; les uns l'appelant au bien, à la vertu, à la récompense; les autres l'entraînant au mal, au vice, au

---

[1] Sur toutes les pièces dont il sera parlé dans les chapitres suivants (chapitres III, IV, V, VI), voir aux *Catalogues* de notre *Répertoire*.

Sur les représentations auxquelles il sera fait allusion, voir le *Catalogue des représentations*, dans le même ouvrage.

châtiment éternel. Racine dit dans ses *cantiques* :

> Mon Dieu ! quelle guerre cruelle !
> Je sens deux hommes en moi.

Les moralités mettent en présence, et comme aux prises, ces deux hommes, tantôt en les personnifiant dans deux personnages distincts dont les actions, la conduite et la destinée finale offrent un perpétuel contraste ; tantôt en faisant d'une seule âme, partagée, combattue, déchirée, le théâtre de cette lutte.

Le type le plus complet et le plus développé de cette classe de moralités, c'est la pièce intitulée *Bien-Avisé, Mal-Avisé;* elle est qualifiée de *mystère* dans l'édition imprimée unique (il n'en existe aucun manuscrit) ; mais il ne faut pas attacher à ces appellations plus d'importance que n'en attachaient les auteurs et les spectateurs du quinzième siècle. *Bien-Avisé, Mal-Avisé,* est réellement une moralité ; c'est même un modèle achevé du genre. Elle renferme environ huit mille vers ; mais l'étendue des moralités n'était pas plus strictement déterminée que celle des mystères ; c'est seulement au seizième siècle que les critiques se sont avisés de limiter à mille vers au plus la mesure de ce genre dramatique.

Au début de la pièce, Bien-Avisé et Mal-Avisé

font route ensemble ; mais ils ne tardent pas à se séparer. Bien-Avisé s'attache à Raison, qui le conduit à Foi. Foi le mène à Contrition ; Contrition le remet à Confession. En chemin, Humilité l'endoctrine et lui fait quitter ses souliers « a grans poulaines [1] ». Cependant Mal-Avisé suit une route toute différente. Entraîné d'abord par Oysance et Rébellion, il fréquente la taverne avec Folie et Hoquelerie (Débauche). Il boit, il joue ; ses compagnons de plaisir le dépouillent et l'abandonnent.

En même temps Bien-Avisé quitte Confession pour Pénitence, laquelle lui donne la discipline ; puis Pénitence pour Satisfaction ; celle-ci paraît toute nue et invite Bien-Avisé, à se dépouiller comme elle-même a fait, de tout ce qu'il a pris à autrui. Bien-Avisé visite ensuite Aumône, Jeûne, Oraison ; pendant que Mal-Avisé, tout furieux, s'en va trouver Désespérance. Il tombe aux mains de Pauvreté, de Malechance et de Larcin ; peu à peu tous les vices lui font cortège et se chargent à l'envi de le conduire à Malefin. « Notez que Male-Fin doit avoir grandes mammelles comme une truye, et doit avoir beaucoup de petis diablotins qui la suyvent, tout ainsi comme les petis cochons suyvent leur mere. »

[1] Chaussure à la mode dont la pointe, relevée en l'air, mesurait un à deux pieds de hauteur.

Pendant ce temps-là, Bien-Avisé rend des visites fort longues à Chasteté, Abstinence, Obédience, Diligence, Patience, Prudence et Honneur. La dernière (Honneur est féminin dans l'ancien français) lui permet d'aller contempler la roue de la Fortune. Il voit la Fortune montrant un double visage aux hommes, l'un riant, l'autre affreux. Sur la roue qu'elle fait tourner quatre hommes sont attachés qui lui servent de jouet ; portés de bas en haut et de haut en bas par le perpétuel mouvement. Le premier s'appelle *Regnabo* ; le second *Regno* ; le troisième *Regnavi* ; le quatrième *Sum sine regno* (les quatre formules font ensemble un vers hexamètre) *je régnerai, je règne, j'ai régné, je suis sans royaume*. Ainsi sont personnifiées les vicissitudes de la grandeur.

Après ce tableau frappant, Male-Fin demande à Mal-Avisé s'il se repent du chemin qu'il a suivi ; Mal-Avisé déclare qu'il ne se repent point. Là-dessus Male-Fin le tue et les diables accourent pour se jouer de son âme devenue leur proie. Avec lui, *Regno* et *Regnabo* sont précipités en enfer. « Notez que l'enfer doit estre en maniere de cuisine comme cheuz un Seigneur, et doit illec avoir serviteurs a la mode. Et la, doit on faire grant tempeste, et les ames doivent fort crier en quelque lieu que l'on ne les voie point. » Mal-Avisé soupe chez Satan de mets diaboliques; rien n'était négligé pour que la mise en scène fût effrayante: la table était noire, la nappe rouge, les plats flambaient; et à la fin se renversaient sur les convives, et les incendiaient. A la punition des méchants, s'opposait l'apothéose des bons. Bien-Avisé, mort entre les mains de Bonne-Fin, était emporté au ciel par les Anges, avec *Regnavi* et *Sum sine regno,* comme lui pénitents et réconciliés.

Il y a quelques vers assez bien faits dans cette pièce prolixe et diffuse; par exemple le long couplet où la Fortune vante ses hauts faits d'inconstance et de caprice :

> Je suis Fortune la diverse,
> Qui ne vueil nulle chose faire
> Qui ne soit tout a la renverse...
> A moy nulluy ne se doit traire,
> Car je suis mauvaise et perverse.
> Pour tant, nul ne doit en moi croire,
> Nul ne se doit en moy fier,
> Car je confons, sans deffier,
> Mes plus grands et meilleurs amys.
> ...Cuidez-vous que je face compte
> De roy, de prince ne de comte ?...
> Pour certain nulluy ne m'eschappe,
> On soit cardinal ou soit pape,
> Que je ne face retourner.
> Quant il me plaist, je les attrape,
> Ainsi que l'oisel en la trappe...
> A leur premier point retourner
> Je les fais; car tous leurs biens happe,
> Sans leur laisser mantel ni chappe...

> ...Je poingz, je oingz, je morz, je pique,
> Et si fais a chascun la nique,
> Fraudeusement, en souriant ;
> L'un fais petit, et l'autre, grant,
> L'un metz arriere et l'autre, avant ;
> Et n'y a nul qui sache quant...
> Mes biens je ne fais que prester,
> Je les preste a ceulx qu'il me plaist,
> Je les reprens sans arrester.

L'analyse que nous venons de faire de *Bien-Avisé, Mal-Avisé*, suffit à donner une idée exacte de beaucoup de pièces analogues : telles que : *l'Homme juste et l'Homme mondain* (en vingt-cinq mille vers !) par Simon Bougoinc, valet de chambre de Louis XII ; et *l'Homme pécheur* en vingt-deux mille vers. Cette énorme pièce fut représentée à Tours, vers 1490. L'auteur y a concentré dans l'âme d'un seul personnage cette lutte des bonnes et des mauvaises passions que *Bien-Avisé, Mal-Avisé* personnifie dans deux hommes.

*L'Homme Pécheur* est un adolescent qui se livre à tous les vices, puis finit par se repentir, et mourir en état de grâce. Sous prétexte d'étaler les dérèglements du héros, l'auteur ne se privait pas d'amuser les spectateurs par des détails assez libres et des ballets assez joyeux ; comme l'indiquent les avis donnés dans le texte au metteur en scène :

Notez que Orgueil en l'ordre des danses, doyt estre premier ; et puis après Luxure et Finete, qui tiendront le pecheur. Les autres Vices selon leur degré, avecques Concupiscence et Sensualité. Et Conscience demourra toujours derriere l'homme ; et en cestuy ordre et dances sera le Monde avec Sensualité. Et en ceste maniere doyvent mener les dances ; pour mieulx spacier et rire, aucune nouvelle chanson soit dicte.

Il y a de fort beaux vers dans le dialogue de la Mort et du Pécheur ; mais ils rappellent de trop près un morceau célèbre de Villon ; et la pièce est probablement postérieure au *Testament,* écrit en 1461 ; nous ne croyons pas, d'ailleurs, que Villon fût disposé à imiter l'auteur obscur de l'*Homme pécheur*. Laissons donc à Villon l'honneur de cette page vraiment belle :

LE PÉCHEUR.

— Mais qui es-tu ?

LA MORT.

— Je suis la mort.

LE PÉCHEUR.

— La mort ! Et que penses-tu faire ?

LA MORT.

— S'il me plaist du tout te deffaire...
Soit faible ou fort, soit jeune ou vieulx,
De l'homme fais ce que je veulx...
Quand ma main sur lui je descend,
Je le fais trebucher en bas,
Sa force choir tout en ung tas,
Sa blanche chair, noircir, pallir,
Et sa tendreté recallir,

> Joinctes saillir, les nerfz estendre,
> Et de durté veines destendre ;
> Beaulté y est deffigurée
> Et nature desemparée.
> Ses yeulx en la teste lui tournent
> Quant les sangs en la fin s'adjournent.
> Vous voirrez les levres retraire,
> Gricer les dents, soupirs hors traire
> Du debat de son povre cueur ;
> Car alors vient orde liqueur
> Du fiel qui dedans le corps creve,
> Qui la grant douleur paracheve[1].

Voici encore un tableau général de la vie humaine, considérée dans un sentiment surtout religieux. C'est la moralité de *Charité* « ou est demontré les maulx qui viennent aujourd'huy au Monde par faulte de Charité ». La pièce est précédée, comme beaucoup de mystères, d'un véritable sermon (avec texte et *Ave Maria*), débité par le

---

[1] Comparez avec les vers célèbres du *Grand Testament* de Villon.

> Et mourust Paris ou Helene,
> Quiconques meurt, meurt a douleur.
> Celluy qui perd vent et alaine,
> Son fiel se creve sur son cueur,
> Puys sue, Dieu sçait quel sueur !
> Et n'est qui de ses maulx l'allege,
> Car enfans n'a, frere ne seur,
> Qui lors voulsist estre son pleige.
> La mort le faict fremir, pallir,
> Le nez courber, les veines tendre,
> Le col enfler, la chair mollir,
> Joinctes et nerfs croistre et estendre.
> Corps feminin, qui tant es tendre,
> Polly, souef, si precieulx,
> Te audra-il ces maulx attendre ?
> Ouy, ou tout vif aller es cieulx.

*Preco*, ou Héraut, qui présente ensuite les personnages, tous en vue sur la scène, excepté la Mort, qu'on tenait cachée pour que son apparition produisît ensuite un plus grand effet. Cette mise en scène est exactement celle des Mystères.

Le sermon fini, un Fou venait débiter des plaisanteries fort licencieuses, singulier prélude d'une pièce aussi édifiante! Puis le drame commence; Charité exhorte le Monde, qui promet de la servir toujours. Mais bientôt il est séduit par Jeunesse et Tricherie, deux fort méchants personnages. Jeunesse chasse Vieillesse, qui est pourtant sa mère, et l'envoie mourir de douleur et de faim. Tricherie chasse Charité qui va chercher refuge auprès du *Riche Avaricieulx;* on ne saurait s'adresser plus mal. Ce riche est un usurier, qui n'aime rien que ses écus; et n'a souci que de les multiplier.

> Chascun doibt gaigner quant il poult;
> L'on ne gaigne pas quant l'on veult.
> Il ne m'en chault d'ou l'argent vienne,
> Mais une foys que je le tienne,
> Il n'a garde de m'eschaper;
> Je suis tant ayse a le compter,
> Que je n'ay point d'autre plaisance;
> Il n'est plaisir que de chevance.

Tricherie, cependant, étale avec orgueil son pouvoir sur tous les hommes, en particulier sur trois classes d'hommes : les avocats, les marchands et les cabaretiers.

Les advocatz font encor pis,
Car ilz prennent de tous costez ;
C'est ce de quoy sont tant rentez.
Il ne leur chault qui perde ou gaigne,
Mais que force d'argent leur viengne.
J'ay encor plus de ces marchans,
Qui se parjurent pour deux blancs
A leur marchandise gaigner ;
Si feroient ils pour ung denier,
Et si ay sur eulx tel pover
Que je les feroys parjurer
Plus de cent fois en une place,
Pour vendre un bœuf ou une vache...
Aussi fais-je ces taverniers,
Qui ont les vins en leurs celiers,
Ou ils mettent belle fontaine ;
O (avec) moy ne perdent pas leur peine ;
Car le vin dure longuement,
Et en assemblent plus d'argent.

Ainsi, la veine satirique se mêlait, à l'occasion, même aux pièces les plus graves, les plus religieuses.

Puis les aventures se succèdent, nombreuses, diverses, mal liées entre elles, mais exposées avec beaucoup de naturel et de vivacité. Charité passe de la maison du Riche Avaricieux à celle du Riche Vertueux, qui lui fait fête. Mais un Pauvre, qu'elle y amène avec elle, quoique bien nourri, bien traité, se lasse de son métier de mendiant, et s'attache à Tricherie, pour devenir riche à son tour. Jeunesse, qui s'est fait soldat, pour courir les grandes aventures, rencontre à l'improviste la Mort qui l'attaque et le tue. L'Avare est frappé en même temps; il expire sans se corriger, en faisant à son valet des recommandations suprêmes, dignes d'Harpagon. Le Riche Vertueux s'éteint doucement dans les bras de Charité. Le Fou, qui a mêlé les saillies les plus grossières à tous ces événements tragiques, devient à son tour fort édifiant, et conclut la pièce en disant :

> Or, allons trestous, s'il vous plaist,
> Remercier le Roy des cieux,
> En luy priant qu'il nous doint paix,
> Chantant *Te Deum laudamus*.

La Moralité des *Blasphémateurs* est une prédication édifiante, mêlée d'épisodes satiriques. La Monnoye, dans ses notes sur la *Bibliothèque Française*, de Du Verdier, parlant de cette pièce, la traite légèrement de « farce allégorique », et ajoute à cette appréciation trop rapide, celle-ci plus singulière encore : « Nous avons *le Festin de Pierre* dans ce goût-là. » La Moralité des *Blasphémateurs* ne vaut pas le *Festin de Pierre;* mais encore n'est-ce pas une œuvre entièrement méprisable

Trois *Blasphémateurs*, distingués par ces noms bizarres *Blasphémateur, Dénégateur, Injuriateur*, tous trois jeunes, riches, pleins de vie et de santé, mènent leurs jours comme une orgie sans trêve, buvant, mangeant, jouant aux cartes et aux dés, faisant la débauche, et, au milieu de leurs débordements, défiant Dieu par d'affreux jurements. En vain Église vient les appeler à résipiscence ; et pour toucher ces cœurs endurcis, met sous leurs yeux un Crucifix ; cette vue semble les affoler. Ils s'emparent de la Croix, et leur impiété déicide se fait un jeu de crucifier Jésus une seconde fois ; ils torturent l'image sacrée. En vain, la Vierge et deux Anges descendent du ciel pour recueillir dans un calice les gouttes de sang qui s'échappent miraculeusement du corps de la victime. Mais les miracles mêmes ne peuvent plus toucher ces enragés. Ils frappent, déchirent, tourmentent, mutilent le crucifix en cent façons ; cette scène hideuse est interminable.

Enfin, les Anges courroucés frappent les blasphémateurs ; ils tombent paralysés, impotents, aveugles. Mais terrassés, ils blasphèment encore. L'un d'eux crie :

>   Ah ! je regny Dieu ! se je visse,
>   Qu'encor des maux je lui fisse !
>   Et luttasse a luy, corps a corps ;
>   Tant qu'a bas tomber je le fisse,
>   Et, com victorieux, je disse
>   Que les hommes sont les plus forts !

Les personnages célestes s'éloignent sans avoir pu épouvanter ni toucher les pécheurs ; toutefois la Vierge Marie implore encore son fils en leur faveur. Mais les Démons viennent réclamer leur proie, et une vive contestation s'élève entre la Vierge et Satan. Dieu déclare qu'il ne veut pas la perte des pécheurs, mais il permet aux démons de déchaîner contre eux la Guerre, la Famine et la Mort. Ces trois fléaux, « habillés comme des gens d'armes », attaquent les Blasphémateurs, qui sont défaits et mis en fuite. Le fils de l'*Injuriateur* en s'enfuyant s'écrie :

> Adieu, Normandie ! Je m'en voys,
> Je m'en voys vivre o les François,
> Boyre d'autant de ces bons vins.

Ainsi la pièce fut composée pour des spectateurs normands, et probablement jouée à Rouen, où l'on a trouvé (en 1793, chez un brocanteur) le seul exemplaire connu des *Blasphémateurs*.

Les trois pécheurs terrassés se rendent à leurs vainqueurs, Guerre, Famine et Mort. Deux d'entre eux meurent désespérés, et blasphémant toujours; on voit leurs âmes livrées aux diables et cruellement torturées dans l'enfer. Lucifer se réjouit de leurs cris et de leurs fureurs ; puis il renvoie les diables sur la terre, pour y ramasser tous les damnés ; qu'ils aillent à Rouen, entre autres lieux; ils y trouveront leur butin ; qu'ils aillent :

> Pour me querir ces plaideraulx;
> N'oubliez ces advocaccaulx,

> Qui empoignent des deux costez ;
> Car ils seront, si je ne faulx,
> En enfer rostis et tostez.

Cependant l'Injuriateur s'est repenti amèrement de la vie qu'il avait menée ; Église le confesse, le réconcilie et l'absout. Il meurt pardonné. Jamais le moyen âge n'oublie de mettre en lumière cette pensée consolante : que le salut par le repentir est toujours accessible aux plus grands coupables.

A la même famille des moralités édifiantes appartiennent plusieurs autres pièces qui pourraient s'appeler moralités pédagogiques ; car leurs auteurs se sont surtout proposé de donner aux parents de bons conseils pour l'éducation de leurs enfants, et aux enfants de terribles exemples du sort funeste réservé, dans ce monde et dans l'autre, aux jeunes gens gâtés par une éducation trop complaisante : tels sont les *Enfants de Maintenant* ; *l'Enfant ingrat* et *l'Enfant de perdition*.

*Les Enfants de Maintenant* sont l'œuvre d'un écolier, qui termine sa pièce en réclamant l'indulgence du public.

> L'auteur est encore apprenant
> Qui a ceste œuvre composée,
> Et est Enfant de Maintenant ;
> Dont mieux doibt elle estre excusée.

*Maintenant* qui voit grandir ses deux fils veut les confier à Instruction. Leur mère la trop tendre

Mignotte, tremble déjà de crainte qu'on ne les fasse trop travailler.

> Voulez-vous, mes enfans, destruyre
> Que j'ai nourris si tendrement?

*Maintenant* tient bon ; et la mère désolée conduit les enfants à Instruction qui l'invite à choisir pour eux un métier. Elle répond :

> Nous ne voulons que plus legier
> Mestier qui ne coustera guiere,
> S'ilz povoient vivre sans rien faire,
> Je l'aimerois encore mieulx.

« On ne gagne son pain qu'à la sueur de son front », dit le maître. Alors la mère :

> Faites-en un prelat d'eglise ;
> L'aultre, un juge ou un advocat,
> Dont puissions avoir grand estat,
> Et grant honneur et grans richesses.
> — Telz seigneuries et haultesses
> On n'a pas si legierement ;
> Il convient, et premierement,
> En mainte guise travailler ;
> Gueres dormir ne sommeiller
> Coucher tard et lever matin,
> Et savoir bien parler latin.

— Pourraient-ils, dit la mère, savoir lire, écrire, parler latin et grec avant lundi matin ? — Il y faut bien dix ans, dit le maître ».

La mère reprend :

> Quoy qu'il soit, nous ne voulons point
> Qu'ils soient battus, car ils sont tendres.

— Qu'était leur père, dit Instruction. — Boulanger. — C'est un bon métier. Que ne le suivent-ils? Vous les gâtez trop. Ils sont trop bien habillés. » La mère se défend :

> C'est la façon de maintenant.
> L'on vest ainsi les escolliers.
> — De quoy servent tant de pilliers
> A leurs robes a si grans manches,
> Tant jours ouvriers que dimanches,
> Ces grans bonnets et ces chapeaulx?
> — Ilz en sont jolis et plus beaulx,
> Et si en sont plus chauldement.

Instruction répond que les enfants gâtés sont perdus par leurs propres parents. Enfin la mère s'en va, lui confiant ses fils, que leur maître se hâte d'habiller plus simplement. Il veut ensuite les mener à Discipline ; mais les deux enfants, Finet et Malduict, se révoltent, et prennent la fuite. Le Fou qui égaie ce drame un peu lent par des intermèdes burlesques, donne raison aux deux mauvais sujets car

> Mieulx vault il estre aux champs qu'en caige.

Les enfants vont trouver leur père, et lui annoncent qu'ils ne veulent plus vivre ni avec lui, ni avec leur maître. Mais ils exigent de l'argent, de beaux habits. Le malheureux père donne habits et argent. Les enfants prodigues le quittent aussitôt. Ils rencontrent Discipline qui tient un fouet dans la main : « Car qui bien ayme bien chastie. » Ils laissent là au plus vite la dame, et ses sermons. Au devant d'eux s'offre Jabien, le fils de « Male Adventure », le maître de tous « maulvais paillars », auxquels il apprend « a jouer a cartes et detz » ; les deux méchants garçons se hâtent d'entrer à son école, où ils font de rapides progrès. Bientôt, ils sont au mieux avec Luxure, fille de Jabien et d'Oiseuse. Le Fou, Luxure, Finet et Malduict dansent ensemble, en chantant :

Au joly bouquet croist la violette.

Puis Luxure et les deux garçons jouent aux cartes ; au jeu du *glic,* au jeu du *franc carreau;* Luxure a vite plumé ces joueurs novices. Malduict se repent alors, et quitte une compagnie si funeste; Finet s'entête dans le mal ; il joue son chaperon à la *merelle,* puis sa robe ; il a bientôt tout perdu. Jabien l'emmène et le livre à Honte, qui l'enchaîne, sous la garde de Luxure, en l'accablant d'injures et de coups. « Son sang s'en va, comme eau courante. » Puis Jabien, Luxure et Honte amènent Finet à Désespoir qui endoctrine si bien ce malheureux, qu'il prononce lui-même l'arrêt de sa perte, et se laisse conduire au gibet de Perdition. Luxure l'y accompagne en se moquant de lui, et chante :

J'ay le gallant si bien plumé
Qu'il n'a plus garde de voller.

Perdition pend Finet, haut et court; et le Fou moralise plaisamment sur cette fin misérable. Cependant Malduict se repent de ses fautes ; réconforté par Bon Advis, il revient trouver Instruction et Discipline dont la verge salutaire achève de l'amender. Discipline habille le jeune homme en écolier ; elle lui conseille le travail, comme le meilleur remède contre toutes les tentations. Malduict retourne vers ses parents et rentre en grâce auprès d'eux. La pièce finit comme le *Mariage de Figaro*, par une suite de couplets variés que viennent réciter, tour à tour, en s'adressant au public, les différents personnages à l'exception de Finet qui ne ressuscite pas.

*L'Enfant Ingrat* est encore un mauvais fils perdu par la sotte vanité de ses parents. Tandis qu'ils se réjouissent d'avoir amassé du bien pour ce beau fils, leur enfant unique, celui-ci s'échappe de la maison du marchand, chez lequel on l'avait placé. Il court le pays, demande et obtient la fille d'un riche seigneur ; mais ce gentilhomme ne consent au mariage qu'à condition que les parents de son gendre abandonneront tous leurs biens à leur fils. Ces aveugles parents se hâtent de tout donner. Le mariage est célébré en grande pompe. On intercalait une *farce* au milieu de la moralité, pour donner plus d'éclat aux noces. Après les fêtes, les parents, qui n'ont plus rien, vont demander à leur fils de vouloir bien les nourrir. Il leur fait jeter un morceau de pain noir ; et comme ils réclament, il les fait chasser. Son père le maudit. Sans se troubler, le fils ingrat va se mettre à table, et ouvre un gros pâté de venaison ; il en sort un crapaud, qui s'attache à son visage, et ne veut plus lâcher prise. Tout le monde comprend que Dieu punit ainsi le crime de ce malheureux ; on le mène au Curé, à l'Évêque, au Pape ; qui enfin l'absout, après s'être assuré de son repentir. Alors « le crapault chet ». L'enfant ingrat se convertit ; il mérite et obtient le pardon de ses parents.

Une moralité intitulée *L'Enfant prodigue* est une façon d'arrangement bourgeois de la parabole évangélique. On tira de l'Écriture Sainte, par un procédé analogue, une pièce moderne, calquée sur l'histoire de Joseph. Ce sont les *Frères de Maintenant*.

Ces frères se nomment Pierre, Jean et Anatole ; les deux aînés, jaloux du plus jeune, qui est le bien-aimé de leur père, le jettent dans une citerne ; trempent ses vêtements du sang d'un mouton, et les apportent au père, pour lui donner à croire que quelque bête sauvage a dévoré Anatole. Nouveau Jacob, le vieillard éclate en lamentations douloureuses. A cette vue, le cœur des coupables s'amollit. *Remords-de-Conscience* s'approche d'eux et leur fait horreur de leur crime. Ils tombent à genoux et s'accusent en pleurant. Suivis de leur père, ils courent à la citerne où ils ont précipité leur frère ; ils ont la joie de le retrouver vivant. Anatole leur pardonne, et l'union fraternelle règne à jamais dès lors dans la famille. L'auteur n'a pas grand'confiance en la beauté de son œuvre, car il termine en promettant le Ciel à ceux qui l'admireront.

Toutes les pièces que nous venons d'analyser, sans être bonnes, sont du moins sensées. Certaines moralités édifiantes ne méritent pas ce modeste éloge, et offrent des exemples singuliers d'une sorte de déviation du sentiment religieux. La plus étrange pièce en ce genre est assurément la *Moralité de l'Assomption de Notre-Dame*. Plus d'un mystère porta ce titre, mais sous un nom semblable les procédés de développement sont ici tout différents : qu'on en juge par les noms seuls des dix personnages : Le Bien Naturel, le Bien Gracieux, le Bien Vertueux, la Bien Parfaite, la Bien Humaine, le Bien Souverain, le Bien Triomphant, les trois filles de Sion. Le Bien Souverain, c'est Dieu ; le Bien Gracieux est son secrétaire ; le Bien Souverain épouse la Bien Parfaite, que le Bien Triomphant lui amène dans un char. La Bien Parfaite est la Vierge Marie. Ces abstractions causent entre elles, échangent des compliments et des madrigaux ; mais n'agissent point du tout. Il y a des adresses de mise en scène, comme celle-ci, qu'on croit plus récente, et qui réussit encore quelquefois dans les petits théâtres : Le Bien Naturel, au début de la pièce, « est parmy le peuple faignant n'estre point de la bande » (des personnages) ; il commence en criant : « Grand'chère, Messieurs,

> Prenez tout plaisir corporel,
> Par honneur, et je payeray tout,
> Car je suis le Bien Naturel.

Le Bien Gracieux débite un madrigal à la Bien Parfaite, qui répond modestement :

> — Monsieur, je ne suis qu'une femme.
> — Madame, foy de gentilhomme,
> J'en dis ce qu'il gist sur mon ame,
> Ne deplaise aux dames sans blasme,
> Vous estes la perle et la palme,
> Et l'honneur de toutes en somme.
> — Monsieur, monsieur, on veoit bien comme
> Vous estes le Bien Gracieulx ;
> Car ainsi vous plaist a parler.
> — Demandez au Bien Vertueulx.

Cependant le Bien Gracieux rappelle à la Bien Parfaite les souvenirs de sa vie terrestre, l'Annonciation, Jésus perdu trois jours, le Miracle de Cana. Ce nom fait tressaillir le Bien Naturel ; il n'a pas oublié ce vin des noces,

Plein de liqueur, plein de mellifluence,
Friant, coulant, un gaillart vin mignon,
Ce n'estoit point un gros vin bourguignon.

Là dessus le Bien Souverain couronne la Bien Parfaite. Qu'on ne croie pas qu'une pièce aussi grotesque soit demeurée enfouie dans les cartons de son malheureux auteur. La *Moralité de l'Assomption* fut représentée solennellement « à Dieppe, le jour du Puy de la dite Assomption, l'an de grâce mil cinq cent vingt-sept en présence de maître Robert Le Bouc, Bailli de la ville, Prince du Puy, et maître de la dite fête pour la troisième année ». L'auteur n'était pas quelque misérable rimeur, versifiant pour avoir à souper ; mais un homme de grande valeur et de bonne renommée, Jean Parmentier, bourgeois de Dieppe, armateur et navigateur audacieux. Trois ans après la représentation de l'*Assomption,* il mourut à Sumatra.

Dans un tout autre genre, voici une autre moralité religieuse non moins extraordinaire. Elle fut jouée à Seurre, en 1496, après la représentation du mystère de saint Martin. Elle était, comme le mystère lui-même, l'œuvre d'André de la Vigne : et la petite pièce faisait, pour ainsi dire, suite à la grande [1].

---

[1] Dans un autre mystère de saint Martin, un peu plus ancien, le même sujet, ici traité à part, fait corps avec le mystère lui-

La moralité d'André de la Vigne s'ouvre au moment où le saint vient d'expirer. Son corps est resté exposé au fond du théâtre, et l'on va tout à l'heure l'emporter à l'église en procession solennelle. Deux mendiants sont en scène ; l'un d'eux est aveugle, et ne marche qu'en tâtonnant, l'autre est boiteux, et gît au milieu de la route. Mais n'ayons pas trop grand'pitié d'eux. Ce sont deux paresseux, deux gourmands, deux ivrognes ; quoiqu'ils gémissent d'une voix plaintive ; l'aveugle en disant :

> L'aumosne au povre disetteux,
> Qui jamais nul jour ne vit goutte.

et le paralytique :

> Faites quelque bien au boiteux
> Qui bouger ne peult pour la goutte

Quand ils seront sûrs qu'il ne passe personne, ils se feront leurs confidences, et nous apprendrons qu'ils sont charmés d'une infirmité qui leur permet de vivre grassement, sans rien faire. Mais, voici la mauvaise nouvelle que le boiteux apporte à son compère :

> Un saint est mort nouvellement
> Qui fait des œuvres merveilleuses...

même, dont il est seulement l'épilogue et le dénouement. Voyez nos *Mystères*, t. II, p. 535 et 539.

« Dieu ! si ce saint allait nous guérir, malgré nous. » Quel plus grand malheur ces paresseux peuvent-ils redouter? Le boiteux en frémit d'avance

> Quant serai gari, je mourrai
> De faim; car un chascun dira
> « Allez, ouvrez ». Jamais n'irai
> En lieu ou celui sainct sera.

Fuyons donc ; mais comment? Le boiteux ne peut faire un pas; l'aveugle ne peut se conduire. Une bonne idée leur vient. Le boiteux monte sur le dos de l'aveugle; l'un prête ses yeux, l'autre ses jambes; et nos gens s'en vont lourdement, au cabaret le plus voisin. Mais l'aveugle est trop chargé pour courir.

> . . . . . .Escoute. — Quoi?
> Cella qui meine si grant bruit...
> Si c'estoit ce sainct ? — Quel esmoi !
> ...Cachons-nous soubz quelque fenestre
> Ou au coin de quelque pourpris...
> Garde de choir....

Mais il est trop tard pour fuir ; la procession défile, et le corps de saint Martin passe tout près de nos deux drôles, qui sont subitement guéris.

Leur miraculeuse guérison ne produit pas à tous deux le même effet. Le boiteux jure et tempête, en se sentant solide sur ses jambes. L'aveugle-né, en contemplant pour la première fois le ciel, rend grâces à Dieu, et éclate en transports. Le poète a-t-il voulu indiquer assez finement qu'il vaut mieux perdre ses jambes que ses yeux et qu'il n'est pas d'être assez ingrat pour en vouloir à Dieu de lui avoir montré le monde. En tout cas la joie du nouveau voyant n'est pas sans charme et sans poésie

> Hellas ! le grant bien ne sçavoie,
> Que c'estoit de veoir clerement !
> Bourgoigne voy, France, Savoie,
> Dont Dieu remercie humblement.

Le boiteux lui-même finit par prendre assez gaîment son parti d'être ingambe ; il en sera quitte pour feindre désormais l'infirmité qu'il n'a plus, et une foule d'autres.

> Homme n'aura qui ne me donne,
> Par pitié et compassion.
> Je ferai bien de la personne
> Pleine de desolacion.
> « En l'onneur de la Passion,
> Dirai-je, voyez ce povre homme,
> « Lequel par grant extorcion,
> » Est tourmenté, vous voyez comme ! »
> Puis dirai que je viens de Romme ;
> Que j'ay tenu prison en Acre,
> Ou que d'ici m'en vois, en somme,
> En pelerinage [1] a sainct Fiacre.

Ainsi finit un peu trop gaîment la représentation édifiante donnée à Seurre en 1496. Faut-il

---

[1] Texte : *voyage*.

soupçonner dans la moralité de l'Aveugle et du Boiteux une pointe d'irrévérence et d'incrédulité? Nous ne le pensons pas. La croyance était si profonde qu'on pouvait, en ce temps-là, parler avec un sourire des choses de la religion, sans que ce sourire des lèvres indiquât la dérision ou l'hostilité du cœur.

Toutes les moralités *édifiantes* ne sont pas proprement *religieuses*. Un petit nombre de pièces veulent nous enseigner la vertu, au nom d'une morale tout humaine et civile, plutôt qu'au nom de la foi chrétienne. Toutefois leurs auteurs sont bien éloignés de l'idée d'opposer une morale laïque à la morale religieuse.

Citons dans ce genre la fameuse *Condamnation des Banquets*, par Nicolas de la Chesnaye, moralité fort mêlée de scènes comiques, mais à travers lesquelles l'auteur ne cesse de poursuivre un dessein édifiant.

La pièce fut publiée comme appendice à un traité de sobriété. Nicolas de la Chesnaye, « professeur en l'un et l'autre droit » (en droit civil et en droit canon), s'est proposé de guérir ses concitoyens du vice de gourmandise auquel ils étaient, semble-t-il, particulièrement enclins. Au commencement de la pièce, le *Docteur Proloculeur* explique en quelques couplets tout le dessein du poète :

> Medecine consent assez
> Qu'on doit disner competemment ;
> Car l'estomac point ne cassez
> Pour disner raisonnablement.
> Or faut-il soupper sobrement,
> Tant les druz que les indigens,
> Sans bancqueter aucunement ;
> Car bancquet fait tuer les gens.

Bonne Compaignie « gorriere damoyselle » Gourmandise, Friandise, Passetemps, *Je-boy-à-vous, Je-Pleige-d'-Autant* (Je vous fais raison) et Accoustumance, joyeuse société de bons vivants, acceptent l'invitation de Dîner, celle de Souper, celle de Banquet. Dîner les traite plantureusement ; toutefois ce premier repas se termine sans encombre ; seulement les maladies guettent déjà les gourmands ; par les fenêtres elles « se viennent ici presenter en figures hydeuses et monstrueuses, embastonnées et habillées si estrangement que a peine peut-on discerner si ce sont hommes ou femmes ». Chacune dit son petit couplet, pour expliquer sa qualité. Elles s'appellent Apoplexie, Paralysie, Epilepsie, Pleurésie, Esquinancie, Hydropisie, Jaunisse, Gravelle, Goutte. Elles s'entendent avec Souper et Banquet pour attaquer leurs hôtes pendant les longs repas que ces traîtres vont leur offrir. Le dîner est fini. On chante, on danse un moment ; puis l'on se rend chez Souper ; chez qui la goinfrerie de nouveau s'en donne à cœur joie. Les maladies sont en embuscade ; vers la fin du repas, elles sautent sur les convives, et, sans les tuer, les blessent ou les assomment. Ils s'échappent clopin-clopant ; mais après quelques lamentations sur leur déconvenue, ces incorrigibles se rappellent l'invitation de Banquet ; vite ils s'y rendent et recommencent à boire et manger.

A ce moment « vient le *Docteur Prolocuteur* sur le meillieu de l'eschaffault faire son sermon ». Ce sermon a près de trois cents vers ; c'est un éloge de la sobriété, fondé sur toutes sortes d'exemples de l'histoire profane et sacrée propres à faire voir combien la gourmandise est dangereuse et de quels crimes elle peut même devenir la cause. On juge si l'indigeste, érudition du siècle s'est donné carrière sur ce thème. Le repas était lourd ; le sermon l'est plus encore.

Mais voilà qu'au milieu du repas les Maladies traîtreusement introduites par Banquet se précipitent sur les convives; non plus pour les battre, mais bien pour les tuer. Trois d'entre eux, Bonne Compagnie, Passetemps et Accoustumance, trouvent le moyen de s'enfuir ; les quatre autres, Gourmandise et Friandise, Je-bois-à-vous et Je-Pleige-d'-Autant, saisis à la gorge par leurs impitoyables bourreaux, restent morts sur le terrain.

Bonne Compagnie au désespoir va trouver Dame

Expérience et porte plainte contre l'abominable Banquet. Dame Expérience envoie ses sergents, Secours, Sobriété, Clystère, Pilule, Saignée, Diète et Remède, pour saisir Banquet et Souper. Les deux coupables sont jetés en prison. Expérience s'adjoint pour le jugement : Hippocrate, Galien, Avicenne et Averroés. Après plusieurs interrogatoires, Banquet est condamné par le tribunal à mourir pendu ; Souper moins coupable est traité plus doucement ; il portera des manchettes de plomb, pour servir à boire et à manger d'une main un peu moins légère ; et n'approchera pas Dîner de moins de six lieues. Le procès est fort longuement développé ; l'auteur se montre ici vraiment docteur *in utroque jure ;* sa pièce est un abîme d'érudition profane et sacrée.

Banquet fait une fin fort édifiante ; assisté d'un « beau père confesseur, » il confesse ses crimes et demande pardon à Dieu et aux hommes. Il avoue plaisamment n'avoir jamais fait de bien qu'aux médecins ; qui devront prier pour lui en échange :

> Pour ce que j'ay bien fait gaigner
> Les medecins bons et parfaictz,
> Car ils ont eu a besongner
> A guerir les maux que j'ay faictz ;
> Veu qu'ilz sont riches et refaictz,
> Je veulx qu'ilz me facent promesse,
> Que pour mes pechés et meffais,
> Chascun fera dire une messe.

Ensuite le pauvre Banquet est pendu dans les règles par Diète qui fait office de bourreau et le Docteur Prolocuteur résume ainsi la morale de la pièce :

> Il souffit deux fois tenir table
> Pour competente nourriture :
> Le bancquet n'est point profitable,
> Car il nuyt et corrompt nature.

Un *Fol* s'agite à travers toute la pièce sans y être jamais mêlé activement ; son rôle consiste à débiter mille plaisanteries, quelquefois assez grossières et toujours un peu lourdes. Cette Moralité n'avait pas besoin de ce personnage pour amuser le public ; car malgré quelques longueurs, elle ne manque ni d'esprit ni de verve.

Nous avons dit plus haut comment, au XVI° siècle, on essaya d'étendre et de varier le domaine de la moralité, en écrivant sous ce titre de petits drames attachants, très pathétiques, empruntés à l'histoire ou à la légende historique ; quelquefois aussi tirés d'aventures contemporaines. Telle est dans ce dernier genre la « tragedie françoise a huict personnages traictant de l'amour d'un serviteur envers sa maistresse et de tout ce qui en advint ; composée par M. Jean Bretog » en 1571, ce qui explique le titre de tragédie ; mais la pièce est une pure moralité. Si ce genre neuf eût fait fortune, le drame bourgeois eût existé chez nous deux siècles avant Diderot.

Vénus et Chasteté parlent tour à tour au cœur du valet ; c'est Vénus qui est écoutée. Beau, jeune, bien fait, le valet séduit sans beaucoup de peine la femme de son maître. Jalousie prévient le mari, qui pour surprendre les amants, feint d'aller monter sa garde :

> Je veux donc faindre estre pour ceste nuict
> Des gens du guet, et puis, sur la minuit,
> Je reviendray.

Ainsi fait-il ; et les coupables sont pris. Il chasse la femme et livre le valet à l'archer. Là dessus, il meurt de douleur et de rage. Le Prévôt en profite pour condamner l'amant à être pendu, comme adultère et comme homicide.

L'auteur a détaché de sa pièce, et ajouté en appendice, les réflexions du public à la vue de ce châtiment. En général, on trouve le Prévôt sévère:

> L'autre disoit : Je suis tout esperdu
> De veoir un homme en potence pendu
> Pour avoir fait une chose commune
> A un chacun, tout ainsi que la lune.

Voici dans ce même genre de « tragédie bourgeoise » une moralité plus ancienne intitulée : « Moralité d'une pauvre fille villageoise, laquelle ayma mieux avoir la teste coupée par son pere que d'estre violée par son seigneur ; faicte a la louange et honneur des chastes et honnestes filles. » Au début, le vieux paysan, Grouxmoulu, pleure la mort de sa bonne femme ; sa fille, Églantine, douce, active et dévouée, s'efforce à le consoler, tout en vaquant aux soins du petit ménage. Mais le seigneur a entendu vanter la rare beauté d'Églantine. Il ordonne à son valet d'aller lui chercher cette fille.

> Son pere est a moi tenu ;
> C'est ung des hommes de ma terre,
> Et mon subject. Va tost l'enquerre,
> Si d'elle l'on pourroit finer.
> Dy luy, s'elle vient en ma serre,
> Qu'après la ferai marier
> Si bien qu'elle pourra porter
> Ceinture d'or, robbe fourrée,
> Et tousjours grand estat mener.

Le valet fait la commission ; Églantine le repousse avec horreur. Il énumère les présents promis : « Il n'est avoir qui vaille honneur », dit noblement Grouxmoulu, qui veut assommer le messager infâme.

Le valet s'enfuit. Mais le seigneur apparaît lui-même avec son « branc d'acier ». Il bat le paysan, qui reste impassible ; en disant : « Où force règne, droit n'a lieu. » Il menace de le tuer. Églantine se jette à ses pieds, et demande la permission d'entretenir en secret son père. Cette permission obtenue la vertueuse fille conjure le vieillard de lui couper la tête pour sauver son honneur. Le père ne veut pas frapper son enfant bien-aimée. « Hé bien ! je me tuerai moi-même, dit Églantine ; et je serai damnée par votre faute :

> Si par vous, pere, suis damnée,
> Je proteste m'en plaindre a plain
> Devant le Juge souverain ;
> Car je le dis de temps et d'heure,
> Avant je mourray de ma main
> Qu'en mon honneur souffre blesseure.

Le vieillard va consentir. Mais le seigneur a tout entendu ; touché de tant d'héroïsme, il reparaît, pour demander pardon à la jeune fille et lui poser sur la tête une couronne de fleurs, hommage rendu à sa chasteté ; puis il affranchit le père qu'il fait gouverneur de ses biens. Le valet, qui n'était pas si édifiant au début, commence à son tour à moraliser :

> Bien va a qui a bien s'adonne ;
> Pucellettes, regardez-y.

Une autre moralité met en scène une anecdote célèbre de l'histoire légendaire de Rome, racontée dans Pline l'Ancien [1] et Valère Maxime [2], et différemment par Hygin [3], qui place l'action en Grèce.

---

[1] Livre VII, ch. XXXVI.
[2] *Actions et dits mémorables,* livre V, ch. IV.
[3] Hygin, fable 254.

Notre auteur la place à Rome, sous le consulat
« d'Oracius et Valérius »; d'ailleurs les personnages
sont chrétiens et invoquent sans cesse les noms de
Dieu et de la Vierge Marie. Une femme comparaît
devant les consuls. Accusée d'avoir voulu trahir la
cité, elle est condamnée à mort. Sa fille implore
vainement les juges ; elle obtient seulement qu'on
laisse la condamnée mourir de faim. On l'emmène
en prison où sa fille la visite. Cette fille a un petit
enfant qu'elle nourrit. L'idée lui vient d'allaiter sa
mère expirante, elle prolonge ainsi sa vie six semaines, à la grande surprise de tous. Un geôlier,
qui les a épiées, dénonce le fait aux consuls qui,
frappés d'admiration, font grâce à la femme coupable [1].

Voici une moralité historique, plus neuve, plus
originale, et d'un intérêt bien plus vif ; elle est intitulée : « Un empereur qui tua son neveu. »

L'empereur accablé par l'âge, et préoccupé de sa

---

[1] Le couplet qui suit, en vers *équivoqués*, donnera une idée
de l'horrible versification qui florissait à l'époque où fut écrite cette
moralité, vers la fin du quinzième siècle, ou au commencement
du seizième :

> Que feras-tu, povre et in*fame femme?*
> Tu souffriras huy grant lai*dure dure ;*
> Plus ne seras nommée *d'ame dame.*
> Mort tient sur moy trop sa mor*sure sure.*
> Ton corps ira a corrom*pure pure ;*
> A ce jour d'huy toute ly*esse lesse.*
> Nul n'est vivant qui me pro*cure cure,*
> Car aujourd'huy trop ma no*blesse blesse.*

mort prochaine, consulte son chapelain sur le dessein qu'il a conçu d'abdiquer en faveur de son neveu. Le chapelain lui conseille de convoquer les grands ; il se récuse, quant à lui.

> Le gouvernement et police
> Doit aux nobles appartenir.

Les grands se réunissent, et approuvent l'abdication. Le neveu de l'empereur dans un monologue lyrique d'un mauvais style, mais d'un rythme heureux, fait confidence aux spectateurs d'un secret amour qui le dévore.

L'empereur abdique et donne à son héritier de sages conseils ; il y joint les plus terribles menaces au cas où le jeune homme trahirait ses devoirs de souverain. Habile précaution qui atténue l'horreur de la catastrophe. L'empereur, d'ailleurs, s'est réservé la « seigneurie », n'abdiquant que le gouvernement.

Le nouveau souverain reste seul et sa première pensée est d'user de son pouvoir pour satisfaire sa passion. Il donne ordre à deux misérables valets, Bertault et Guillot, de lui amener de force ou de gré, celle qu'il aime. Ces drôles, tout en épiant la jeune fille, tiennent une conversation pleine de verve :

> — Voire mès, si l'on nous attrape
> Par le ventre bieu ! nous perdrons

> Le moule de nos chaperons.
> Voila nostre procès jugé !
> — Trout, avant, trout, c'est bien songé.
> Es-tu pour si peu esbahi ?
> Crains-tu la mort ? — Sambieu ! oui.
> Je n'ai que ma vie en ce monde.

A genoux devant l'image de la Vierge la jeune fille la supplie de protéger sa chasteté. Les brigands se jettent sur elle, l'emportent malgré ses cris, la livrent au jeune prince, et s'éloignent bien payés. La mère de la pauvre enfant arrive sur la scène, réclame, avec des cris de désespoir, sa fille enlevée. Celle-ci reparaît, pleurant son honneur perdu.

> Hélas ! or suis-je indigne d'estre
> Avec les pucelles comptée !
> Ma mere qui m'avez portée,
> Vous debvez estre bien marrie.
> Quant de mon honneur suis banie,
> Qu'ay-je affaire jamais de vivre ?
> Ah ! mort, mort, viens a moy, me livre
> Assault mortel, perce mon cueur ;
> Puisque j'ay perdu mon honneur,
> Et le bien qu'on ne me peult rendre ;
> J'ayme mieulx mourir sans attendre,
> Que vivre, et estre reprouchée !

Les deux femmes vont se jeter aux genoux du vieil empereur en criant : Justice ! Elles racontent l'outrage subi. L'Empereur fait appeler son neveu, qui, la tête basse, avoue son crime. Le souverain l'accable de reproches, exprimés dans de très beaux vers :

> Donné t'avoye la couronne
> De l'Empire, et tu fis serment
> De regir bien et justement ;
> Garder devoys eglises belles,
> Veuves, orphelins et pucelles ;
> Et, qui veult ton fait regarder,
> Celle que tu deusses garder,
> Tu l'as toi-mesme violée,
> Et, par force, tant ravallée,
> Qu'elle vient a moy a refuge !
> Et tu es digne d'estre juge ?
> Certes nenny, jour de ta vie !
> Quel deshonneur m'as-tu bastie,
> Pour avoir commis tel horreur !
> J'ay esté trente ans empereur,
> Qu'onc tel deshonneur ne me vint.
> Mais en ay pugny plus de vingt
> Cruellement pour tel peché.
> N'oncques je ne fus reprouché
> D'avoir espargné en justice
> Nul homme, tant fust grant ne riche ;
> Et maintenant, se je t'espargne,
> La noble empire d'Alemaigne
> Est deshonorée a toujours !

Là dessus, malgré l'intercession des grands et du chapelain, l'Empereur égorge son neveu de sa propre main ; et il ajoute :

> J'ay faict justice. . . .
> Et vous ne l'eussiez osé faire…
> Se je vous en eusse chargez,
> On eust mis la chose a demain.

Le lendemain, l'Empereur est mourant, son chapelain hésite à lui donner la communion, à cause du meurtre qu'il a commis. Le vieillard, fort de sa conscience, refuse d'avouer à crime une action qu'il tient à honneur. Le prêtre résiste. Alors, à l'ardente prière du mourant, un miracle s'accomplit ; l'hostie vient d'elle-même se poser sur ses lèvres. Il expire en disant :

> Je requiers Dieu que m'ame mette
> En son paradis, s'il luy plaist ;
> De recepvoir la mort suis prest.

Cette pièce singulière est semée de réelles beautés ; l'intérêt dramatique n'y languit pas un moment, et les très beaux vers y abondent.

Elle rappelle un peu ces *miracles* du xiv° siècle que nous avons étudiés ailleurs [1], et mis au-dessus des *mystères* pour leur valeur vraiment dramatique ; il est bien fâcheux que le moyen âge ne se soit jamais engagé résolument dans cette voie, où les rares essais qu'il a tentés semblaient promettre des œuvres remarquables. Le *miracle*, à peine ébauché durant le xiv° siècle, fut bientôt délaissé pour céder la place au *mystère* prolixe et diffus, à la moralité allégorique, généralement fastidieuse et monotone. La moralité historique, plus vive, plus théâtrale, plus attachante, fut essayée presque à la veille de la Renaissance, et après une carrière trop courte, elle disparut devant l'avènement triomphal

---

[1] Voy. nos *Mystères*, t. I, p. 115.

et les présomptueuses promesses de la tragédie pseudo-classique, imitée de Sénèque, la tragédie de Jodelle et de Garnier. L'entreprise de fonder en France un théâtre national animé, pathétique, original, qui ne dût rien à l'antiquité, rien aux nations voisines, avait, dès lors, définitivement échoué. Sans doute, la perfection de notre théâtre classique ne laisse place à aucun regret ; mais qu'on n'oublie pas qu'entre la moralité de « l'Empereur qui tua son neveu » et le *Cid,* il s'est écoulé plus de cent ans ; un long siècle tout plein d'inutiles efforts, de tentatives avortées ; et vides, ou bien peu s'en faut, d'œuvres dramatiques dignes de mémoire.

# CHAPITRE IV

## L'HISTOIRE DE FRANCE AU THÉATRE

Pendant un siècle et demi environ (de 1440 à 1580) la France, qui n'avait en ce temps-là ni tribune politique, ni clubs, ni journaux, trouva sur la scène comique un lieu favorable à l'expression de ses vœux, de ses griefs, de ses doléances, et se servit de la comédie pour louer quelquefois, plus souvent pour railler ou maudire les gouvernants, et dire librement sur les choses d'État, le mot de l'opinion nationale ou du moins de l'opinion populaire. Dans cette revue décousue, alerte, et presque constamment satirique des événements publics, il ne faut chercher, comme on pense, ni l'impartialité, ni la profondeur des jugements. C'est l'histoire de France traduite en caricature, avec le degré de vérité propre à ce genre qui n'est plaisant que si les traits qu'il exagère et qu'il déforme ne sont pas toutefois complètement imaginaires. La bouffonnerie n'a son prix et la charge n'a sa portée qu'à condition que ce qu'elle grossit, soit au fond, la réalité.

On comprend sans peine que la comédie politique manqua de verve et de liberté tant que les Anglais occupèrent la plus grande partie de la France ; l'esprit d'opposition fut réduit au silence en face de l'étranger triomphant. Charles VII ne put rentrer dans sa capitale que le 12 novembre 1437, la quinzième année de son règne. Il s'appliqua dès lors avec une intelligence, un esprit de suite et une activité remarquable, à réorganiser son royaume, à peine reconquis, et à guérir les plaies encore ouvertes de la guerre étrangère et de la guerre civile. En 1438 et en 1439, il attribue au pouvoir royal le choix des membres du Parlement. Il promulgue la Pragmatique Sanction. Il réunit les États-Généraux à Orléans. Il rend une première ordonnance pour la création d'une armée permanente et la répression des désordres des gens de guerre.

Ces réformes étaient vues avec faveur par l'opinion publique, et la nation savait gré au roi de ses efforts et de ses bonnes intentions. La situation était désastreuse en effet au lendemain du traité d'Arras ; la misère était extrême et le désordre universel. On n'avait espoir qu'au roi et dans les sages conseillers dont il commençait à s'entourer.

Mais l'œuvre de réparation à peine entreprise faillit avorter par l'ambition, la cupidité, l'avarice de plusieurs grands seigneurs : les ducs de Bourbon et d'Alençon, le comte de Vendôme, Antoine de Chabannes, La Trémoille et beaucoup d'autres, à la tête desquels on ne put voir sans indignation, le propre fils du roi, le dauphin Louis, le futur Louis XI, qui préludait ainsi fort singulièrement au despotisme par l'insurrection.

Cette révolte insensée des princes, connue sous le nom de *Praguerie*, parce que Prague était alors en Europe la ville des insurrections et des coups de main ; échoua honteusement, grâce à l'habile activité de Charles VII qui sut diviser à temps les rebelles, et, après les avoir battus séparément, les contraindre à la soumission. L'insurrection n'avait duré que quatre mois, de mars à juillet 1440 ; mais elle avait paru assez grave pour jeter le désespoir et l'effroi dans le cœur de beaucoup de fidèles sujets du roi. A peine échappés à la guerre étrangère, ils s'étaient vus avec une sorte d'épouvante, rejetés dans la guerre civile ; et ils avaient maudit ces seigneurs égoïstes et ambitieux, qui, pour servir de misérables intérêts privés, ne voulaient pas souffrir que la France épuisée eût une heure de repos.

Le théâtre comique fut l'interprète audacieux et violent de ces amers griefs du peuple et de la petite bourgeoisie; de tous ceux en un mot qui n'avaient rien à gagner à ces « jeux de prince ». La « farce morale à cinq personnages de Métier, Marchandise, le Berger, le Temps, les Gens » fut probablement représentée à cette époque, et en exprima sur la scène les colères et les espérances. Métier représentait les artisans. Marchandise, les boutiquiers. Le Berger, les laboureurs. Voyons ce que pensaient ces gens-là de la chose publique aux environs de l'année 1440 [1].

Au début, Marchandise et Métier se plaignent de mourir de faim.

MÉTIER.

Il y a plus d'un an entier
Que Mestier ne cria largesse.

MARCHANDISE.

Mestier! il n'y a plus de graisse!

Leur triste dialogue est interrompu par l'arrivée du Berger, plus gueux encore que l'artisan et le marchand, mais cependant plus gai, grâce à l'in-

---

[1] Aucune allusion positive ne permet de déterminer assurément la date de cette pièce. Nous avons adopté celle qui nous paraît la plus vraisemblable.

souciance habituelle aux campagnards, du moins à ceux du xvᵉ siècle. Il chante pour tromper la faim :

> La, la, la, la,
> L'oysillon du boys s'envole.
> La, la, la, la,
> L'oysillon du boys s'en va.
> ...L'une foys, j'ay la pance heureuse,
> L'aultre, non; mais ce m'est tout un.
> Berger de pensée amoureuse
> Ne cherche jamais grand desjun [1].
> Certes [2] les Gallans sans Soucy
> N'avoyent en leur tresor aussy
> Que saucté et petit bon temps ;
> Et voyla la fin ou je tens !

Le trio cause du temps qui court, le Berger sans trop en médire, les deux autres fort tristement. Là dessus s'élance sur la scène un quatrième personnage vêtu d'un habit tout bigarré. C'est le Temps lui-même qui éclate en faisant la grosse voix :

> Qu'est-ce qu'on dict du Temps qui court ?
> Parle-on de moy en ce quartier ?
> Hon ? qui ? quoi ? je ne suys pas sourd.
> Qu'est-ce qu'on dit du Temps qui court ?

Les pauvres diables sans s'intimider exposent leurs griefs au Temps. Et d'abord pourquoi porte-t-il cet habit tout bigarré ? Le Temps répond :

> . . . . Je ne suys point estable [3].
> Je suys variable et muable

---

[1] Déjeuner.
[2] Texte : *Ostes*, que nous ne comprenons pas.
[3] Stable.

> Comme une plume avant le vent.
> ...Et quant arrester me vouldriez,
> Povres soz, vous y morfondriez !

Là dessus il disparaît, et Marchandise s'en inquiète. Le Temps va revenir, dit-il, avec un habit plus effrayant, et une humeur pire encore. C'est ce qui ne manque pas d'arriver. Le Temps reparaît tout de rouge vêtu :

> Il pleut à Blois ; le temps est rouge

dit le Berger, et les trois personnages répètent l'un après l'autre cette mélancolique exclamation qui paraît avoir deux sens. Blois est au midi de la Normandie où fut probablement représentée cette farce [1], et quand on voit entre Rouen et Paris le soleil couchant se réfléter de ce côté dans des nuages qu'il rougit de ses derniers rayons; c'est, dit-on, signe de pluie. Mais autre pronostic et plus fâcheux ! les seigneurs mécontents s'étaient rassemblés à Blois pour essayer d'entraîner le duc d'Orléans dans leur insurrection, et s'ils y fussent parvenus, l'issue de l'entreprise fût devenue bien menaçante pour l'autorité royale. N'est-ce pas le sens allégorique de ces mots quatre fois répétés

> Il pleut à Blois ; le temps est rouge.

---

[1] Comme toutes celles du Manuscrit La Vallière. Voy. notre *Répertoire*, p. 6 et 176.

Le Temps disparaît de nouveau pour revenir armé de pied en cap :

> Ce temps icy sent fort la guerre

s'écrient les pauvres gens ; et pour leur donner raison, voici que le Temps les attaque et fait mine de les vouloir étrangler. Mais il s'éclipse de nouveau, et reparaît dans un quatrième costume aussi peu rassurant : « habillé d'une vieille couverture et d'un faux visage brouillé, » c'est-à-dire, d'un masque tout barbouillé, qui le rend méconnaissable. Voilà le pire des temps, le temps brumeux, incertain, d'où peut sortir la tempête, et qui déjà répand l'effroi :

> — Qui vous a ainsy abillé,
> Le Temps ?. . . . .

Le Temps se fâche qu'on se plaigne toujours de lui, et reproche aux trois personnages l'injustice de leurs plaintes. Le prix de toutes choses n'a-t-il pas considérablement baissé ? C'est en effet ce qui arrive quelquefois dans les époques de misère. « Il est encore trop cher pour nous », répondent les trois gueux.

> Et que deable vous plaignez-vous,
> Sy je suys brouillé ou troublé ?
> N'avvous pas du pain et du blé,
> Du temps qui court, pour un sizain,
> Plus qu'autrefoys pour un douzain [1] ?

[1] Sizain, ou six deniers. Douzain, douze deniers ou un sou.

L'on faict plus d'un escu de boys,
Qu'on n'en souloyt faire de troys.
Que vous fault-il?

MESTIER.

Nous nous plaignons
Par faulte qu'onc nous ne gaignons;
Le povre Mestier est au bas,
Et Marchandise ne court pas
Ainsi qu'elle souloyt courir.

MARCHANDISE.

Le Temps, vous me faictes mourir
De rire! Cela n'y faict riens.
Quant il seroit tant de tous biens
Qu'on eüst de plain un panyer,
Et pots de vin pour un denyer,
Qui n'auroit ce denyer encore,
Trestout son faict seroyt freloire[1],
Et fauldroyt qu'il junast après.

## Le Berger intervient et dit au Temps :

Mais qui vous a ainsy brouillé?
Qui vous habille? qui vous change?
Qui vous faict estre ainsy estrange?
Avez-vous valets diligens?

LE TEMPS.

Ce sont les Gens.

MESTIER.

Les Gens?

LE TEMPS.

Les Gens.

---

[1] *Perdu*, de l'allemand *verloren*, comme *frelater* de *verlaten* (transvaser).

MARCHANDISE.

Les gens, et quelz gens pourroyt-ce estre ?
Le Temps, donnez-nous a cognoistre
Qui vous peult changer en ce poinct ?

LE TEMPS.

Les gens, dict-on ; croyés vous poinct ?
Ilz en font a leurs appetits

LE BERGER.

Et sont ce gens grands ou petits ?
S'il vous plaist, vous nous le direz....

LE TEMPS.

La foy de mon corps ! vous sarez
Quelz gens ce sont, et de quel sorte,
Qu'ilz ont la puissance sy forte
De faire le Temps tel qu'il est.

Là dessus : « Le Temps s'en va querir un per» sonnage qui est vestu d'une mante, et doibt avoir
» un faux visage par derriere la teste, et doibt aller
» a reculons. » C'est *les Gens*.

La puissance d'abstraction dramatique propre au moyen âge se montre ici d'une façon curieuse. Quand nous disons : tout va mal (ce qu'on a dit un peu de tout temps), si quelqu'un répond : « à qui la faute ? » nous disons volontiers : « C'est la faute des hommes, » et plus familièrement : « C'est la faute des gens ». En disant cela, nous ne prétendons pas parler de tous les hommes, mais des esprits violents, ambitieux, confus, indisciplinés qui fomentent le désordre, excitent les passions, réveillent les partis et mettent l'État en péril. Ce sont ces *gens* que la farce du moyen âge personnifie dans un acteur unique ; son visage est un masque derrière la tête, son langage est, comme nous allons voir, un inintelligible jargon ; quant à sa démarche, il ne va qu'à reculons. Quels hommes figure ce vilain personnage ? Sans doute les conspirateurs qui vont soulever le dauphin contre le roi, en prétextant qu'ils n'en veulent qu'à ses ministres ; ils couvrent leur égoïsme d'un masque de dévouement à l'intérêt public, leur désobéissance d'un masque de fidélité à la personne royale ; ils font tout reculer, par leurs intrigues ; ils ramènent le pays aux pires années du siècle ; ils parlent un langage obscur, dont personne ne sait le vrai sens, mais qui doit cacher des menaces sous des promesses mensongères

Le Temps exhibe *les Gens* et cette vue fait pousser des cris d'effroi à Marchandise, à Métier et au Berger. *Les Gens* parle, c'est bien pire :

> *Qui sterna ha la,*
> *Fari, planga, hardet, stella,*
> *My hard, fiol, besty, hardit.*

Et ainsi de suite. Métier s'écrie :

> Pendu soyt-il qui scayt qu'il dict !

« Je ne me débrouillerai, dit le Temps, que quand

les Gens auront changé leurs façons ». Mais cela pourra-t-il être ? Là-dessus nouvel intermède ; pendant qu'on chante quelques chansons, le *Temps* et *les Gens* disparaissent, puis reviennent habillés en *galants*; tous deux sont d'une humeur charmante.

LE TEMPS.

Voicy le beau temps a souhaict.

LES GENS.

Et voicy les gens de bon goust...

MESTIER.

Et vostre nom par vostre foy ?

LE TEMPS.

Nous sommes le Temps et les Gens
Changés, voyez-vous pas de quoy ?

MARCHANDISE.

Mais votre nom par vostre foy ?

LES GENS.

Remerciez Dieu et le Roy
De nous voir sy beaulx et sy gens.

LE BERGER.

Et vostre nom par vostre foy ?

LE TEMPS.

Nous sommes le Temps et les Gens
Pour suvenir aux indigens.

Ici la pensée toute démocratique de la pièce s'accuse par une mise en scène grossièrement naïve mais frappante. Le *Temps* et les *Gens* sont redevenus favorables au populaire. Pour le montrer, ils prennent sur leurs épaules Métier, Marchandise, le Berger, et tour à tour les élèvent en l'air :

LES GENS.

Mestier ne sera plus en bas.
Sus, debout, resveille, resveille !
Un bon amy pour aultruy veille ;
Les gens sont changez, et le Temps ;
Qui tous trois vous feront contens.
A quoy pensez-vous, Marchandise ?
Courez, faictes a vostre guise,
Le Temps vous sert presentement,
Et se vous avez longuement
Esté petits, il vous fault croistre.

MARCHANDISE.

Mon Dieu ! quel resjouyssement !

LE TEMPS.

Sy vous avez aulcunement
Esté traictés petitement,
Il vous fault sur le bon bout mettre.

LES GENS.

Et sy vous avez longuement
Esté petits, il vous fault croistre.

Jadis, au temps de la Fête des Fous, le peuple répétait sans fin pour narguer les puissances, le verset du *Magnificat*, vengeur des petites gens : « Il a déposé les grands de leur trône ; il a exalté les humbles. » Combien de fois les spectateurs de la farce du *Temps qui court* faisaient-ils recommencer ce jeu de scène, qui consolait leur misère et qui caressait leurs espérances :

> Et sy vous avez longuement
> Esté petits, il vous fault croistre.

Vers la même époque, les mêmes griefs, les mêmes aspirations, les mêmes espérances se faisaient jour dans une autre pièce appelée singulièrement : « Bergerie nouvelle fort joyeuse et morale de *Mieux que devant*. »

Ici ce sont surtout les pilleries des gens de guerre qui excitent les murmures des pauvres gens et les réduisent au désespoir [1]. *Peuple-pensif* et *Platpays* se racontent les avanies que les soldats leur ont fait souffrir.

> — Vont ilz en guerre ? — On nous le dit.
> — Que vont ilz faire ? — Leur esbattre.
> — A nos despens ? — Sans contredit.
> — Et puis quoy ? — Le bonhomme battre.
> — Et en chemin ? — Poules abattre...

---

[1] Après trente ans de guerre continuelle, les campagnes étaient en proie à une misère effroyable. Georges Chastellain, dans une moralité (*Le concile de Bâle*) écrite vers 1432, fait une touchante peinture de l'état de la France :

> Y a plus de trente ans passés
> Qu'on me commença cette dance ;
> Mais or on peut dire : « Adieu, France !
> Le doux pays ! la bonne terre !
> Tu fineras tes jours en guerre,
> Nonobstant quelconque famine
> Qu'auras par vengeance divine. »

(Voyez notre *Répertoire*, page 46.)

— Ilz ont mangé... — Quoy ? — Deux cents d'œux.
— Sont ilz deslogez ? — Ouy, des veaulx !
— Qu'emportent ilz ? — Mes souliers neufz.
— Boyvent-ilz bien ? — Comme pourceaulx.
— A quelle mesure ? — A pleins scaulx.
— Vela leur train ! — Vela leur dance !
Emporté ont mes vielz houseaulx,
Et mon beau chauderon sans ance [1].

Tandis qu'ils se lamentent, voici venir une gentille bergère, qui chante une chanson joyeuse. On lui demande son nom ; elle s'appelle Bonne-Espérance. *Mieux-que-devant* la suit, porteur d'heureuses nouvelles :

— Qui estes-vous ? — Mieux-que-devant.
— Qu'apportez-vous ? — Bonnes nouvelles...
Roger Bontemps je vois suyvant,
Faisant chapeaulx de fleurs nouvelles.

*Roger-Bontemps,* comme on voit, ne fut pas inventé par Roger de Collerye au XVIᵉ siècle ; Bontemps ou Roger Bontemps est partout dans la poésie populaire au moyen âge ; il est la personnification naïve des regrets, des espérances, des illusions populaires. Si tout va mal, si le pain est rare et cher, les soldats nombreux et insolents, c'est que Bontemps est parti, envolé, perdu. Bontemps reviendra peut-être. Hélas ! non, il est mort. Point du tout, il vit gaillard, il arrive ; on le reverra demain.

[1] Comparez une plainte assez touchante de campagnards pillés par des soldats, dans le *Recueil des chansons du* XVᵉ *siècle*, publié par M. G. Paris pour la *Société des anciens textes français.*

Ce jeu de mots facile a fourni matière à des pièces sans nombre et de tout genre.

*Mieux-que-devant,* ainsi égayé par le retour prochain de Bontemps, finissait par des chansons. Plus sombre est la conclusion de la « farce nouvelle de Marchandise, Métier, Peu-d'acquêt, le Temps qui court et Grosse-Dépense » jouée vers la même époque, à quelques années près.

La réforme générale du royaume, entreprise par Charles VII, était alors sans doute en cours d'exécution, et commençait par coûter fort cher, comme c'est le cas de toute réforme. Le peuple était mieux protégé, mais ne se trouvait pas plus riche ; car la taille était lourde, et l'État grand mangeur d'impôts. Marchandise et Métier ne sont pas plus contents ; Peu-d'acquêt, c'est-à-dire Maigre-Profit, les suit en se moquant d'eux ; et le Temps n'a jamais été de plus méchante humeur. Il jette à Métier et à Marchandise quelques haillons qui leur serviront d'habits : « Ce sont *retailles* », leur dit-il, jouant sur le sens du mot, qui désigne des rognures d'étoffe, en même temps que sur le nom de la *taille* qui venait d'être rendue perpétuelle, et semblait d'autant plus odieuse. Les pauvres diables éclatent en murmures : Peu-d'acquêt les excite, en raillant leur misère :

> Hé ! on a faict ung tas de francs archiers
> Pour achever de piller les villages.

Ces deux vers datent la pièce : Charles VII, par des lettres données à Montils-les-Tours, le 28 avril 1448, ordonna que « en chacune paroisse du royaume aura un archer, qui sera et se tiendra continuellement en habillement suffisant, et armé de salade, dague, espée, arc, trousses et jaques, ou huques de brigandine, et seront appelés les *francs-archers* [1] ».

Ce n'est pas assez du Temps et de Peu-d'acquêt pour insulter à Métier et à Marchandise ; voici Dame Grosse-Dépense, de corpulente allure, qui vient se faire entretenir par eux. Ils ont beau s'excuser.

— Grosse Despense, vertu bieu !
Nostre estat n'y fourniroit pas !
— Corbieu, nous ne vous cherchons pas.
Pourvoyez-vous d'aultre pasture.

Grosse-Despense n'entend pas maigrir, et après avoir entièrement dépouillé les deux pauvres diables, elle leur met une besace au dos et les envoie mendier. Peu-d'Acquêt leur souhaite bonne chance :

On vous fera beaucoup de biens.
Vous estes beaus freres mineurs !

Qui est dame Grosse-Dépense ? Serait-ce Agnès Sorel, alors au comble de sa faveur ? Sa liaison avec

---

[1] Lalanne, *Dictionnaire de la France*, au mot *archers*. L'établissement de la taille perpétuelle date de 1444.

Charles VII avait commencé en 1444, et elle mourut en 1450. En cinq ans, elle entassa d'immenses richesses : elle reçut le comté de Penthièvre, le château de Beauté-sur-Marne et celui de Loches ; elle éblouit et irrita toute la nation par son luxe scandaleux et ses prodigalités folles. Serait-ce simplement une personnification hardie du budget royal, institution toute nouvelle dont la France trouvait déjà le poids très lourd, et ne sentait pas encore les bienfaits ?

Dix ou quinze ans se sont écoulés. Le long règne de Charles VII est terminé. Un nouveau souverain, des ministres nouveaux gouvernent. Voici une farce très hardie, les « Gens Nouveaux qui mangent le Monde et le logent de mal en pire ».

Elle fut représentée certainement au début d'un règne. probablement du règne de Louis XI (1461). L'heure était bien choisie pour railler les novateurs, les donneurs de belles promesses. Depuis longtemps brouillé avec son père, le Dauphin arrivait au trône en promettant du nouveau et en se faisant fort de gouverner tout autrement et beaucoup mieux que son prédécesseur. Du moins l'opinion publique lui prêtait ce langage et ces sentiments [1].

---

[1] Si cette farce n'a pas été composée à l'avènement de Louis XI, en 1461, elle a dû voir le jour vingt ans plus tard, en 1483, lorsque l'avènement de son fils, Charles VIII, et la régence de

Les « Gens nouveaux » s'élancent sur la scène, en vantant leur audace et leur savoir-faire. Chacun dit son couplet ; mais le refrain ne varie pas :
« Somme, nous sommes gens nouveaulx. »

>Du temps passé n'avons que faire,
>Ne du faict des gens anciens.
>L'on l'a paint, ou mys par histoire,
>Mais de vray, nous n'en sçavons riens.
>S'ilz ont bien faict, ilz ont leurs biens ;
>S'ilz ont mal faict, aussi les maulx.
>Nous allons par aultres moyens ;
>Somme, nous sommes gens nouveaulx !

On croit entendre le cri d'une autre époque :
« Place aux jeunes. »

>Les vieulx ont régné, il souffit ;
>Chascun doit regner a son tour ;
>Chascun pense de son proffit,
>Car après la nuyt, vient le jour.

Après cette déclaration, les Gens nouveaux se demandent ce qu'ils vont faire, et quel grand coup ils pourront frapper pour étonner l'opinion publique :

>— Que partout il en soit nouvelles !
>Faisons oyseaulx voler sans ailes ;

Madame Anne furent salués comme une délivrance par le pays qu'avait lassé le despotisme du Roi défunt. Il y eut alors un changement de régime et de politique intérieure plus complet que celui même qui avait signalé le début du règne de Louis XI. Presque tous les serviteurs du dernier Roi furent chassés ; quelques-uns mis à mort ; les grands, qui faisaient périr Olivier le Diable, promettaient en même temps monts et merveilles au peuple. Belle occasion de railler pour un esprit pessimiste !

> Faisons gens d'armes sans chevaulx ;
> Ainsi serons-nous gens nouveaulx.
> Faisons advocatz, aumosniers ;
> Et qu'ilz ne prennent nulz deniers,
> Et sur la peine d'estre faulx.
> Ainsi serons-nous gens nouveaulx.
> Faisons que tous couards gens d'armes
> Se tiennent les premiers aux armes,
> Quand on va crier aux assaulx ;
> Ainsi serons-nous gens nouveaulx.
> Faisons qu'il n'y ait nulz sergeans
> Par la ville, ne par les champs,
> S'ilz ne sont justes et loyaulx ;
> Ainsi serons-nous gens nouveaulx.

Et, sur ce thème ingénieux, tous les métiers sont passés en revue ; procureurs, curés et moines ; et médecins enfin :

> Faisons que curez et vicaires
> Se tiennent en leurs presbytaires...
> Or faisons tant que ces gras moines,
> Ces gros prieurs et ces chanoines
> Ne mangeassent plus gras morceaulx ;
> Faisons que tous les medecins
> Parviennent toujours en leurs fins,
> Et qu'ilz guerissent de tous maulx.
> Ainsi serons-nous gens nouveaulx.

On fait ensuite l'inventaire de l'héritage qu'ont laissé les anciens. Mais que de biens ont disparu ; et où ont-ils pu passer ? Il y a là des traits fort vifs contre les fondations pieuses, encore si fréquentes au XVe siècle. L'auteur déteste les Gens nouveaux ; mais, en vrai satirique, il se sert d'eux,

en passant, pour frapper sur ses amis, sur les vieux,
les anciens.

> Les gens vieulx ont tout emporté!
> Ilz ont fondé tant de chanoines,
> Tant d'abbayes, tant de moynes,
> Que les gens nouveaulx en ont moins.
> — Que servent un tas de nonnains
> Que mon pere jadis fonda,
> Et cinq cents livres leur donna,
> Dont je suis povre maintenant?

Là dessus, le Monde arrive, et vite les Gens nouveaux font projet de le gouverner; c'est grand bonheur pour lui, car ils gouverneront beaucoup mieux. Ils viennent offrir leurs services au Monde, qui hoche la tête, en vieux sceptique, défiant et fatigué :

> Vous y congnoissez bien petit.
> Dieu! tant de gens m'ont gouverné
> Depuis l'heure que je fus né!

Ce n'est pas qu'il se loue de ses derniers maîtres; il fait, au contraire, une lamentable peinture de l'état du pauvre peuple, et surtout des paysans, pillés, ruinés, mangés par le brigandage des soldats. On relève ici une allusion curieuse à l'ordonnance de 1439, par laquelle Charles VII, en instituant les gendarmes d'ordonnance, avait préludé à l'établissement d'une armée régulière en France.

> Il vous court une pillerie,
> Voyre sans cause ne raison,

> Labeur n'a riens en sa maison
> Qu'ilz n'emportent ; vela les termes.
> Et si ne sont mie gens d'armes
> Qui soyent mis a l'ordonnance,
> Servans au royaulme de France.
> Ce ne sont qu'ung tas de paillars,
> Meschans, coquins, larrons, pillars.
> Je prie a Dieu qu'il les confonde.

Les Gens nouveaux mettront bon ordre à cela ; le Monde s'en réjouit, mais sa joie ne sera pas longue. Ses nouveaux patrons lui demandent avant tout de l'argent. Le Monde se récrie : « Mais c'est tout comme les autres! » — « Il faut bien que tout le monde vive », répondent les Gens nouveaux. Et ils se font leur part de leurs propres mains, en se partageant la bourse du Monde qui, mélancoliquement, leur dit :

> Je prie a Dieu qu'il vous mauldie.
> Est-ce-cy le commencement
> De vostre beau gouvernement
> Gens nouveaulx sont-ilz de tel sorte ?

Là dessus, ils emmènent le pauvre vieillard au logis qu'ils lui réservent. Quel logis! une misérable grange, ouverte à tous les vents. On la lui fait admirer avec une raillerie cruelle :

> Vous estes logé a plaisance,
> Monde, c'est le point principal.
> ...Venez ça, n'estes-vous pas mieux
> Que vous n'estiez anciennement?
> — Je regrette le temps des vieulx !

Pour comble de misère, on lui demande encore de l'argent.

> Il faut que vous appareillez
> A nous bailler ung peu d'argent,
> Monde. — Si souvent ! si souvent !
> — Voire si souvent, plus encore.
> Ça de l'argent... Ça, ça, de l'or,
> Monde. Nous vous garderons bien.
> — Or ça, quand je n'auray plus rien,
> Sur moy ne trouverez que prendre.

Pour consoler le Monde, on le fera déménager, puisque ce beau logis lui déplaît. On l'emmène ailleurs, où il sera tout à merveille.

> Vecy plaisante hostellerie,
> Monde. Logez-vous-y, beau sire.
> — Ha Dieu ! Je vois[1] de mal en pire !

Sans doute la nouvelle maison n'a pas même de toit : le Monde y pourra dormir, fort à son aise, à la belle étoile. Mais il aurait grand tort de se plaindre trop haut ; car les Gens nouveaux ne sont pas patients :

> Se plus vous allez complaignant,
> Encore aurez pis que devant ;
> Ce ne sont que premiers assaulx.
> — Or, voys-je bien qu'il m'est mestier
> De le porter patiemment.
> Chascun tire de son quartier,
> Pour m'avoir, ne lui chault comment.

[1] Vais.

> Vous povez bien voir clairement
> Que Gens nouveaulx, sans plus rien dire,
> Ont bientost et soubdainement
> Mys le Monde de mal en pire.

Et la farce finissait ainsi, aux applaudissements de tous ceux qui avaient mis leurs espérances dans le nouveau régime, et qui s'étaient trouvés déçus; ambitieux qui n'avaient pas obtenu d'emplois; marchands qui n'avaient pas encore fait fortune; ou simplement bonnes gens naïfs, qui n'avaient pas vu luire l'âge d'or attendu par eux.

Louis XI n'aimait guère ces libertés du théâtre; et sous son règne la comédie politique fut muette, ou peu s'en faut. Car je n'accorde pas ce titre à la *moralité* que Georges Chastellain, le chroniqueur des Ducs de Bourgogne, fit débiter au château d'Aire en présence du Roi de France et de Charles le Téméraire, soi-disant réconciliés par la paix de Péronne, qui les faisait ennemis mortels. Cette pièce, presque tout entière écrite en stances lyriques, et faite, dit l'auteur, « a bonne intention et pensant icelle paix estre observée par les parties », n'est qu'un morceau d'apparat, destiné à l'ornement d'une fête princière.

La Basoche de Paris recommença ses libres jeux sous le règne de Charles VIII; mais, trop audacieuse après un long silence, elle ne tarda pas à mécontenter la Cour par son extrême hardiesse. Le poète Henri Baude faillit attirer aux clercs une très mauvaise affaire [1]. Le 1ᵉʳ mai 1486, il fit jouer sur la fameuse Table de marbre une moralité (dont nous avons perdu le texte et même le titre), où il attaquait avec la dernière vivacité les hommes qui gouvernaient alors sous le nom du jeune Charles VIII. Il représentait l'autorité royale sous la figure d'une fontaine d'eau vive, image de la pureté des intentions du monarque. Malheureusement cette source limpide était obstruée et troublée par une multitude d'ordures : « herbes, racines, roche, pierre, boue et gravois ». L'auteur lui-même a raconté l'effet que produisit cette allégorie sur ceux qui s'y crurent désignés. « Les uns, dit-il assez malicieusement, se reconnurent dans la boue, et les autres dans les gravois. »

> Et disent que pour les moquer
> On a ce fait... Rien n'y connois,
> Sauf leur honneur...

Mais Baude eut beau protester : il fut mis au petit Châtelet avec quatre Basochiens. Heureusement pour eux, le Parlement évoqua l'affaire; et comme il était alors en assez mauvais termes avec la Cour, et ne cherchait qu'une occasion de faire

---

[1] Voyez nos *Comédiens en France au moyen âge*, p. 102.

pièce aux ministres, il élargit les cinq prisonniers au bout de quelques mois de prison préventive.

La plus brillante époque de la comédie politique en France ou tout au moins la plus libre est celle qui correspond au règne de Louis XII. Ce Roi libéral protégea hautement les jeux les plus hardis de la scène et favorisa en particulier la satire des abus qui se commettaient dans le gouvernement. Quel était son dessein? Doit-on penser avec les contemporains qu'il ne fît qu'obéir au goût très louable et peu commun qu'il avait d'entendre la vérité. On a déjà cité les vers où Jean Bouchet admire cette tolérance de Louis XII :

> Le Roy Loys douziesme desiroit
> Qu'on les jouast a Paris, et disoit
> Que par tels jeux il scavoit maintes faultes
> Qu'on lui celoit par surprinses trop caultes [1].

« Je veux qu'on joue en liberté, disait le Roi (selon le témoignage du même auteur, dans les *Annales d'Aquitaine* [2]), et que les jeunes gens declairent les abus qu'on fait en ma Court, puisque les confesseurs et autres qui sont les sages, n'en veulent rien dire. »

Sans calomnier Louis XII il est permis de lui

---

[1] Voir d'autres témoignages dans nos *Comédiens en France au moyen âge*, p. 106.
[2] In-4°, 1557, 4° partie, ch. xi, f° 194 *recto*.

supposer aussi d'autres intentions un peu moins désintéressées. « En favorisant la farce et la sottie il se les attacha : il fit entrer le théâtre dans sa politique; il put se servir de la scène pour agir sur l'opinion et la tourner toute à ses vues, dont la sagesse et l'opportunité étaient fort discutables. N'était-ce rien que de mettre avec soi l'esprit public dans cette guerre d'Italie que la France n'avait pas souhaitée et où son intérêt, son honneur étaient si peu engagés ? Etait-ce payer trop cher une alliance aussi importante que celle du théâtre que la payer d'un peu de liberté, même d'un peu de licence, même du désagrément de sentir quelques traits (bien émoussés) s'égarer de temps en temps contre la personne royale[1]. » Louis XII très patiemment se laissa traiter de chiche et d'avare sur la scène comique. Il fut moins endurant quand les joueurs s'avisèrent d'attaquer la Reine ; il les fit prévenir que s'ils continuaient, ils seraient pendus.

Nous avons conservé cinq pièces comiques, composées et représentées sous le règne de Louis XII, et remplies d'allusions politiques. La plus ancienne est un monologue.

La satire politique a rarement trouvé place dans les monologues. Toutefois le *Pèlerin passant*, de

---

[1] *Les Comédiens en France au moyen âge*, p. 107.

Pierre Taserie, Normand, pièce d'ailleurs assez inoffensive, est une longue série d'allusions aux hommes publics, aux princes, aux ministres qui florissaient en 1504. Le cadre est ingénieux : l'acteur est censé un pèlerin qui raconte son voyage. Il est parti peu chargé d'écus ; mais pauvreté n'exclut pas gaîté.

> Les uns les aultres vont leur loy ;
> Justement on aurés autant,
> Dedens deulx cens ans, comme moy,
> Sept piés de terre, tout contant.
> ...Je prins donc bourdon et manteau
> En m'en alant, riant, chantant,
> Sur la poincte du renouveau,
> Sur le printemps, qu'il faisoit beau,
> Que les jours ne sont lons ne cours,
> Entray, comme un leger chevreau,
> En la ville, par les faulxbourgs.

Mais le voyage est tout allégorique ; les auberges où le pèlerin s'arrête sont les maisons des grands. Il fait station *A l'écu de France,* c'est-à-dire à la Cour ; il s'ennuie à cause de l'avarice de l'hôte (le Roi Louis XII).

> Sy avoit-il bruict d'estre siche (chiche)

Quand les Rois sont économes, la satire les taxe d'avarice ; et quand ils sont prodigues, elle se plaint qu'ils ruinent le peuple. Le pèlerin passe *A l'écu de Bretagne,* c'est-à-dire chez la Reine Anne dont il fait un grand éloge.

Mais on dict qu'el ne faict des biens
Synon aulx gens de son pays.

Il s'arrête *A l'écu d'Alençon,* chez le futur mari de Marguerite de Valois[1] ; puis *Au Dauphin,* chez le jeune duc d'Angoulême, plus tard François Ier, alors héritier présomptif de la Couronne ; *Au Chapeau-Rouge,* chez le Cardinal-Ministre, Georges d'Amboise. La maison d'un homme si puissant est assiégée d'importuns ?

> Ariver vins au Chapeau Rouge,
> Un grand logis, une grand court ;
> Mais l'entree m'en semble farouge,
> A le vous dire bref et court ;
> L'un braict, l'autre court et racourt,
> Tant d'ambassades, tant de postes !
> Je ne vis jamais autant d'ostes.
> L'on y entre, l'un apres l'autre,
> Et parle t'on au maistre a peine,
> Se l'on n'y prent d'heure son ren,
> Comme au four, ou a la fontaine.
> L'un aulx galerys se pourmaine ;
> L'autre aux jardins, et, pour le reste,
> C'estoyt un paradis terrestre.
> J'y vis tant de sos[2], comme moy,
> Qui attendoyent estre logés,
> Muchés en un coing a requoy,
> Tant du pays que d'estrangers[3].

---

[1] Il avait alors douze ans.

> Et lui recordoit sa leçon
> Sa mère, une femme de bien.

[2] L'acteur qui appartient sans doute à la compagnie des Enfants-sans-Souci, joue ici sur le double sens du mot *sot*.

[3] A l'*Ecu d'Orléans* la maison est vide ; (le Duc est devenu le

Voilà des indiscrétions sans malice qui ne pouvaient offenser sérieusement personne. Mais on sait que Louis XII, durant tout son règne, toléra des allusions et des attaques bien autrement agressives.

Les Ecoliers, les Basochiens, les Enfants-Sans-Souci rivalisèrent alors de hardiesse. Ainsi la sottie du *Nouveau Monde,* jouée le 11 juin 1508, sur la place Saint-Etienne, par les étudiants de Paris, est une violente satire contre l'abolition de la *Pragmatique Sanction* rendue à Bourges par Charles VII, le 7 juillet 1438 et abolie par Louis XI au début de son règne (1461), malgré les protestations des Parlements, de l'Université, des légistes, d'une partie du clergé même. Les États-Généraux de 1484 en avaient réclamé le rétablissement; on prêtait à Louis XII l'intention de céder à ces vœux. La question était grave pour l'Université, cette pépinière du clergé; car le maintien où l'abolition de la *Pragmatique* intéressait directement le mode de collation des bénéfices.

Essayons d'analyser clairement le galimatias de cette détestable pièce, attribuée récemment, non

---

roi sous le nom de Louis XII). A l'*Ecu de Bourbon*, le maître est mort. (Pierre de Beaujeu, mari d'Anne, fille de Louis XI, mourut le 8 octobre 1503.) Sa veuve et sa fille le pleurent dans la solitude. Suzanne de Bourbon épousa son cousin Charles, le futur connétable, le 10 mai 1505. Notre monologue fut donc écrit dans le courant de 1504.

sans vraisemblance, à Andrieu de la Vigne, qui fit mieux quelquefois, ou moins mal. Jamais la fureur des abstractions personnifiées ne fut poussée aussi loin : les personnages s'appellent : Bénéfice Grand, Bénéfice Petit, Pragmatique, Election, Nomination, L'Ambitieux, Légat, Quelqu'un, Vouloir Extraordinaire, Père-Saint, Provision Apostolique, Collation ordinaire, Université, le Héraut.

Les deux Bénéfices, désolés d'être vacants, s'en vont trouver Pragmatique. L'Ambitieux les rencontre, et pour obtenir Bénéfice Grant, s'adresse à Légat, qui l'envoie à *Quelqu'un* « mais ne lui dites pas que vous venez de ma part. » *Quelqu'un*, c'est le Roi. « Prenez tout ce que vous voudrez, dit-il à l'Ambitieux. » Il envoie là-dessus Vouloir Extraordinaire signifier son choix à Election. Celle-ci résiste, aidée de Pragmatique et chasse L'Ambitieux, qui recourt à Légat. « C'est bien, dit Légat, Père-Saint enverra Provision Apostolique. » L'Ambitieux et Vouloir Extraordinaire s'en vont trouver Père-Saint qui les accueille avec un baragouin où l'italien domine. Provision Apostolique s'exprime dans le même jargon. L'Ambitieux la ramène avec Collation ordinaire qui épousera Bénéfice Petit. La vaillante Pragmatique livre bataille à ces intrus; elle les met en fuite et, enhardie par son succès, va pour attaquer Père-Saint. Mais Quelqu'un prend la défense du Pape ; Pragmatique est renversée dans la bagarre ; les Bénéfices sont enlevés de force. Election et Nomination relèvent la pauvre Pragmatique, à demi morte ; ses premiers mots sont pour s'écrier : « Qu'on me conduise chez Dame Université. » Dame Université, qui prend son rôle fort au sérieux dans cette pièce jouée par ses élèves, appelle à son tribunal Père-Saint, Légat, et Quelqu'un lui-même : ils viennent, tout en protestant qu'ils ne sont pas tenus de comparaître. Université leur répond par ces vers, les moins mauvais de la pièce.

> Vos povers[1] sont assez notoyres,
> Que de faict n'avez superieurs ;
> Mais pas n'estes si grans seigneurs
> Que ne devez vivre par droit,
> Ou autrement on vous tiendroit
> Pour tyrans et non pas pour princes
> ...Celle suys qui les demonstrances
> Vous en doibs faire ; car mes loys,
> Crient vengeance a haulte voix
> Contre vous, c'est chose asseurée.

*Quelqu'un*, menacé de l'Enfer par Dame Université, vient à résipiscence, et promet de tout réparer ; on donne Bénéfice Grand à Election, Bénéfice Petit à Nomination ; Providence Apostolique et Collation ordinaire s'en retourneront à Rome les mains vides.

[1] Pouvoirs.

Le moment approchait d'ailleurs où *Quelqu'un* et le *Père saint* allaient se brouiller définitivement, non pas à propos de la Pragmatique, mais au sujet des affaires d'Italie qui se compliquaient d'une façon fâcheuse pour la France. Une farce assez piquante nous dépeint avec finesse et malice l'état de la Péninsule en 1509, à la veille de la rupture entre Louis XII et le Saint-Siège : c'est *la Résurrection de Jenin Landore*.

Le pauvre homme est mort de la veille ; et sa femme le pleure consciencieusement ; tandis que le curé, qui s'efforce à la consoler, lui rappelle les vertus du défunt :

> Quand il estoit ensepveli,
> Il demandoit au clerc a boire

Tout à coup Jenin Landore apparaît ; non qu'il ne fût point mort ; mais il est ressuscité, bel et bien. Il arrive droit du Paradis ; il a passé par le Purgatoire. On lui demande des nouvelles de l'autre monde. Il en raconte, qui sont autant d'allusions à la guerre d'Italie, aux démêlés de la France avec le Pape, l'Espagne, Venise et l'Angleterre.

> J'ay veu sainct Pierre, atout[1] sa clef,
> Et sainct Paul, atout son espée,
> Qui avoit la teste coupee
> A sainct Denys, ce lui sembloit ;

[1] Avec.

Et sainct Françoys les combattoit,
Frappant sur eulx, patic, patac.
Alors y arriva saint Marc
Qui très-bien secoua leur plisse.
Puis vint saint Jacques en Galice,
Atout sa chappe bien doublée.
Quand Dieu vit toute l'assemblée
Ainsi frapper, il est notoire
Qu'a sainct Francoys donna victoire;
Mais je m'en vins de paour des coups.

####### Le Curé.

— Jenin Landore, dictes-nous
Que faisoit donc alors sainct George?

####### Jenin.

— Il n'estoit point en bonne forge,
Car il craignoit fort l'interest.

####### Le Curé.

— Ainsi comme il nous apparoist,
Il y eut terrible bataille.

####### Jenin.

— Il falut clorre la muraille
De Paradis soubdainement.
Autour a esté seurement
Plain de Suisses et Lansquenetz,
Qui eussent fait, je vous prometz,
Terrible guerre en Paradis,
Tout aussi vray que je le dis.
Dieu leur fist, plus tost que plus tard,
A chascun, paradis a part;
Car de long temps hayent[1] l'un l'autre.

En 1510, le pape Jules II, d'abord notre allié en Italie, se brouilla ouvertement avec nous. A tra-

---

[1] Haïssent.

vers l'apparente versalité de sa politique, au fond, il n'avait qu'un dessein; chasser de la Péninsule tous les étrangers et la rendre à elle-même, sous la suprématie du Saint-Siège. Cette politique pouvait être légitime ; il la servit par de mauvais moyens. Il nous trompa, séduisit nos alliés, tourna toute l'Europe contre Louis XII, en dépit des promesses faites à Cambrai. Un concile d'évêques français, rassemblé à Tours, déclara que le Roi avait le droit de résister au souverain des États Romains. La guerre éclata à la fin de l'année 1510. Mais la déclaration du concile n'avait pas suffi à rassurer toutes les consciences ; et d'autre part Louis XII se proposait d'outrepasser les droits que lui avait reconnus le concile ; il ne songeait pas à moins qu'à faire déposer le pape. De tels desseins avaient besoin, pour être appliqués, de l'adhésion nationale; le Roi, agissant seul, sans l'approbation de la France, eût été impuissant. Louis XII fit appel à tous les moyens pour s'attacher l'opinion publique; il ne dédaigna pas de se servir du théâtre pour arriver à ce but. Le Mardi-Gras, 25 février 1512, devait avoir lieu aux Halles une représentation solennelle des Enfants-sans-soucy. Pierre Gringore, *Mère Sotte*, c'est-à-dire second dignitaire dans cette compagnie, fut chargé, par ordre du Roi, d'user de la liberté du Carnaval pour ameuter contre le Pape l'esprit des spectateurs parisiens et les rallier aux projets hardis du Roi de France.

Que Gringore ait reçu commission de Louis XII, cela n'est pas douteux. Gringore, depuis trois ans, était moins un poète qu'un pamphlétaire, ou si l'on veut, un rimeur politique au service de la Cour ; un journaliste officiel en vers. En 1508, il avait composé l'*Entreprise des Vénitiens,* violente diatribe contre ce peuple, notre adversaire le plus constant en Italie. En 1510, aussitôt que notre brouille avec Jules II fut devenue définitive, il avait écrit contre ce pape la *Chasse du cerf des cerfs,* jouant irrévérencieusement sur ces mots à double sens : *cervus cervorum* et *servus servorum* [1]. L'*Espoir de paix* est un autre épisode de cette lutte acharnée engagée entre le poète parlant au nom du Roi et le Saint-Siège. Le *Jeu du Prince des Sots* fut le troisième coup porté, le plus violent ; parce que de tous les pamphlets, celui qui fait la plus cruelle blessure est le pamphlet dramatique, qui est non pas lu, mais joué, mis en scène, réalisé, pour ainsi dire, sur un théâtre, en face de plusieurs milliers de spectateurs passionnés.

Louis XII assista-t-il à la représentation ? Nous l'ignorons, mais nous sommes tenté de le supposer,

---

[1] Le pape s'intitule *serviteur des serviteurs de Dieu.*

à cause de la donnée même de la pièce, où le *Prince des Sots,* figurant le Roi de France, vient tenir ses Grands Jours aux Halles en l'honneur du Carnaval.

> — Et doit point le Prince des Sotz
> Assister cy, en ces jours-gras?
> — N'ayez peur, il n'y fauldra pas ;
> Mais appeler fault le grant cours,
> Tous les seigneurs et les prelatz,
> Pour deliberer de son cas ;
> Car il veult tenir ses grans jours.

Ces vers semblent n'avoir tout leur sens et toute leur pointe que prononcés devant le Roi.

Au reste, que Louis XII assistât ou non, il n'était pas loin ; ce furent sa pensée, son intérêt, ses passions, qui, d'un bout à l'autre, inspirèrent le poète.

La représentation eut trois actes ; la *sottie,* la *moralité,* la *farce;* la farce est étrangère à la politique ; dans la moralité, Gringore attaque encore Jules II, mais avec plus de sérieux. Dans la sottie, il le déchire en s'en moquant.

Au commencement de la pièce trois suppôts du Prince des Sots sont en scène ; la conversation s'engage aussitôt entre eux avec une extrême vivacité ; elle est toute politique. Ils éclatent en récriminations violentes contre les ennemis du Roi, qui l'amusent et le trompent par de faux ménagements. Ils veulent qu'on démasque leur perfidie et qu'on en finisse avec eux.

> C'est trop joué de passe-passe ;
> Il ne fault plus qu'on les menace ;
> Tous les jours ilz se fortifient.
> Ceulx qui en promesses se fient
> Ne congnoissent pas la falace[1].
> C'est trop joué de passe-passe.....
> Qu'on rompe, qu'on brise, qu'on casse,
> Qu'on frappe a tort et a travers ;
> A bref, plus n'est requis qu'on face
> Le piteux ; par Dieu ! je me lasse
> D'ouyr tant de propos divers.

Puis on parle de vingt choses diverses qui toutes ont trait aux mêmes intérêts : de Bologne que le Pape Jules II n'avait conservé que grâce au Roi ; des Espagnols qui « tendent leurs filletz », des Anglais dont on ignore encore les intentions.

> — Mais que font Angloys a Callais ?
> — Le plus sage rien n'y entend.

du Roi qui ne veut que garder la paix.

> — Le prince des sotz ne pretend
> Que donner paix a ses suppotz.
> — Pour ce que l'Eglise entreprent
> Sur temporalité, et prent,
> Nous ne povons avoir repos.

Le Roi est trop patient, trop bon.

> — On luy a joué de fins tours
> — Il en a bien la congnoissance
> Mais il est sy humain toujours,
> Quant on a devers luy recours,
> Jamais il n'use de vengeance.

[1] Tromperie.

L'entretien est interrompu par l'arrivée des Seigneurs et Prélats. Le *quiproquo* se poursuit entre le royaume de la Sottise et le royaume de France. Seigneurs et Prélats portent tous des noms burlesques qu'avaient vulgarisés les farces et les facéties du temps. C'est d'abord le seigneur du Pont-Alletz. On sait qu'un célèbre acteur et auteur du temps avait pris ce pseudonyme [1]. Ce sont le prince de Nates [2], le seigneur de Joie, le général d'Enfance, le seigneur du Plat-d'Argent, le seigneur de la Lune, l'abbé de Frevaulx, l'abbé de Plate-Bourse, le seigneur de Gaieté.

Pont-Alletz fait l'important ; il surveille les menées des Espagnols et des Lombards, des Flamands et des Allemands. Il en dit tant qu'un des sots lui crie :

> Abrege toy tost, et te hastes.

Voici le seigneur de Joie, toujours galant

---

[1] Sur Pont-Alais, ou Pont-Allez, voyez nos *Comédiens en France*, pages 167-180. Il se peut que Pont-Alais ait gardé ce surnom depuis qu'il avait joué ce rôle en 1512.

[2] Dans le *monologue des Sots joyeux* (voyez *Anc. poés. franç.* (Bibl. Elzév., t. III, p. 11) ce nom et presque tous les suivants reparaissent. Ils sont habituels dans le répertoire des Sots. Voir aussi les *Lettres nouvelles contenant le privilège d'avoir deux femmes* (*Variétés historiques et littéraires*, *Biblioth. Elzévirienne*, tome III, p. 141.) L'on y retrouve aussi la plupart de ces burlesques personnages. Ceux de ces noms qui ne s'expliquent pas d'eux-mêmes, n'ont pas été jusqu'ici interprétés d'une manière satisfaisante.

> Passant temps au soir et matin,
> Tousjours avec le feminin.

Voici le général d'Enfance. Qui est ce personnage ? Peut-être Gaston de Foix, duc de Nemours, héroïque jeune homme de vingt-deux ans qui devait cette année là même accomplir de si brillants exploits en Italie, à la tête des armées françaises ; et tomber à la fleur de l'âge, enseveli dans sa victoire devant Ravenne (11 avril 1512). Il n'avait pas encore fait ses preuves quand cette pièce fut composée. On peut supposer que l'opinion s'inquiétait de voir notre armée aux mains d'un si jeune chef. Gringore salue ainsi le général d'Enfance :

> Approchez, general d'Enfance.
> Appaisé serez d'un hochet.

Le général répond, fidèle à son rôle, par un verbiage enfantin :

> Hon, hon, men men, pa pa, tetet.
> Du lo lo, au cheval fondu.

Toute la scène est ainsi remplie d'allusions obscures pour nous : fort claires pour les contemporains à qui elles désignaient certains personnages vicieux ou ridicules de la Cour de Louis XII. Le Seigneur de la Lune symbolise les inconstants qui n'entrent dans un parti que pour le trahir et l'abandonner aussitôt.

> Je suis hastif, je suis soubdain
> Inconstant, prompt et variable.

Le plus bizarre de ces gentilshommes pour rire, est le Seigneur du Plat d'Argent. Le Plat d'Argent, enseigne banale d'une multitude d'hôtelleries, représente, dans la tradition comique [1], par allusion à la Bourse Plate, l'auberge de Misère, où les poètes crottés, les *bohèmes* sans feu ni lieu et les *Enfants-sans-soucy*, passaient, pour la plupart, leur vie hasardeuse. Dans le rôle de ce triste gentilhomme il n'est plus question de la cour de Louis XII, mais réellement de la cour du Prince des Sots : d'un bout à l'autre de la pièce la confusion se continue ainsi entre les deux empires, et les allusions s'entrecroisent, venant de deux côtés à la fois.

> Entre vous qui estes logez
> Au Plat d'Argent, faictes hommage
> A vostre hoste ; il a d'usaige
> De loger tous les souffreteux.

Le Seigneur du Plat d'Argent répond aussitôt :

> Pipeux [2], joueux et hazardeux,
> Et gens qui ne veullent rien faire,
> Tiennent avec moi ordinaire ;
> Et Dieu scet comme je les traicte.

Enfin le *Prince des sotz,* en personne, fait son entrée en scène où il va figurer le roi Louis XII :

> — Honneur, Dieu gard les sotz et les sottes !
> *Benedicite !* que j'en voy !

---

[1] Le pauvre Roger de Collerye dit : *Au plat d'argent je fais ma résidence.*

[2] Tricheurs.

— Ils sont par troppeaulx et par bottes.
— Honneur ! Dieu gard les sots et les sottes !
*Benedicite !* que j'en voy !
J'ay tousjours Gayeté avec moy,
Comme mon cher filz tresaymé.

Le Seigneur de Gaieté répond :

— Prince par sus tous estimé,
Non obstant que vous soyez vieulx,
Tousjours estes gay et joyeulx,
En despit de vos ennemys.

Tout n'est pourtant pas pour le mieux au royaume de Sottise. Voici l'abbé de Frevaulx qui déclare sans embarras qu'il a mangé « par cy par là » tout le revenu de son abbaye. « Et vos moines », dit le Prince,

Ils doivent estre
Par les champs pour se pourchasser.
Bien souvent quand cuydent repaistre,
Ils ne sçayvent les dens ou mettre,
Et sans soupper s'en vont coucher.

L'assistance, encouragée par cet aveu, éclate à l'unisson contre les Prélats :

— Tant de prelats irréguliers !
— Mais tant de moynes apostats !
— L'Eglise a de mauvais piliers !
— Il y a un grand tas d'asniers
Qui ont benefices a tas.

Arrive, à l'improviste, un nouveau personnage ; c'est Sotte Commune, qui représente le peuple, en face du Prince, de la Noblesse et des Prélats : elle est mécontente de tous, et tout le monde la rudoie. Elle entre en scène en criant de toutes ses forces :

> Par Dieu, je ne m'en tairay pas.
> ...Et qu'ay-je a faire de la guerre,
> Ne qu'a la chaire de sainct Pierre
> Soit assis ung fol ou ung saige ?
> Que m'en chault-il, se l'Eglise erre ?
> Mais que paix soit en ceste terre.
> Jamais il ne vint bien d'oultraige.
> Je suis asseur[1] en mon village ;
> Quant je vueil, je souppe et desjeune !

Le Prince interrompt sévèrement :

> Qui parle ? — La Sotte Commune.
> Regardez moy bien hardiment :
> Je parle sans sçavoir comment ;
> A cela suis acoustumée ;
> Mais a parler realement,
> Ainsy qu'on dit communement,
> Jamais ne fut feu sans fumée ;
> Aucuns ont la guerre enflamée,
> Qui doivent redoubter fortune.

Telle est la politique de *Sotte Commune;* c'est la politique du paysan : la paix, la paix. On s'empresse de tous côtés pour faire taire cette importune voix.

> — Tousjours la Commune grumelle.
> — Commune, de quoy parles-tu ?
> — Le prince est remply de vertu...
> — Mesmement a mis au bas taille[2].

---

[1] Assuré, tranquille.
[2] Il a diminué la taille.

— Te vient-on rober ta poulaille ?
— Tu es en paix en ta maison.
— Justice te preste l'oreille.
— Tu as des biens tant que merveille
Dont tu peux faire garnison.
— Je ne sçay pour quelle achoison [1]
A grumeller on te conseille.

Hélas ! Sotte Commune sait à quoi s'en tenir sur son bonheur. Elle répond en chantant ce refrain très populaire au seizième siècle [2] :

— Faulte d'argent, c'est douleur non pareille.

« La Commune ne sait tenir sa langue », conclut le Seigneur de Gaieté, qui trouve naturellement que tout est pour le mieux dans le meilleur des mondes.

Ces légères escarmouches nous amènent à l'incident principal. Mère-Sotte arrive en scène « habillée par dessoulz en Mère Sotte, et, par dessus, son habit, ainsi comme l'Eglise », c'est-à-dire dans le costume pontifical. C'est donc la Papauté que le Roi Très-Chrétien, fils aîné de l'Église, va faire bafouer devant son peuple, sur les tréteaux des Halles, ce qui ne l'empêchera pas de transmettre à son successeur les lois qui ordonnent de brûler les hérétiques. Mère-Sotte proclame haut ses desseins.

---

[1] Occasion.
[2] On le trouve dans Roger de Collerye, dans Rabelais, dans la farce du *Savetier*, dans plusieurs recueils de *chansons*.

> Le temporel vueil acquerir
> Et faire mon renom florir.
> Ha! brief, vela mon entreprise.
> Je me dis Mere Saincte Eglise;
> Je vueil bien que chascun le note;
> Je maulditz, anatematise;
> Mais soubz l'habit, pour ma devise,
> Porte l'habit de Mere Sotte.

A ses côtés sont ses deux ministres, Sotte-Fiance et Sotte-Occasion. Elle leur expose sa politique et reçoit leurs compliments, qui sont autant d'outrages sanglants dirigés contre Jules II :

> — Qui est ce qui contredira
> Vostre saincte discretion?
> — On dit que n'avez point de honte
> De rompre vostre foy promise.
> — Ingratitude vous surmonte;
> De promesse ne tenez compte.

Mère Sotte ne cache rien de sa pensée à de si fidèles ministres :

> — La Bonne Foy, c'est le vieil jeu,

dit-elle, et elle fait venir les Prélats du Royaume des Sots, pour travailler à les séduire en leur promettant « de rouges chappeaulx ». C'est assez pour les gagner tous. Les Prélats passent de son côté. Le poëte attaquait ainsi les dispositions hésitantes d'une partie du clergé de France, qui, soutenu par la Reine, voyait avec déplaisir le Roi s'engager dans une guerre contre le Pape, et menacer même de faire déposer Jules II.

La noblesse est plus fidèle au Roi de France. Mère Sotte essaie en vain de la caresser et de la séduire à force de belles promesses :

> — Soustenir vueil en consequence
> Devant vous, mes gentilz suppotz,
> Que doy avoir preeminence
> Par dessus le Prince des Sotz ;
> Mes vrays enfans, et mes dorlotz[1],
> Alliez vous avecques moy.

Les Seigneurs répondent en protestant de leur loyauté :

> — J'ay au Prince promis ma foy ;
> Servir le vueil, il est ainsi.
> — Je suis son subject — Moy aussi.
> — Je seray de son alliance.

Un seul fait défection, c'est le Seigneur de la Lune, inconstant comme l'astre dont il porte le nom.

Mais Mère Sotte est engagée trop avant ; elle est surtout trop ambitieuse, pour reculer désormais. Elle crie : aux armes, en saisissant une épée. On sait que Jules II avait pris, en personne, la place de la Mirandole et y était entré, par la brèche, cuirasse au dos, casque en tête, le 11 janvier de l'année précédente (1511).

> — Notre Mere devient gendarme !
> — Prelatz, debout ! Alarme, alarme !
> Habandonnez eglise, autel !
> Chascun de vous se treuve ferme !

---

[1] Mes mignons.

Commune se lamente en voyant la guerre éclater ; car

> Enfin je paye toujours l'escot,

dit, avec raison, le personnage populaire. Malgré ses plaintes et ses criailleries, la mêlée s'engage. Mère Sotte attaque ; les Seigneurs ripostent en disant, pour rassurer leur conscience :

> — Il est permys de nous deffendre,
> Le droit le dit, s'on nous assault.
> — A l'assault, prelatz, a l'assault !

Le Prince des Sots proteste qu'on le force à se défendre : ses alliés le rassurent et l'encouragent.

> — Je ne luy demande que paix.
> — A faire paix ne veult entendre.
> — Prince, vous vous pouvez deffendre
> Justement, canoniquement.
> — Je ne puis pas cecy comprendre
> Que la mere son enfant tendre
> Traicte ainsi rigoureusement,

dit la Sotte Commune ; et spectateurs d'applaudir sans doute, quoique la « |tendresse de l'enfant » fût, dans l'occasion, assez contestable.

Mais (ô dénouement imprévu !) ce n'est pas vraiment l'Église qui bataille contre le Roi de France. Dans la bagarre on a déchiré son vêtement d'emprunt ; que voit-on apparaître alors ? Mère Sotte en personne.

> L'Église point ne se fourvoye.
> Jamais, jamais ne se desvoye,
> Elle est vertueuse de soi...

Sotte Commune fait éclater sa joie :

> Affin que chacun le cas notte,
> Ce n'est pas Mere Saincte Église
> Qui nous faict guerre ; sans feintise,
> Ce n'est que nostre Mere-Sotte.

Que fera-t-on de cette obstinée, de cette imprudente ?

> — Mere Sotte selon la loy
> Sera hors de sa chaire mise.
> ..... Punir la fault de son forfait ;
> Car elle fut posée, de fait,
> En sa chaire par symonie.

Ainsi Gringore préludait sur les tréteaux des Halles, aux mesures violentes qu'allait adopter Louis XII contre l'autorité de Jules II ; Gringore semblait appeler la prochaine suspension de l'autorité du Pape en France (elle fut prononcée le 12 juin suivant). Cette représentation est bien en somme l un des plus curieux épisodes de notre histoire littéraire, et même de notre histoire politique : un peuple habitué à ne rien savoir des affaires publiques traitées toujours dans l'ombre et le silence du cabinet des Rois ou des ministres, fut appelé brusquement, pour un jour et pour une seule fois, il est vrai, à se prononcer, par ses applaudissements ou par ses murmures, sur l'opportunité, la justice de la politique royale, dans l'une des occasions les plus délicates où elle pouvait se trouver engagée. Louis XII crut n'avoir pas à se repentir de cette tolérance inaccoutumée. En effet, pendant ces années difficiles, l'opinion publique en France fut franchement de son côté. Mais la postérité qui voit plus loin et de plus haut, jugera peut-être plus sévèrement ces velléités libérales du *Père du Peuple*. La maison de France, déterminée à rester catholique et à réprimer par le fer et le feu toute tentative de schisme, était au moins bien imprudente en donnant, elle-même, à ses sujets un exemple si périlleux ; en bafouant, en faisant bafouer devant eux le Pape, sans vouloir pourtant abandonner la Papauté. Ces feints ménagements pour les institutions, pendant qu'on outrageait les personnes, ces distinctions subtiles entre la charge et l'homme qui en est revêtu, échapperont toujours à des esprits populaires et vifs, simples, un peu grossiers. Ainsi Louis XII, avant Luther, semait le protestantisme, que son successeur devait recueillir et persécuter. De quelque façon qu'on juge au fond cette politique, elle a manqué de prévoyance.

La plus curieuse preuve de l'acharnement du poète et du Roi, se trouve dans cette circonstance : qu'une seule pièce, une longue sottie ne suffit pas à les satisfaire ; ils voulurent y joindre une *moralité* presque aussi longue, où s'exprimeraient autrement les mêmes colères, où le même ennemi fût attaqué, dans une forme plus grave, avec plus d'amertume encore. Après le *Prince des Sots,* on vit paraître sur la scène : *Peuple Français, Peuple Italique et l'Homme obstiné.*

Au début de la pièce Peuple Français annonce avec satisfaction que la guerre se fait loin de lui ; mais encore faut-il qu'il en paie les frais. Peuple Italique se lamente, épuisé par les armes, ravagé par les gens de guerre.

> Peuple Françoys, tu te plains ! Vueilles estre
> Content de Dieu ; tu as prince et seigneur,
> Lequel se fait craindre, doubter, congnoistre ;
> A ung chascun il se veult appararestre
> Humain et doulx, de vices correcteur.

Peuple Français répond que l'Italien serait moins malheureux s'il n'avait cent fois trahi le roi de France, mais quoi

> Jamais, jamais n'aymeras les François.
> Bien l'as monstré depuis ung peu, en Bresse.

C'est une allusion à l'insurrection récente de Brescia. La ville était reprise depuis cinq jours (19 février) ; mais cette victoire ne pouvait pas encore être connue à Paris.

Les deux peuples s'injurient. Le Français dit à

l'Italien : « Tu es un empoisonneur. » L'Italien au Français : « Tu as vite pris tous mes vices. »

> Il n'est rien pire par ma foy
> Qu'est ung François Ytaliqué.

L'arrivée de l'Homme-Obstiné interrompt leur querelle. L'Homme-Obstiné commence par se dépeindre lui-même dans une ballade dont les premiers vers indiquent assez l'esprit :

> Mais qu'est-ce-cy? D'où me peult-il venir
> D'estre pervers, et ne vouloir tenir
> Compte de Dieu, ne d'homme, ne de dyable?
> Je ne me puis de mal faire abstenir.

Le refrain est :

> Regardez moy, je suis l'Homme obstiné.

Cet *homme obstiné,* qui fait de lui-même et de ses vices une peinture exécrable, c'est Jules II, c'est le pape ; et pour qu'on ne s'y trompe, il ajoute :

> Je puis pardonner, dispenser,
> Je mauldilz ; quant je vueil, j'absoubz.

Peuple Italique le supplie de s'adoucir, de céder, de faire la paix avec les Français. L'Homme-Obstiné est inexorable. L'Italien lui crie alors :

> Je vous prie, regardez la hault.

Qu'est-ce donc ? C'est Punition Divine prête à fondre sur lui. En effet « Pugnicion Divine hault assise en une chaire, et élevée en l'air », fait entendre de terribles menaces :

> Tremblez, tremblez, pervers Peuple Ytalique
> ...Peuple Ytalique, ne crois l'Homme Obstiné,
> On se repent aulcunes fois trop tart.

Mais l'Homme-Obstiné, pécheur incorrigible, répond à ces menaces du ciel en vantant le plaisir, le bon vin, les bonnes tables. Deux nouveaux personnages entrent alors en scène : Simonie et Hypocrisie. La première dit qu'après avoir régné de tout temps à Rome, elle a étendu son pouvoir sur la France :

> Peuple François est soubz moy en souffrance ;
> En l'Eglise suis haultement munye ;
> Peu en y a pourveuz sans symonie.

Hypocrisie parle à son tour :

> Pour bruyt avoir, je fais la chatemytte,
> Et faintz manger ung tas d'herbes sauvages ;
> Il semble, a veoir mes gestes, d'ung hermite ;
> Devant les gens, prier Dieu je m'acquite ;
> Mais en secret je fais plusieurs oultrages ;
> Faignant manger crucifix et ymages,
> Pense a mon cas, trompant maint homme et femme :
> Tout suis a Dieu, fors que le corps et l'ame.

Et ces deux vers, ces deux traits sanglants, sont quatre fois répétés dans la même ballade :

> Peu en y a pourveuz sans symonie.
> ...Tout suis a Dieu, fors que le corps et l'ame.

Punition Divine éclate en nouvelles menaces :

chacun des coupables rejette la faute sur les autres. Mais un dernier personnage apparaît : la plus bizarre abstraction que le moyen âge ait jamais personnifiée : il s'appelle : les Démérites-Communs ; il expose les torts de chacun pour faire ainsi la leçon à tous. L'Homme-Obstiné gouvernerait mieux l'Église « sy ne fust qu'il faulce sa foy ; sy n'estoit symonie ; sy n'estoit qu'un Juif le gouverne ». Le médecin de Jules II, juif converti, passait pour avoir sur ce pape une grande influence. Peuple Italique trouverait grâce auprès de Louis XII « se n'estoit l'erreur de Venise », c'est-à-dire son alliance avec cette République. Peuple Français plairait à Dieu et au roi « s'il n'estoit a peché enclin ».

Les deux peuples terminent la pièce en suppliant les grands de se corriger :

Helas ! craignez Punition Divine!

De tels excès, à n'en pas douter, devaient attirer des représailles non moins violentes. Il est probable qu'en Italie on ne ménageait pas le roi de France plus qu'il ne ménageait Jules II à Paris. Mais en France même le pape trouva des défenseurs et des apologistes. Des acteurs florentins qui résidaient à Lyon, furent autorisés par les Échevins de cette ville à dresser des échafauds en place publique, afin d'y jouer « certains jeux et farces en faveur et à la louange du pape »[1]. Malheureusement le texte de ces « farces » ne nous est pas parvenu.

Il mourut trop tôt, le bon roi Louis XII, cher à tout son peuple, et en particulier aux Basochiens, Enfants-Sans-Souci, Écoliers ; acteurs de tout rang et de tout costume. Lorsqu'après la mort de la reine Anne, le roi contracta un troisième mariage avec la princesse Marie d'Angleterre, et déjà mûr, commença de vivre en jeune homme et en mondain pour plaire à sa trop jeune épouse ; ses bons amis du théâtre l'avertirent, mais en vain, de sa folie : « Ceux de la Basoche à Paris, disent les Mémoires de Fleuranges, disoient pour se jouer que le roy d'Angleterre avoit envoyé une haquenée au roy de France pour le porter bien tost et plus doucement en enfer ou en paradis [2]. »

Sous le règne de François Ier on ne vit plus la politique s'étaler aussi hardiment au théâtre. Le roi ne l'eût pas souffert, loin d'y encourager les poètes et les acteurs. Quelques tentatives insolentes qui mirent en scène les amours royales, ou les prodigalités de la reine-mère furent sévèrement réprimées [3] et faillirent coûter la vie à leurs au-

---

[1] Voyez notre *Répertoire*, *Représentations*, 1513, Lyon.
[2] Edition Buchon, p. 257.
[3] Voy. nos *Comédiens en France au moyen âge*, p. 112

teurs. Le théâtre, pour être toléré, dut, le plus souvent, se borner à louer le pouvoir. C'est cet esprit de complaisance qui a dicté la sottie des *Chroniqueurs* jouée dans les premiers jours du règne. S'il s'y trouve quelques hardiesses, c'est assurément qu'elles n'étaient pas pour déplaire ; on y lit que les prêtres ministres ont fait grand mal au pays.

> Prebstre ne fera
> Ne ne feist jamais bien en France.

Mais le cardinal d'Amboise était mort depuis cinq ans. Le jeune roi ne songeait qu'à sa prochaine expédition en Italie, au Milanais qu'il voulait reprendre. Il lui plaisait que le théâtre l'excitât à passer les monts,

> Affin que nous y recouvrons
> Nostre honneur perdu puis naguere.

Quelques malveillants disent bien que ces expéditions sont meurtrières :

> — On dit que c'est le cymetiere
> Des Françoys — Ce sont parabolles,
> Et toutes opinions folles ;
> S'on y va par bonne conduicte,
> N'ayez doubte qu'on y prouffite.
> De brief verrez François vainqueur.

Ainsi parlaient, en 1515, nos valeureux joueurs de sotties ; et Marignan parut d'abord leur donner raison.

Durant presque tout le règne de François Ier la satire politique, pour être soufferte au théâtre, dut s'y restreindre à des peintures très générales, telles que dans la « Farce morale des trois Pèlerins et Malice » qu'on peut dater approximativement de l'année 1520.

Trois Pèlerins, prêts à se mettre en route, font rencontre avec Malice qui leur dit : « Désordre est partout : dans les mœurs qui se corrompent honteusement ; dans l'église où Luther étend ses conquêtes ; dans la Justice qui donne raison toujours aux riches ; dans le commerce où l'on vend tout à faux poids ; dans la guerre qui

> Mainct fait inhumer
> Loin d'une eglise ou cymetiere,
> Et fault qu'il meure dans ce lieu,
> Ouy, sans souvenance de Dieu
> Ne de sa mere...

Encore si l'on faisait la guerre aux luthériens.

> ...De par mes mains seront tous mors.
> — Je le voyrois [1] bien volontiers.

Mais voici le désordre suprême : les étrangers dans le royaume sont plus favorisés que les Français.

> Je n'ay veu nul pays quelconques
> Ou on leur face ce qu'on faict,

[1] Verrais.

— Vous en voirés l'air sy infaict
Qu'en la fin en aurons dommage.

Les trois Pèlerins découragés renoncent à faire leur voyage.

En attaquant ainsi tout le monde, on ne blesse trop fort personne. A cette époque pour trouver sur la scène une satire politique à la fois précise et hardie, il nous faut sortir de France ; nous la rencontrons près de nos frontières, dans un pays parlant français, à Genève.

En 1523, Genève, occupée militairement par le duc de Savoie, Charles III, était inquiète et mécontente. La Réforme, qui devait y éclater douze ans plus tard, était déjà en germe. La domination du duc de Savoie, soutenue par un parti peu nombreux, mais violent, était haïe des autres partis.

Ces sentiments d'opposition se font jour dans la pièce qui nous occupe, avec gaîté quelquefois, plus souvent avec amertume. On s'étonne qu'elle ait pu être jouée publiquement, sur la grand'place, un jour de fête [1].

Mère-Folie, vêtue de noir, est en scène. Ce personnage est tout à fait analogue à la Mère Sotte parisienne ; et sous ce nom de Mère-Folie (ou Mère-Folle) il florissait aussi à Dijon et en d'autres villes [2].

[1] Le Dimanche des Bordes, 1523. Voir notre *Répertoire, Catalogue des Farces et Sotties*, au mot *Sottie* (page 238).
[2] Voyez nos *Comédiens en France au moyen âge*, page 193.

A Genève, il personnifie la gaîté publique fondée sur la paix, l'aisance, et la sécurité générales. Mais Mère-Folie n'est gaie que lorsqu'elle est réunie à son époux Bontemps ; et Bontemps lui manque aujourd'hui. Voilà pourquoi elle est en deuil, ainsi que ses enfants, les enfants du pauvre Bontemps.

Tandis que Mère-Folie pleure son veuvage, un messager se présente, apportant missive de Bontemps. Le messager s'appelle Printemps, et arrive droit d'Italie. Mère-Folie appelle au plus vite ses enfants qui étaient restés jusque là confondus parmi les spectateurs : au moyen d'échelles, ils s'élancent sur la scène. L'un d'eux donne lecture de la lettre où Bontemps raconte comment il a jugé prudent de s'enfuir de Genève, il y a quatre ans : (en 1519 l'occupation avait commencé, et s'était signalée d'abord par des violences) ; Bontemps reviendra si l'ordre et la sécurité sont rétablis,

> Si justice ne craint point force,
> Si d'un bon prince estes fournis.

Il faut répondre à Bontemps. L'un de ses fils s'en chargera. Il conseille à Bontemps de revenir à Genève :

> Prince assez bon avons semblablement
> Qui tous flatteurs met a perdition.
> Si n'est justice en sa perfection,
> Et le commun en liberté remis,
> Il l'y mettra a sa discretion ;
> Car des longtemps ainsi nous l'a promis.

Ce sont là des compliments aigres-doux à l'adresse de Charles III de Savoje. Il a, dit-on, promis de rendre un peu de liberté à la scène trop longtemps muette.

> Depuis le temps que partistes d'icy
> Joué n'avons moralité, histoire,

Maintenant puisque Bontemps va revenir, on peut reprendre les anciens jeux. Où sont les *chaperons* sans lesquels un *fou* qui sait son métier n'oserait jouer dans une sottie? Hélas ! Les femmes en ont fait des braies; les avocats en ont fourré leurs robes. Mère-Folie ne veut pas qu'on se passe de ce joyeux insigne ; elle coupera plutôt sa chemise en morceaux. On taille force béguins dans la chemise de Mère-Folie; chacun s'affuble, et l'on va commencer à jouer quand on s'aperçoit qu'aucun des béguins n'est parfait : « Nous n'avons qu'une oreille », s'écrient les acteurs. Le béguin de folie devait en avoir deux. Peuvent-ils jouer en public, essorillés comme des coquins ? Pour comble de malheur :

> L'oreille qu'avons interprète
> En mal ce que disons pour bien.

Allusion aux espions du duc, toujours aux écoutes, dans cette ville indisciplinée. On renoncera donc aux jeux, on attendra Bontemps; et l'on boira en l'attendant.

Beuvons tant que le fust en faille,
Beuvons en attendant Bontemps.

La pièce est, comme œuvre littéraire, au-dessous du médiocre ; mais elle marque une date curieuse dans l'histoire de Genève. Elle se complète, d'ailleurs, par une sottie analogue jouée dans la même ville, l'année suivante « le Dimanche d'après les Bordes [1] 1524, en la Justice ». Le duc et la duchesse de Savoie avaient promis d'assister aux jeux ; ils s'abstinrent sous quelque prétexte ; mais toutefois la foule y fut grande. Au début de la pièce « les enfants de Bontemps estoyent habillez de vestemens de fil noir, et n'avoyent que l'oreille gauche, comme ilz estoyent demeurez l'an devant, et furent tous desolez pour n'avoir pere ny mere ». En effet, Bontemps n'est pas revenu et Mère-Folie est morte. Les Sots n'ont plus recours qu'à la Grand'Mère Folie. Celle-ci entre en scène ; c'est une vieille égoïste et grognon qui ne veut rien faire pour ses petits-enfants. Qu'ils travaillent. « Le temps n'est plus à jouer des farces », disent mélancoliquement les Sots. Ils vont demander de l'ouvrage au Monde. Quels métiers savent-ils faire ? Chacun énumère ses talents. Le Monde les engage tous ; puis s'adresse

---

[1] Le Dimanche des Bordes (ailleurs des Brandons) était le premier dimanche de Carême. Sur ces deux sotties, consulter notre *Répertoire*, pages 238-242.

successivement au Couturier, au Cordonnier, au Maçon, au Bonnetier, au Conseiller, au Prêtre; mais il n'est content de rien de ce qu'on fait pour lui. Le Monde est trop dégoûté. Un Médecin qu'on fait venir, lui trouve le cerveau malade. Le Monde avoue qu'il a l'esprit frappé des sinistres prédictions qui courent. On lui a dit :

>            qu'il viendroit
> Un deluge, et que l'on verroit
> Le feu en l'air par cy par la.

LE MÉDECIN.

> Et te troubles-tu pour cela ?
> Monde, ne te troubles pas
> De voir ces larrons attrapards
> Vendre et achetter benefices ;
> Les enfants es bras des nourrices,
> Estre abbés, evesques, prieurs...

A ouïr les outrages dont ce médecin accable le clergé, on croirait que la Réforme est déjà maîtresse à Genève. Le Monde en paraît un peu scandalisé :

LE MONDE.

> Ce sont des propos du pays
> De Luther, reprouvez si faux...

LE MÉDECIN.

> Monde, veux-tu être remis
> En bonne santé ?

LE MONDE.

> Ouy bien.

> Le Médecin.
>
> Passe, et ne t'arreste en rien
> A ces pronostications ;
> Ainçois pense aux abusions
> Qui se font tous les jours chez toy ;
> Metz y ordre selon la loy,
> Car je prens bien dessus ma vie
> Que n'as aucune maladie.

Le Médecin s'en va ; le Monde le traite de radoteur, et au lieu de suivre ses conseils, il s'abandonne à la troupe des Sots. Ceux-ci l'habillent en fou, lui mettent sur la tête un voile et l'emmènent en disant :

> Pour mettre fin a notre jeu,
> Messieurs, vous notterez ces mots:
> Qu'a l'appetit d'un tas de sots,
> Comme l'on voit bien, sans chandelle,
> Le fol monde s'en va sous voile [1].

En France, à la même époque, ni le roi François Ier, ni la Régente Louise de Savoie, durant l'absence et la captivité de son fils prisonnier, n'eussent toléré sur la scène un langage aussi agressif. Les imprudents qui, pendant ce règne, essayèrent de temps à autre de ressaisir les libertés théâtrales du règne précédent, furent réprimés ou punis avec une extrême sévérité. En 1533, selon Théodore de Bèze, Marguerite de Navarre, sœur de

---

[1] Texte : *de voile*. — Voile se prononçait *vouelle* et rimait ainsi avec *chandelle*.

François I<sup>er</sup>, fut jouée publiquement, au collège de Navarre, sous les traits d'une furie qui, une torche à la main, incendiait tout le royaume. Noël Béda, qui passait pour l'instigateur de ce scandale, fut arrêté peu après et déporté au Mont-Saint-Michel.

Vers le même temps, la comédie était peut-être plus libre et moins surveillée dans les provinces. Voici une « farce morale et joyeuse des Sobres-Sots entremeslés avec les Scieurs-d'Ais », jouée à Rouen, au carnaval de 1536 ; elle abonde en allusions aux événements publics ; c'est une vraie revue politique et satirique de l'année qui venait de finir.

Les acteurs sont (comme l'indique le titre de la pièce) des *Sobres-Sots* et des *Scieurs-d'Ais;* c'est-à-dire qu'ils sont membres de deux confréries joyeuses qui florissaient à Rouen : nous ne les connaissons que par cette farce. Le second de ces surnoms, les *Scieurs-d'Ais*, ou de planches, reste un mystère pour nous. Quant aux *Sobres-Sots*, qui pourraient bien n'avoir été qu'un pseudonyme des fameux *Connards,* nous comprenons qu'ils se piquaient d'être fous avec mesure ; leur *sobriété* ne s'étend pas à la médisance, au moins en temps de carnaval : et l'un deux s'en vante :

A ces jours-cy, il fault tout dire.

En outre leur nom présentait, sans doute, une

allusion plaisante aux *soubresauts* par lesquels ils se vantaient de varier et de relever l'agrément de leur dialogue.

Cette farce ne saurait s'analyser. C'est un de ces entretiens vifs, sémillants, malicieux, dont le répertoire de la Mère Folle Dijonnaise a conservé la tradition jusqu'en plein dix-septième siècle, et dans lesquels des personnages anonymes et vagues (ici cinq *sots* ou *galants* et un *badin*) s'égaient sur les ridicules de la sottise humaine en général, et sur ceux de leur ville en particulier, par des allusions, souvent perdues pour nous, mais probablement fort transparentes à l'époque où elles furent lancées.

Les cinq *Galants* ou *Sobres-Sots* causent d'abord des événements publics, mais à mots couverts :

Car le parler m'est deffendu.

Dans leur langage obscur on croit reconnaître des allusions à l'édit contre les recéleurs de luthériens (29 janvier 1535); aux supplices des hérétiques brûlés à Paris dans la même année; à l'édit du 24 juillet 1535, qui créait sept légions nouvelles d'infanterie; aux expéditions navales de Charles-Quint, et aux bruits de guerre qui couraient dans les premiers mois de 1536.

— Qui eust pensé que l'avyron
Eust eu sy grand bruyct ceste année?

— Pour tant que la gent obstinee
Est plaine de rebellions.
— Qui eust pensé que pavillons
Eussent esté si cher vendus?
— Qui eust pensé que gens tous nus
Qui ne servent synon de montre,
Eussent porté sy bonne encontre
Que d'estre en un camp estimés?

L'*aviron* fait allusion à l'expédition de Charles-Quint contre Tunis. Quant aux bruits de guerre européenne qui couraient à Rouen, dès les derniers jours de février (date du carnaval en cette année 1536), ils ne tardèrent pas à être confirmés par l'événement. Le Piémont fut envahi le 6 mars et Turin fut pris le 27. Au mois de juillet suivant, Charles-Quint entrait en Provence et assiégeait Marseille.

L'arrivée du badin change le cours de la conversation ; il se moque de nos *Sobres Sots,* et leurs menaces ne peuvent rabattre son caquet. Mis en verve, le badin drape un mari qui se laisse battre par sa femme, et partant de là, il fait la nomenclature des sots dont la ville est pleine ; et la liste est longue. Notre badin ne se pique pas d'héroïsme, car il met bravement, parmi les fous, les gens qui se font brûler pour soutenir leurs croyances :

— Venons maintenant a ces sos
Qui sont mutins et obstinés :
Ces sos-cy (bien le retenés),

> Ce sont ceulx, ainsy que l'on dict,
> Qui se font bruller a credit,
> Pour dire : « C'est moi qui babille ;
> Je suys le reste de dix mille ;
> Qui pour le peuple voys mourir. »
> — On ne gaigne guere a nourir
> Ces gens la qui sont sy mutins.
> — Ny Grectz, ni Ebreutz, ne Latins
> Ne me feront croyre au parler,
> Qu'il se faille laisser bruler.
> Bren, bren, bren ! il n'est que de vivre.

Rabelais n'eût pas mieux dit : « Jusques au feu... exclusivement. »

Un nouveau règne est commencé : Henri II est sur le trône depuis quatre mois. Les uns en attendent des merveilles : les autres regrettent déjà le vieux temps. Une sottie intitulée le *Cry de la Bazoche*, jouée aux jours gras de 1548, peint assez vivement ces fantaisies de l'humeur publique. Les amis du passé ripostent vivement aux flatteurs du présent.

> — Nous voyons temps neufs, nouveaux lieulx,
> Nouvelles gens, nouvelle guyse.
> — Plus ne voyons le bon temps vieulx,
> Les vieilles gens non envieulx,
> Vieillesse en jeune se desguyse.
> — Tout nous rid, le temps, la fortune,
> L'honneur, l'amour et le surplus.
> — Tout en tout le peuple importune,
> Les temps, les gens, dont la commune
> Est tant faschée, que riens plus.
> — Jamays fut plus gratieulx temps,
> Les gens, et tout pareillement.

> — Jamais aussi comme j'entendz
> Il ne fut tant de malcontens...
> — Tout n'est-il point suffisamment
> Bien gouverné entierement,
> Et pourveu, comme raison veult.
> — Tout est beau au commencement
> Et a faict du bien largement
> Mays... — Quel mays? — Si, chascun se deult,
> Et voyez... ce n'est point sans cause.

Mais comment parlerait-on hardiment ; la Basoche elle-même ordonne à ses deux suppôts d'être fort prudents :

> — Or sus, mes suppostz, regardons,
> Et de trop parler nous gardons...
> ...Mes suppostz, gardez de parler
> Trop avant — Mot — La bouche close.
> — N'est ce grand dommage qu'on n'ose
> Monstrer son mal au medecin,
> Et faire cracher au bassin
> Ceulx la que tant je n'oze dire?
> — Ne parlez, sinon que pour rire,
> Mes suppostz....

On hasarde cependant quelques allusions timides à l'état de l'Europe en 1548, à la politique de Rome, à l'ambition de l'Espagne, aux visées de l'Empereur, à l'arrivée en France de la future Dauphine Marie Stuart.

Quand il est si dangereux de blâmer, heureux celui qui trouve à louer sincèrement. L'occasion s'offrit vers la fin du règne de Henri II. Voici une moralité composée en 1558, à propos de la reprise de Calais, qui excita en France un enthousiasme universel. La pièce est peu dramatique : ce n'est guère qu'un entretien édifiant entre un Français et un Anglais. L'Anglais se lamente sur un désastre si peu attendu.

> — Nous avyons si fortes murailles !
> — Les hommes font bien les batailles,
> Et le Dieu de justice et gloire
> Donne a qui y plaist, la victoire.
> — Helas ! nous la gardions si bien !
> — Compaignon, cela n'y faict rien ;
> Car si Dieu la cité ne garde,
> En vain posée y est la garde.

Parce que les Anglais sont tombés dans l'oubli de Dieu, il leur a repris Calais :

> De ceste victoire
> Or doncques la gloire
> Fault a Dieu donner,
> Qui Calais nous doune.
> C'est l'antique bourne,
> Pour France bourner.

A partir du milieu du XVIe siècle, les dissensions religieuses occupent tous les esprits. Les réformés avaient compris de bonne heure, qu'il y avait dans le théâtre une force considérable, un puissant moyen d'agir, en leur faveur, sur l'opinion publique ; et malgré les scrupules de quelques-uns de leurs pasteurs, ils n'hésitèrent pas à composer, à répandre et à représenter, des farces-pamphlets dirigées contre la religion catholique et propres à la discréditer dans l'affection populaire. Voici une pièce de ce genre, écrite dès 1526 et bizarrement intitulée : *les Théologastres,* mot mal forgé, difficile à traduire, mais qui veut dire, à ce qu'il semble, les *Théologiens Ventrus,* ou les *Mangeurs de Théologie. Théologogastres* eût été plus régulièrement formé [1].

Les personnages sont Théologastre, *Fratres* (les moines), Raison, le Texte de Sainte Écriture et le Mercure d'Allemagne.

Théologastre commence en se plaignant du grec, qu'il ne sait pas ; mais qui deviendra, dit-il, comme l'hébreu, une source d'hérésies. Selon Henri Estienne *(Apologie pour Hérodote),* Noel Béda, théologien en Sorbonne, avait tenu le même langage, en attaquant Budé, devant François Ier.

*Fratres* (le moine), répond à Théologastre en gémissant sur le mal qu'il se donne pour recueillir la dîme, en Mai, de la laine ; en Août, des gerbes ; à Noël, des jambons. Les cris douloureux de Foi troublent leur entretien. Foi est bien malade, et les appelle à son secours. Elle veut pour médecine *Raison,* qui est, dit-elle, en Allemagne, c'est-à-dire au pays de Luther.

[1] Une farce, qui paraît dater du commencement du xvie siècle, préludait à la Réforme en mettant en scène un *pardonneur* vagabond qui promenait, de ville en ville, de fausses reliques, en tra-

THÉOLOGASTRE.

— Ho, pestilence!
Taisez ce mot.

A défaut de Raison, Foy demande le *Texte de Saincte Escripture*.

THÉOLOGASTRE..

— Il est rude,
Et n'y a point de certitude.
Neanmoins jamais ne le vis.

Foi tient bon ; il lui faut le Texte.

Il n'y a eglise rommaine
Triumphante, ne militante,
Ne subjecte, ne imperante,
Ne docteur si illuminé,
Par qui je puisse avoir santé,
Que par Texte.

Théologastre et *Fratres* protestent qu'ils ignorent Texte ; en revanche ils connaissent une foule de commentateurs et casuistes dont ils donnent l'interminable liste. Cependant Texte arrive de lui-même, mais en quel état ! « allant au baston, esgratiné et ensanglanté par le visage, et parle enroué, on ne l'entend que a grant peine ». Raison, sa fille, est avec lui, et tous deux gémissent des outrages qu'on fait à l'un, du mépris où l'on tient l'autre. Dans ce curieux entretien, on trouve la

fiquant de fausses indulgences (*Le Pardonneur, le Triacleur et la Tavernière*).

date approximative de la pièce. Raison nomme avec respect

> le Seigneur de Berquin.
> Il leur exposoit le latin
> D'Erasme, qu'ilz n'entendent point.
> Mais ilz le mirent par ung point
> En prison, et par voye oblicque
> Le cuiderent dire heretique,
> Sans montrer erreur ni raison.

On sait que Louis de Berquin fut une première fois mis en prison d'officialité en 1523. Béda, syndic de la Sorbonne, avait été son dénonciateur et le poursuivait avec acharnement. François Ier le sauva en évoquant l'affaire à son conseil. C'est probablement à cette époque que la farce des Théologastres fut écrite, à moins qu'on ne la rapporte à l'année 1526, où Berquin, remis en prison de nouveau, en fut tiré une seconde fois par l'intervention du Roi. On sait que Berquin finit par être brûlé en place de Grève, le 22 avril 1529. La pièce en tout cas est donc postérieure à 1523, date de sa première prison, et antérieure à 1529, date de sa mort.

Texte et Raison continuent leur violente sortie contre les théologiens de la Sorbonne et les moines :

> Si aulcun en hebrieu escript
> Ou en grec, ho! il leur suffit,
> Quant a eulx, pour le reprouver.
> — Il ne faut pas cela prouver,

> Car c'est chose toute congnue :
> Une chose non entendue
> Par eulx, elle est (chose) heretique.

Cependant Théologastre et *Fratres* continuent d'offrir à Foi pour remèdes toutes sortes d'auteurs ou sacrés ou profanes. Foi répond toujours :

> Je vueil le Texte d'evangile,
> Aultrement dit : Sainte Escripture,
> Mon principe et mon ordissure ;
> Il est appelé aultrement :
> Le Vieil et Nouveau Testament.

> FRATRES.
> — Ha! les femmes l'ont emporté
> Hors la Sorbonne ; et translaté
> Tellement que, sy n'eüssions
> Trouvé des gloses a foisons,
> Chascun fust aussy clerc que nous.

Mais Texte et Raison s'avancent vers la malade ; Théologastre et Fratres ne les reconnaissent pas, ne les ayant jamais vus. Foi, au contraire, leur fait fête. Une vive querelle s'engage entre ces personnages ; Raison et Foi exposent les contradictions des conciles : Théologastre ne répond guère qu'en disant :

> Il fault quelque raison subtile
> Pour les prouver tous heretiques.

Mais l'arrivée du *Mercure d'Allemagne* renforce les adversaires du théologien et du moine. Qui êtes-vous ? dit Théologastre :

> Je suis Berquin — Lutherien ?
> — Nenni, non, je suis chrestien,
> Et si ne suis point sorboniste.

En effet les premiers réformateurs français nièrent constamment qu'ils fussent sectateurs de Luther. Que signifie cependant ce nom de *Mercure d'Allemagne* dont se couvre Berquin ? Peut-être est-ce une allusion moins à Luther, qu'à Erasme, dont Berquin traduisit plusieurs ouvrages. Au reste, Théologastre ne fait pas ces distinctions.

> ...Erasme et toy,
> Fabri[1], Luther, en bonne foy,
> N'estes que garçons heretiques.

Cependant Mercure d'Allemagne se charge de guérir Foi ; mais pour y réussir il faut d'abord laver Texte que les gloses de la Sorbonne ont sali et noirci, à le rendre méconnaissable. Raison lave Texte, malgré les protestations et les menaces de Théologastre, à qui Mercure riposte ainsi :

> Ung crignon ne crains vostre faulse
> Collusion ! ne cuidés plus
> Par vos triumphes, ne vos flux
> De babiller et de blason,
> Banny de Madame Rayson,
> Me livrer encore au Senat.

---

[1] Jacques Lefèvre (ou Fabri), d'Etaples, précepteur du troisième fils de François Ier, né vers 1455, mourut à Nérac en 1537 ; il avait embrassé la Réforme, et donna, en 1530, la première traduction française complète de la Bible.

## L'HISTOIRE DE FRANCE AU THÉATRE

> J'ay esté par le grand Senat
> Jugé plus juste que vous n'estes,
> Et vous tous reputés pour bestes,

Théologastre répond en menaçant :

> Si te servons jamais a table,
> Nous t'abruverons de vert jus.

On sait qu'il tint parole; mais à cette heure Mercure, qui croit avoir le Roi pour lui, se moque des menaces; et daube tour à tour Lizet, cet avocat au Parlement (plus tard président) qui fut l'un des adversaires acharnés des novateurs; puis les moines, puis les indulgences. Fratres laisse dire, mais entre ses dents, il murmure :

> Ne te chault, on te trouvera.

Le nettoyage de Texte a rendu la vigueur à Foi; la pièce peut finir, mais il s'agit d'en bien préciser l'esprit, et d'en limiter la portée. Ce sera l'objet des derniers vers :

TEXTE.
> Et moy je prie le roy de gloire
> De mettre en son sainct sanctuaire
> Erasme le grand textuaire,
> Et le grand esperit Fabri,
> Et vous, Mercure, mon amy,
> Qui endurés tant de gros motz
> Des Theologastres et bigotz,
> Qui sont tout pleins de calumnie.

RAISON.
> Nous ennuyons la compaignie.

> Prenons congié et hault et bas :
> Messeigneurs, nous n'entendons pas
> Toucher l'estat theologique,
> Mais bien le theologastrique
> Seulement. Nous congnoissons bien
> Qu'il y a plusieurs gens de bien
> Theologiens, et bien famés ;
> Lesquelz sont sans faulte animés
> Et marris d'ung tas de fatras,
> De conclusions, et de cas,
> Nolitions, volitions,
> Qui ne valent pas deux oignons;
> Et tout cela que avons faict
> Est pour blasmer ce meschant faict.
> Pour tant prenés tout en bon sens.

Ainsi se termine cette farce hardie que Louis de Berquin paraît avoir inspirée, mais dont il paya cher l'imprudence, car elle redoubla certainement la rage de ses ennemis (Béda et Lizet, la Sorbonne et le Parlement), et ne dut pas peu contribuer à amener sa condamnation et son supplice. Où fut-elle jouée? Le fut-elle même? Nous l'ignorons tout à fait. L'exemplaire de la Bibliothèque nationale qui nous l'a conservée, est unique. Mais cela ne prouve pas sûrement que l'édition ait été saisie, comme on l'a dit, ou bien il faudrait croire que les neuf dixièmes de nos farces ont été condamnées au feu; car la plupart nous sont parvenues dans un unique exemplaire original.

L'auteur des Théologastres, en 1526, se défend encore d'être hérétique, n'en veut qu'à la Sorbonne et ne souffle mot du Pape. On mesurera la hardiesse croissante de la Réforme en France en comparant avec cette farce la *Maladie de Chrétienté,* moralité dont la première édition connue, publiée à Paris, est de 1533.

Elle fut représentée en 1558, à La Rochelle, en présence et sous les auspices du Roi et de la Reine de Navarre, Antoine de Bourbon et Jeanne d'Albret. L'auteur, Mathieu Malingre, s'est nommé dans un anagramme à la fin de la pièce [1]. C'est une refonte des *Théologastres,* mais beaucoup plus audacieuse et plus nette dans ses attaques contre l'Eglise établie et contre toute la hiérarchie sociale.

Hypocrisie a séduit Chrétienté, à laquelle Péché fait avaler une « salade » de poisons variés. Chrétienté tombe malade ; Hypocrisie la recommande ironiquement à tous les Saints du Paradis, et lui suggère cent superstitions ridicules. Mais Bon-Œuvre et Inspiration l'exhortent à n'avoir recours qu'au Médecin Céleste qui est le Christ. Chrétienté, devenue très mauvaise, les repousse avec fureur ; elle refuse l'aumône à un pauvre aveugle, et à son « varlet », pour donner tout son avoir aux moines. Le Médecin fabrique et filtre un délicieux « jullep » fait de « grâce justifiante », et on le fait avaler de

---

[1] Voir, dans notre *Répertoire,* le Catalogue des Moralités (*Maladie de Chrétienté*) et *Représentations,* 1558, La Rochelle.

force à Chrétienté, qui se trouve aussitôt merveilleusement soulagée, et s'endort d'un sommeil réparateur. Le Médecin, par une savante analyse, retrouve les traces et énumère les noms de tous les poisons que la malade a pris ; ce diagnostic est une satire acerbe de tous les pouvoirs en vigueur; le clergé est le plus attaqué ; mais la noblesse, les soldats, le peuple même ne sont guère épargnés ; toute la société est dépeinte comme entièrement pourrie et gâtée. L'Aveugle, qui est le saint de la pièce, est si obstinément réformé qu'il déclare qu'il aimerait mieux ne jamais recouvrer la vue que d'être guéri par la Sainte-Larme de Vendôme.

Après cette représentation, l'indignation du clergé fut très vive; fort tolérant, tant qu'on ne s'attaquait qu'aux personnes, il était plus sévère lorsqu'on touchait aux doctrines. Les comédiens furent forcés de déloger au plus vite et de quitter la ville ; sans l'intervention du Roi de Navarre, ils auraient été plus sévèrement punis. Le pasteur Philippe Vincent affirme que cette représentation exerça sur les esprits une influence pratique et durable; beaucoup de gens voulurent connaître le volume précieux qui renfermait les recettes propres à guérir Chrétienté ; ils lurent la Bible et adhérèrent à la Réformation. Cependant le pasteur Vincent ajoute que la Religion est chose trop grave pour être jouée sur un théâtre; et il désapprouve cette entreprise des comédiens, encore qu'elle ait servi au succès de sa doctrine. Il conclut cependant que « Dieu put permettre que le théâtre parlât, puisque les chaires demeuraient muettes; et que ceux dont la profession était d'être des docteurs de fables le fussent en quelque façon de sa vérité, puisque ceux qui par le dû de leurs charges devaient prêcher cette vérité, enseignaient des fables, et repaissaient le pauvre peuple chrétien de contes et de légendes[1] ».

La mère de Jeanne d'Albret, Marguerite de Navarre, sœur de François Ier, sans adhérer formellement à la Réforme, avait couvert de sa protection tous les ennemis de l'orthodoxie; et dans ses œuvres en prose et en vers, on trouve beaucoup de traits plus ou moins directs tournés contre le catholicisme; il n'est pas étonnant qu'elle ait été tenue pour suspecte et parfois même dénoncée vivement par plusieurs théologiens. Elle aimait le théâtre et faisait souvent représenter devant elle à Alençon, à Nérac, des pièces sacrées ou profanes dont quelques-unes étaient son ouvrage; ce sont des *comédies,* comme elle les nomme, ou mieux de courts mystères sur la Nativité, l'Adoration des

---

[1] Philippe Vincent, *Recherches sur les commencements et les premiers progrès de la Réformation en la ville de La Rochelle,* Rotterdam, 1693.

Mages, les Innocents ; ou bien un agréable dialogue entre « deux filles, deux mariées et une vieille »; enfin trois farces, où la Reine de Navarre touche d'une main hardie aux choses de l'État et de la religion. Celle de l'*Inquisiteur,* et celle du *Malade,* semblent nettement favorables aux nouvelles doctrines religieuses. Une troisième farce est beaucoup plus obscure ; mais l'intention générale qui l'a dictée est certainement hostile au Saint-Siège et à l'Empereur Charles-Quint. Les personnages, tout allégoriques, s'appellent d'une façon très bizarre: *Trop, Prou, Peu, Moins.* Trop et Prou personnifient ces deux plus puissants personnages de la société humaine

> Ces deux moitiés de Dieu, le Pape et l'Empereur.

Trop (le Pape) se présente ainsi :

> Mon nom est doux et amyable...
> Mon surnom est espoventable...
> Ma seigneurie et mon office,
> Mon estat et mon exercice
> Est plus grand que toute la terre...
> Mon estat est forger tonnerre.

Prou (l'Empereur) riposte avec hauteur :

> Mon nom est fait de noms sans nombre...
> A promettre je suis hastif,
> Mais qui se fie en mes promesses
> Est trompé : car de cœur naïf
> Ne les faiz mais par grands finesses...

> Demandez a tous bons soudartz
> Qui pour argent vont aux hasartz.
> Ilz vous diront qui je puis estre...
> Je ne veux point avoir de maistre,
> Ne servir a nul, fors a moy.
> J'ay tousjours presté la main dextre
> Pour jurer et rompre ma foy.
> Je me conduis selon le temps,
> Entre contens et mal contens,
> Sans avoir a nul amytié.
> Si nul contredisant j'entens,
> Mes satellites combattans
> Je metz en avant sans pitié.

Les deux grands potentats s'abordent, se font des confidences ; chacun avoue à l'autre : qu'il est avide, ambitieux, insatiable ; qu'il aime la vengeance et la trahison ; qu'il ne craint que la mort. S'étant trouvés tout semblables, les voilà déjà bons amis ; ils jurent de marcher ensemble et de suivre toujours le même chemin.

Tout à coup Trop dit à Prou : « Qu'est-ce que vous portez-là ? » Prou répond :

> Ce sont aureilles...

Mais quelles oreilles ! Longues comme celles d'un âne. « Vous en avez de toutes pareilles », dit Prou à Trop. Ce n'est que trop vrai et Prou s'en désespère :

> O qu'elles nous donront de peines,
> Si du monde elles sont congnues !

Trop répond :

> Il fault qu'elles soyent tenues
> Soubz honorable couverture...
> Tous ces chapeaux a l'aventure
> Mettray : voyez s'il m'advient bien.

La tiare est, comme on sait, chargée de trois couronnes. Cependant le sentiment de leur infirmité les inquiète :

> PROU.
> Car s'on voit nostre besterie,
> Nous serons moquez de chacun
>
> TROP.
> Le mal est a nous deux commun.
> Aussi telle est nostre puissance,
> Que si quelqu'un ha congnoissance
> De nous, et qu'il en die un mot,
> Nous ferons bien tant, que le sot
> Aura son parler limité.

Arrivent deux nouveaux acteurs, tous deux riant aux éclats. Ils s'appellent *Peu* et *Moins*. Qui sont ces deux-là ? Ce sont les pauvres diables qui, n'ayant rien à eux, ne craignent pas de perdre grand' chose. Ces petites gens se reconnaissent, se comprennent l'un l'autre, et se promettent bien d'être amis et de se soutenir. Ce n'est pas qu'ils aient peur de personne :

> Nous ne craignons nully attendre.
> Car quand nous approchons des hommes,
> Si petis aupres d'eux nous sommes
> Qu'ilz ne nous peuvent regarder...
> Noz habits sont de si vil prys

> Que, si quelqu'un par la nous tire,
> Si facilement les deschire
> Que l'on ne nous peult retenir....
> Mais un grand thresor nous avons.
> Dont assez chanter ne povons :
> C'est noz cornes, avecques les quelles
> Nous sommes de toutes querelles
> Defenduz, voire et soulagez.

Que peuvent signifier ces cornes dont il est parlé sans cesse jusqu'à la fin de la pièce? Le dernier éditeur des *Marguerites de la Reine de Navarre,* M. Franck, prétend que les Cornes symbolisent le protestantisme. « L'un des plus fameux docteurs protestants de l'époque, et l'un des plus influents, celui qui essaya le plus obstinément de concilier les diverses églises du protestantisme, Bucer, qui est mis en scène dans le *Cymbalum Mundi,* sous le nom de *Cubercus* (pour *Bucerus*), s'appelait réellement *Kuhhorn,* c'est-à-dire *Corne de Vache.* On jouait alors tellement sur les mots que la corne symbolique dont il est question nous rappelle forcément le nom de cet émule de Luther. »

Nous proposerons une autre explication, moins docte et plus claire. On sait que l'insigne caractéristique des Fous au moyen âge est le chaperon à deux cornes. Les *Sots* le portaient comme les Fous. La pièce de Marguerite de Navarre peut être considérée comme une sorte de sottie où Peu et Moins personnifieraient les petits se moquant des grands et triomphant à force d'esprit de la sottise des puissances. Trop et Prou pouvaient bien, eux aussi, être habillés en Fous ou en Sots, et porter sur leur costume auguste le chaperon de folie; mais il était orné, pour eux, de deux longues oreilles qui les faisaient ressembler à deux ânes; tandis que sur les chaperons de Peu et de Moins, les oreilles étaient des cornes, c'est-à-dire des armes menaçantes, grâce auxquelles la folie railleuse des petits défiait la folie insolente des grands.

Que Peu et Moins représentent aussi la libre-pensée se soulevant contre le dogme, il est possible, et ces vers tendent à le faire croire :

> Nous sommes hors de cecité,
> Et de tenebreuse fumiere;
> Nous nous servons de la lumiere
> Du soleil, en lieu de flambeau.

— Pourquoi riez-vous toujours? disent Trop et Prou.

— Nous rions à mourir de rire, disent-ils; c'est grâce à nos cornes, qui font peur même à la Mort :

> Car quant mort s'y vient approcher,
> Si grand peur ha de s'accrocher
> A nos cornes, qu'elle s'enfuyt.

Leur joie désespère Trop et Prou qui pensent toujours à leurs oreilles. Trop s'écrie :

> Midas! Midas! Midas! Midas!

Et ce vers mélancolique est répété plusieurs fois.

Peu et Moins essaient de les consoler tout en se moquant d'eux. Prou jette un regard d'envie du côté des deux pauvres gens :

> Plus heureux sont a n'avoir rien,
> Que nous ne sommes d'avoir tout.

Cette pièce singulière fut-elle représentée ? Nous l'ignorons. Elle semble trop obscure pour avoir été jamais jouée devant la foule ; mais la Reine de Navarre en a pu réjouir un auditoire choisi dans la petite cour hardie et libre de Nérac. Les allusions contenues dans la farce sont trop vagues et trop générales pour qu'on puisse déterminer sûrement l'époque où elle fut composée : toutefois, il nous parait probable qu'elle date à peu près de l'année 1536 ; du temps où Charles-Quint fit invasion dans la Provence et assiégea Marseille. C'est de Rome que l'Empereur avait lancé contre le Roi de France un injurieux manifeste ; et l'on avait pu croire d'abord la Papauté plus favorable à ses desseins qu'elle ne l'était en réalité.

Mais tandis que l'autorité royale s'alliait, hors de France, aux protestants et aux Turcs, à l'intérieur elle entrait dans la voie des rigueurs contre les réformés.

L'Église, longtemps si indulgente au théâtre, commença de le tenir pour suspect en le voyant presque en tous lieux, favorable à l'hérésie. En 1550, un synode, tenu à Cambrai, condamna énergiquement la représentation de ces pièces « suspectes d'erreurs religieuses » (*falsa religione suspecti*) dont les auteurs, « nouveaux Luciens » outragent Dieu et les Saints, devant un peuple trop curieux, dont ils pervertissent la foi.

Le 26 janvier 1559, à Lille, un arrêt du magistrat interdit de chanter ou jouer publiquement, en compagnie ou en secret, aucunes farces, ballades, chansons, comédies, refrains ou autres écrits « esquelz soyent meslées aucunes questions, propositions, ou faictz, concernant nostre relligion ou les personnes ecclesiastiques... et quant aux jeux de moralités qui se font ou jouent a l'honneur de Dieu et de ses sainctz ou pour recreation honneste du peuple, ils ne se pourront jouer ou reciter qu'ilz ne soient prealablement visitez par le principal curé, officier ou magistrat [1] ». Des mesures analogues furent édictées dans toutes les villes.

D'autre part les catholiques essayaient de répondre aux protestants en se servant des mêmes armes, mais avec peu d'entrain et peu de succès. Les farces et les pamphlets anticatholiques sont bien plus nombreux que les écrits du même genre dirigés

---

[1] Gustave Lhotte. *Le théâtre à Lille*, Lille, 1881, in-8°, p. 15.

contre les protestants : ceux-ci pour la plupart sont au-dessous du médiocre.

Telle est la farce intitulée *Le Maître d'école, la Mère et les trois Écoliers*. Une femme vient voir ses trois fils chez leur maître d'école. Celui-ci pour vanter sa doctrine et montrer comme il les instruit, les interroge sur la Réforme. Tour à tour, les trois enfants maudissent Luther et ses sectateurs; ils les accusent de tous les crimes.

> Tant que chascun d'iceulx ressemble
> A ceulx de Sodome et Gomore.

Et ils concluent ainsi :

> Il faut faire du feu de tout.

Le magister approuve fort :

> Qu'on les brulle sans effigie

Et pour récompenser ses disciples, il leur donne un jour de congé.

Les sentiments sont violents, mais la pièce est timide, écourtée, sans verve et sans esprit ; elle dut passer inaperçue.

Les rigueurs déployées contre l'hérésie ne rendirent pas les réformés moins hardis. Chaque fois qu'une paix *boiteuse et mal assise* établissait pour quelques mois le régime de la tolérance, les attaques contre l'Église catholique recommençaient avec une audace croissante. La comédie du *Pape malade,* attribuée sans preuves à Théodore de Bèze, dépasse en ce genre tout ce qu'on avait ouï jusque-là.

Au début de la pièce, le Pape mourant est soigné par ses filles, Prêtrise et Moinerie ; consolé par son bon ami, Satan, qui lui fait préparer ses logements dans l'autre monde. Brusquement la scène se déplace ; pendant que Satan va courir la terre pour y chercher de nouveaux partisans au Pape ; nous nous trouvons au Brésil avec Villegagnon. Cet ancien chevalier de Malte, s'étant fait protestant, avait, en 1555, quitté le Havre avec une colonie de réformés qu'il devait établir près de Rio de Janeiro. Au Brésil, il s'était brouillé avec ses coreligionnaires, et n'avait maintenu son autorité qu'à force de cruautés. De retour en France, il se refit catholique et fut attaqué vivement par les réformés. C'est lui que notre farce met en scène sous ce nom : *L'Outrecuidé. Philaute* est son valet. Tous deux meurent de faim dans leur belle colonie.

L'Outrecuidé.
Et puis ? Que dit-on de nouveau ?

Philaute.
Ou là ?

L'Outrecuidé.
Yci, en mon royaume.

PHILAUTE.

Il n'y a qu'un Pierre ou Guillaume,
Et vous demandez des nouvelles.

Les deux colons sentent leur ventre creux, et ne trouvent plus même un lézard à manger ; ils prennent le parti de retourner en France.

— Quoy donc ? faut-il que j'abandonne
Ce mien royaume et ma couronne ?
Que deviendroit mon Coligni [1],
Si bien remparé et muni ?
Ma Ville-Henri, cité tant belle,
Qui semble une Naple nouvelle !
— Mais un Jericho deviez dire ;
Car les murs y crevent de rire,
Qui sont de boue et de crachat,
Pour loger un chien ou un chat.

Ils s'embarquent, ils passent l'Atlantique, ils sont en France, à la cour. Villegagnon y trouve l'*Ambitieux* qui négocie avec Satan.

Quant a moy, un chacun je sers,
Pour argent, en prose ou en vers.
Aussi ne vis-je d'autre chose
Que d'escrire, en rime ou en prose.

Auprès de l'Ambitieux on voit l'*Affamé,* un espion de Sorbonne :

Messager, as-tu tant viré
Sans connoistre Artus Desiré,

---

[1] Le *fort Coligny*, ainsi appelé du nom du protecteur de l'expédition.

> Ce grand poete et fort sçavant
> Qui a fait ce beau Passavant [1].

Puis l'*Hypocrite*, docteur en Sorbonne ; le *Zélateur*, doyen de Sorbonne,

> Celui qui dicte les arrests
> Des Huguenaux qu'on met au feu.

D'autres sorbonistes sont attaqués avec la même virulence ; Maillart, Gabriel de Saconay, Benoist Poussot sont nommés par leurs propres noms, et honorés des éloges du Diable. Villegagnon se présente et se fait connaître à Satan :

> Je suis advocat, orateur,
> Courtisan et grand affronteur,
> Chevalier, gendarme, pyrate,
> Qui, moyennant une fregate,
> Escumeray toute une rive,
> Voire aussi bien qu'homme qui vive.
> Et quoy ! ne sçais-tu pas mon nom ?
> On m'appelle Villegaignon.
> Vray est qu'on me nomme au village
> Colas Durand, Colas peu sage [2].
> Mais par mes actes de prouesse
> J'ay acquis titres de noblesse.
> O Roy François, tu m'annoblis ;
> Tesmoin la rouge fleur de lis

---

[1] Allusion au *Passavant parisien respondant au Pasquil romain*, Lyon, 1556, in-12, pamphlet anticalviniste que l'auteur attribue à tort à Artus Désiré. L'auteur était Anthoine Cathalan, bien connu de Th. de Bèze, ce qui donne à penser que ce dernier n'est pas, comme on a dit, l'auteur du *Pape Malade*.

[2] Il était en effet de la maison de Durand (Brie), et s'appelait Nicolas Durand, chevalier de Villegagnon. Né en 1510 à Provins, il mourut à Beauvais en 1571.

> Que j'ay encore sur l'espaule,
> Comme vray enfant de la Gaule.

La farce se termine par l'accord conclu entre Satan et Villegagnon. Mais leur triomphe sera court ; *Vérité* et *l'Église* apparaissent, et, pour finir la pièce, annoncent des jours meilleurs aux fidèles réformés.

A la fin du siècle la polémique anticatholique au théâtre arrive au paroxysme de la fièvre outrageuse dans la « comédie facétieuse et très plaisante du voyage de frère Fecisti en Provence pour savoir certaines nouvelles des clefs de Paradis et d'Enfer que le Pape avait perdues ». Trois personnages seulement y paraissent : Nostradamus, le fameux devin. *Frère Fecisti*, qui porte ce sobriquet depuis que, pour le punir de quelque gros péché, les moines de son couvent l'ont fouetté ferme en répétant : « *Frater, quid fecisti ?* » Enfin *Brusquet*, un gouailleur qui ne veut pas s'avouer huguenot, mais qui toutefois, l'est bel et bien, comme on le voit à l'ardeur qu'il apporte à dauber le Pape, la Sorbonne ou les moines.

Quelques vers suffiront pour indiquer le ton de la pièce, et l'audace du poète. Voici le début :

> Dieu soit céans ! Dieu vous gard'tous et toutes,
> Du mal des dens, des fievres et des gouttes ;
> Et tous ces maux, au lieu de vous venir,
> Puissent plustôst aux moynes se tenir !

> Ho ! qu'ay-je dit ? en voyla un qui passe !
> S'il m'a ouy, j'auray sa malle grace,
> Et a ma mort, dire ne voudra ja
> *De Profundis,* ni *Ave Maria.*

Les vers sont facilement écrits, mais l'insolence extrême tient trop souvent lieu d'esprit :

> Vien ça, moyne, veux-tu gager
> Que je diray de bons exemples,
> Par lesquels fort bien tu ressembles
> Un fol, un asne et un larron ?
> Premierement ton chapperon,
> C'est proprement d'un fol la cappe [1] :
> Un larron de peur qu'il n'eschappe,
> De corde est lié comme toy ;
> Tu es vestu de gris, en quoy
> La robe d'un asne tu portes...
> Et voila pour quoy l'on te voit
> Frocqué, encordé et grisastre.

De tels outrages devaient révolter les honnêtes gens de tous les partis ; ils ne contribuèrent pas peu à dégoûter la France de la comédie politique, et de la polémique au théâtre. En rétablissant l'ordre, en ramenant la paix, Henri IV dut se préoccuper de pacifier aussi la scène. Il ne paraît pas qu'il ait eu beaucoup de peine à en bannir absolument la

---

[1] Comparez Marot, 2e Epit. du *Coq à l'Asne.*

> Attache moy une sonnette
> Sur le front d'un moine crotté,
> Une oreille a chaque costé
> Du capuchon de sa caboche,
> Voyla un Sot de la Bazoche
> Aussy bien peinct qu'il est possible.

politique et la religion. Les vices, les travers, les ridicules des conditions privées laissaient une assez ample matière à la verve et à la malice des auteurs comiques ; ils durent s'en contenter. A la comédie ancienne succédait, comme en Grèce, la comédie nouvelle ; Ménandre à Aristophane. A deux mille ans de distance, et dans des conditions sociales absolument différentes, les choses avaient suivi le même cours. Il en sera toujours ainsi fatalement. La comédie politique et la satire personnelle au théâtre s'enhardissent par leur succès et périssent ensuite par leurs excès.

# CHAPITRE V

## SATIRE DES DIVERS ÉTATS

La satire est partout en France au moyen âge; elle revêt toutes les formes, et elle attaque tous les états [1].

Nous n'avons à l'étudier ici qu'au théâtre, où nous allons la voir, tantôt censurer la société humaine tout entière, rassemblée sur la scène dans un vaste tableau comique; tantôt détacher et isoler un métier, un type social; diriger sur lui seul cent traits acérés, et l'accabler sous le ridicule.

La sottie, nous l'avons dit, est née de cette idée chère au moyen âge: que la folie est commune à tous les hommes. Parmi les pièces où cette idée s'étale, la plus célèbre et la plus piquante est celle où figu-

---

[1] Voyez: *La Satire en France au moyen âge. — La Satire en France au xvi⁰ siècle*, par C. Lenient. Paris, Hachette, 3 vol. in-12.

rent : *le Monde, Abus, les Sots ;* attribuée quelquefois, sans preuve, à Gringore, à Jean Bouchet, elle est plus probablement l'œuvre d'Andrieu de la Vigne [1].

Le Monde, vieilli et fatigué, se plaint de sa décadence. Abus se présente à lui, le console et l'endort. Pendant le sommeil du Monde, Abus frappe un arbre; il en sort « Sot Dissolu, habillé en homme d'église », qui embrasse Abus, en disant : « Qu'on apporte du vin clair, des cartes et toute gourmandise. »

Abus frappe un autre arbre; il en sort « Sot Glorieux habillé en gendarme » qui crie sans perdre temps :

> A l'assault, a l'assault, a l'assault, a l'assault,
> A cheval ! sus ! en point ! aux armes !
> Je ferai pleurer maintes larmes
> A ces gros villains de villaige.

Trois autres arbres, ainsi frappés, laissent échapper Sot Corrompu, habillé en juge; Sot Trompeur, habillé en marchand, et Sot Ignorant qui symbolise la grossièreté d'esprit, l'ignorance brutale. Enfin, arrive, la dernière en scène, Sotte Folle personnifiant les femmes.

Le Monde dort toujours. Les Sots, pour se distraire, s'avisent de le tondre; puis quand ils

---

[1] Voir notre *Répertoire*, au *Catalogue des Farces et Sotties*, p. 181

l'ont tondu, le trouvent si laid, qu'ils le chassent avec mépris, et demandent à Abus qu'il leur construise un nouveau monde. Après force discussions, Abus pose Confusion pour fondement du monde renouvelé; puis laisse à chacun le soin d'apporter un pilier à sa fantaisie. Sot Dissolu pose Hypocrisie; Ribaudise; Apostasie; Lubricité; Simonie et Irrégularité. On pense bien que cette construction ne se fait pas sans que le poète use de l'occasion pour lancer contre l'Église les plus violentes invectives.

C'est au tour de Sot Glorieux d'élever son pilier. Il apporte « un gros tronçon de lâcheté. »

SOT IGNORANT.

N'aguyeres qu'on l'a achapté
Aux Suisses¹ ou cousta bon pris.

SOT GLORIEULX.

Par devant avoit esté pris
A Naples, en divers passaiges.

Allusion aux derniers faits de guerre, peu glorieux pour les armes françaises : la bataille des Eperons, livrée à Guinegate (16 août 1513) ; la levée du siège de Dijon achetée aux Suisses par la Trémoille (13 septembre 1513). Cette sottie fut probablement jouée au Carnaval de 1514. La paix imminente permettait de rire des malheurs passés.

---

¹ Le texte porte *A Sansses* que je ne comprends pas; *aux Suisses* serait une allusion à la levée du siège de Dijon en 1513.

Sot Glorieux joint à Lâcheté, Bombance, et Pillerie ; Avarice, Mépris, Courroux, Menaces, Trahison, Art-de-dominer. Dans cette énumération un trait de satire atteint le Roi lui-même, Louis XII :

> Libéralité interdite
> Est aux nobles pour avarice ;
> Le chief mesmes y est propice,
> Et les subgects sont si marchans,
> Qu'i se font laiz, sales marchans,
> Nobles suyvent la torcherie.

Louis XII passait pour avare, et s'y résignait, en disant, comme on sait : « J'aime mieux faire rire de mon avarice, que faire pleurer par ma prodigalité. »

Sot Corrompu s'avance pour bâtir : il veut d'abord employer Justice ; elle est rompue en morceaux. Il mettra Corruption, avec Affliction, Faveur, Ambition, Fausseté. Sot Trompeur met Tromperie, Usure, Fausse Mesure, Parjure, Avarice, Larcin. Sot Ignorant bâtit son pilier de Convoitise, Chicheté, Rusticité, Murmure, Rebellion, Fureur. Sotte Folle fait le sien de Folie, Dépit, Caquet, Variation, Faiblesse, Enragement. Voilà le Nouveau Monde construit et achevé ! Nos sots inoccupés commencent à faire la cour à Sotte Folle ; mais ils sont cinq à se disputer son cœur. Pour l'éblouir, ils font des sauts périlleux et de magnifiques tours de force ; en se querellant, ils se bousculent, heurtent les piliers fragiles, et font choir sur leurs têtes l'édifice du Monde Nouveau. Ils se dispersent alors; ils disparaissent en rentrant dans le sein de Confusion. Le Vieux Monde revient en scène, et moralise sur la folie de ces constructeurs éphémères.

Le monologue, dans son cadre restreint, a quelquefois mis en scène et développé la même idée, qui fait le fond ordinaire et commun du genre de la sottie; l'idée que tous les hommes sont fous.

C'est la thèse prêchée dans un « sermon joyeux », véritable type du genre, le *Sermon joyeux des Fous*.

Le « prêcheur » a divisé son « sermon » en trois points : qualité des fous; quantité des fous; leur mode de vie. Il termine sa division en imposant silence à ses turbulents auditeurs :

> Or chut donc ! mot ! entendez cy,
> Ne dictes mot, cheut ! paix ! hola !
> Et vous aultres qui parlez la,
> Encore fauldra, par ma foy,
> Que je vous monstre atout [1] le doyt.

Ainsi la pièce était dite sur un théâtre ou du moins destinée à la représentation. Beaucoup d'autres Sermons joyeux ne sont pas aussi certainement écrits pour la scène.

Suivent les portraits de toutes sortes de fous. La

---

[1] Avec.

galérie est variée. Il y a les jaloux d'abord, et qui ont vraiment tort de l'être !

> Ilz ont femme honneste, gracieuse,
> Belle, plaisante et amoureuse,
> Mesnaigere fort diligente ;
> Et de mal aussi innocente...
> Que Judas de la mort Jesus !

Plus fous encore sont les amoureux.

> Qui s'en vont de nuyct, par les rues,
> Estendant les colz comme grues,
> Et regardant par les fenestres,
> S'ilz verront point dedans les estres
> Celles de qui sont amoureux.
> Helas ! pauvres sotz malheureux,
> N'estes vous pas bien abusez,
> Foulx, estourdiz et insensez,
> D'estre tant comme la nuyct dure,
> A la pluye, au vent, a froydure,
> Les dentz cliquetans à la gorge,
> Aussi dru que marteau de forge.

Venons à la « quantité des fous » ; chaque pays fournit les siens : les Allemands et les Angevins sont fous de trop boire; les Picards, d'aimer toutes les femmes :

> S'une chievre portoit coiffete,
> Ils en feroient leur amyete[1].

Les Gascons sont des fous légers ; les Poitevins des fous rusés. A Paris, presque tous sont fous ; mais en Bretagne, ils le sont tous. Toutes les pro-

---

[1] Diminutif d'amie.

vinces défilent ainsi, sans qu'on fasse tort à aucune. Ensuite viennent les professions. Aucune n'échappe à la malice du prêcheur, depuis le Pape jusqu'aux alchimistes. Mais les folles sont en bien plus grand nombre encore que les fous :

> Toute femme filant quenouille
> Est plus sotte que n'est Gribouille.

Le sermon s'achève[1] par un dernier trait de satire « Quel moyen de n'être pas fous? En est-il un seul? Oui certes. Soyez riches, et vous serez sages ; ou du moins vous passerez pour tels » :

> Qui n'a d'argent, on le tient foul,
> Et saige est qui en a son saoul.

Plus la satire est générale, moins elle est acerbe et mordante. Ces traits qui harcelaient tout le monde, ne blessaient au vif personne. La censure et la raillerie devenaient moins inoffensives en s'attaquant à une profession, à une condition en particulier.

La farce, composée pour le peuple et jouée surtout devant le peuple, a presque toujours été le porte-voix des rancunes et des préventions populaires. Nulle part les griefs des roturiers contre les

---

[1] Dans la troisième partie, le prêcheur dépeint le mode de vie des fous, leurs manies et jusqu'à leurs tics. Ainsi « L'aultre est plus sot qui crache dans ung puits » fait penser au « grand flandrin de vicomte » du *Misanthrope*.

ordres privilégiés n'ont été recueillis avec plus d'ardeur, exprimés avec plus de violence. La gaîté s'y mêle à la colère, mais dans plus d'une page, la colère l'emporte ; et la farce n'est plus alors qu'un pamphlet virulent et amer, quelquefois éloquent, toujours plein de verve et de chaleur.

C'est que la Farce, pour être avant tout joyeuse, n'est toutefois guère optimiste. Elle veut bien prendre en riant toutes choses dans le monde, mais elle ne trouve pas pourtant que tout soit pour le mieux dans le meilleur des mondes. Elle était si peu portée à l'admiration que les institutions les plus solides n'étaient pas à l'abri de ses attaques. Le *droit d'aînesse*, par exemple, était maltraité aussi vivement sur les tréteaux comiques, au temps de Louis XII, qu'il a pu l'être au dix-huitième siècle.

Dans les *Bâtards de Caux*[1], quatre orphelins sont en présence ; le père est mort, laissant tout à l'aîné, à charge de pourvoir sa sœur et ses deux frères. Les cadets ne sont pas contents. C'est la coutume, dit la mère. La fille répond :

> Il avoyt bien le diable au corps
> Qui ceste loy institua ;
> A l'un, tout le bien il donna,
> Et les aultres, n'ont rien tretous.

[1] On appelait ainsi populairement les cadets sans biens ; parce que la coutume du pays de Caux, en donnant tout à l'aîné, ne traitait pas mieux les cadets que des bâtards.

Le frère cadet, écolier à Paris, renchérit :

> Voyre, et sy on voyt tous les coups
> Que le plus fol de son lignage
> Aura tousjours cest avantage,
> Et heritera devant tous.

Le frère aîné n'est pas fou, il est seulement avare. Voici comme il pourvoit tous les siens et d'abord le petit Colin :

> Il sera faiseur d'alumetes,
> C'est un noble mestier de choyx ;
> Mais qu'il ayt du soufre et du boys,
> Pour cinq sous il tiendra ouvroueur [1].

La fille veut qu'on la marie. Son frère la dote avec trois cents noix, des pois, des ognons, une couvée, quatre ou cinq ustensiles de ménage, une ceinture, deux couteaux, deux chemises. L'écolier, qui veut être prêtre, demande seulement quelques écus pour s'habiller décemment. Il n'obtient que des injures ; et les trois déshérités déclarent qu'ils plaideront. Voilà comme le droit d'aînesse, selon nos comiques, met la paix dans les familles.

Il est vrai que des attaques aussi directes contre l'organisation sociale du moyen âge sont rares dans nos farces. Le plus souvent elles se bornent à attaquer les mœurs, sans toucher aux institutions ; elles décrient vivement les abus sans oser s'en

---

[1] Ouvroir (laboratoire).

prendre au principe. Ainsi nulle part, avant la Réforme, le théâtre n'osa contester la légitimité de l'établissement ecclésiastique ; mais cent fois il attaqua, avec la dernière violence, l'usage que l'Église faisait, selon lui, de son pouvoir.

Voici la moralité de « l'Église, Noblesse et Pauvreté qui font la lessive ». En montant sur la scène, les trois personnages déclarent d'abord leur profession de foi. Église dit :

> C'est moy, c'est moy qui suys la mere Eglise,
> C'est moy, c'est moy qui faictz seule a ma guise.
> Je saulve et damne a mon intention.

Noblesse à son tour s'écrie :

> C'est moy qui suys Noblesse, la grand'dame,
> Qui n'ay jamais soulcy ne crainte d'ame,
> Soyt bien, soyt mal, comme il me plaist, est faict.

A son tour, c'est Pauvreté qui gémit :

> C'est moy qui suys Povreté simple et fresle,
> C'est moy en qui famine, deuil se mesle,
> Soulcy, travail et desolation.

L'Église propose à Noblesse et à Pauvreté de laver leur linge sale. Noblesse accepte ; et Pauvreté s'incline :

> Je feray tout ce que bon semblera.

« Tu vas étendre le linge », disent Église et Noblesse.

> — Helas ! hélas ! on m'a faict tant estendre
> Que j'ay la chair, qui fust tres chere et tendre,
> Pasle et deffaicte, et mes membres rompus ;
> Mes os ne sont pas a demy rompus.
> D'estendre trop alongés sont mes bras.

Le linge de l'Église est taché de Simonie. Pauvreté en murmure, et, tout bas, gronde contre les moines :

> Grand merveille est quant moynes valent rien...
> Jamais ne vont, fors la ou on dit : Tien.

Pendant ce temps, l'Église « échange [1] » le linge en chantant une ballade :

> L'Eglise suys qui d'eschanger faictz rage.
> Je troche [2], vens, je permute et atire...
> De mort et vif journellement je prens ;
> Ce m'est tout un : or, argent, linge et lange.

Noblesse s'est chargée de battre : et chante aussi en faisant sa besogne :

> Passé longtemps, j'ay grand desir de battre...
> Noblesse bat, sans estre bastue d'ame.

Pauvreté reprend, soumise et menaçante à la fois :

> Noblesse bat sans estre bastue d'ame,
> Au moins de moy, qui ne m'en puys venger.
> Sy je m'en venge, en prison, lieu infame,
> Il me fera soubdainement loger.

---

[1] On voit que ce barbarisme *échanger* le linge pour *essanger* est ancien.
[2] Troque.

> Dévant mes yeulx, je voy guerre et famine,
> Mesme la mort, qui le corps ronge et mine ;
> Après, je voys l'Eglise qui m'opresse,
> Noblesse aussy, qui tousjours bat sans cesse,
> En me faisant journellement estendre.

La lessive est faite ; Église et Noblesse chargent tout le linge sur le dos de Pauvreté. Celle-ci demande qu'au moins on la paie. On lui rit au nez, et Noblesse conclut la pièce en disant :

> Puisque toujours as povre esté,
> De nous deulx porteras le faix.

Mêmes hardiesses, même violence inouïe dans la moralité suivante, où « le Ministre de l'Église, Noblesse, Labeur et le Commun » jouent au « Capifol », c'est-à-dire à la main chaude.

On tire à la courte paille « qui sera le premier muché ». Naturellement l'on triche pour que Commun ait le plus long fêtu. Il s'agenouille ; l'Église frappe. Commun s'écrie : C'est l'Église ; c'est elle qui

> ...Son coup deguise,
> Car c'est d'une main delicate ;
> Et semble au fraper, qu'elle frappe
> Moins. Son coup le cœur poinct et mort...

On triche encore ; et Commun reste « muché ». Noblesse frappe à son tour — C'est Noblesse — Non — Si, c'est noblesse ; j'ai bien reconnu le coup. Car

> Noblesse me blesse,

Non pas elle, mais ses mille officiers qui me tondent et pillent :

> Je pers sens, biens, force et aleyne,
> Ils me font payer taille et guet ;
> Ils me font tenir en segret,
> Pendant que mon bien on emporte ;
> Puys l'un d'eulx cheulx moy se transporte
> Qui vient veoir sy ma femme est belle.

A la fin Labeur frappe ; il est deviné, il prend la place de Commun. Il se plaint, lui aussi « des faulx prelats » et des « gens d'armes ». Commun frappe, mais si timidement, qu'il est aussitôt reconnu. Il nomme de nouveau Noblesse et l'Église ; mais toutes deux trichent à l'envi ; et nient toujours qu'elles aient frappé. Commun voudrait bien se fâcher : Labeur tâche à le retenir en lui disant « qu'il en sera toujours ainsi »[1] :

> Commun, prenons en Dieu confort,
> Car en ceste morte saison,
> Contre equicté, droict et raison,
> De nous joueront a capifol,
> L'un après l'autre a leur plaisir.
> — Jusqu'a mectre la hart au col,
> De nous joueront a capifol !

La satire du clergé est partout dans le théâtre comique au moyen âge ; elle n'a pas attendu la Ré-

---

[1] Comparer : *Le gouvernement des trois Etats du temps qui court*, satire amère de Pierre de la Vacherie (Recueil Montaiglon-Rothschild, XII, p. 53).

forme pour éclater. On n'en veut qu'aux abus, soit; mais on les dénonce avec une telle amertume et une telle persistance, que d'une façon générale, nous pouvons dire que la farce et la sottie ont été de tout temps hostiles à l'Église. L'Église le supporta avec une indulgence singulière. A condition qu'on ne touchât pas aux dogmes, elle abandonnait les personnes.

Les auteurs de l'Histoire littéraire de la France ont loué cette modération : « L'Église laissait dire; c'était d'un gouvernement puissant et sage. Contre un pouvoir, le plus réel qui fût jamais, qu'importait la vanité de quelques paroles[1] ? » Nous ne pouvons adhérer à cette approbation. Le clergé nous semble avoir manqué, sur ce point, de prudence et de clairvoyance. Le contraste était trop violent et injustifiable, entre la répression souvent sanglante qui atteignait les moindres écarts de doctrine, et l'indulgence absolue, assurée aux attaques contre les personnes. Ce mélange de licence sans frein et d'intolérance sans pitié n'était pas la meilleure école à former l'esprit d'un peuple, et à diriger sa foi.

Il y a plus que de la malice, il y a un accent de haine, dans les outrages que certaines pièces dirigent contre le clergé ou les moines[2]. Celles-là

---

[1] Discours de J.-V. Leclerc, *Hist. littér.*, t. XXIII, page 148.
[2] Les ordres de femmes sont généralement épargnés dans les

furent probablement écrites au commencement de la Réforme ; et leurs auteurs avaient adhéré, au moins secrètement, aux nouvelles doctrines. Dans la Farce des *Trois Brus,* deux Ermites libertins tracent ainsi leur propre portrait :

> Quant nous sommes aux bonnes villes,
> Nous faisons les freres frapars ;
> Mais aulx champs, droictz demi-liepars
> A poursuyvir filles et femmes.
> — Vos actes sont doncques infames.
> — Quant nous alons par les maisons,
> Nous sommes pales et deffaictz,
> Disant salmes [1] et oraisons
> Pour ceulx qui nous ont des biens faictz,
> Mais aulx champs, sommes contrefaictz,
> Chantant chansons vindicatives
> Avecques paroles lascives [2].

Une plume protestante a pu seule écrire ces vers de la farce des *Pauvres Diables,* où un moine est introduit pour déblatérer contre ses supérieurs. Jamais moine, fût-ce Rabelais, n'a parlé avec cette fureur de sectaire, à moins qu'il n'eût franchement passé du couvent à Luther :

> Nostre baillif superieur,
> Nostre prieur, et souprieur,

---

farces (Voir cependant l'*Abbesse et les sœurs*). Les prélats, qui étaient puissants, ne sont attaqués que d'une façon vague et générale. Le curé de village, isolé et faible, est la victime préférée de ce théâtre.

[1] Psaumes.

[2] Le célèbre dialogue entre *Amour* et *Faux-Semblant,* dans le *Roman de la Rose,* paraît avoir inspiré celui-ci.

## SATIRE DES DIVERS ÉTATS

>    Nous deffendent de nous galer,
> De rien voir [1], d'ouïr, de parler,
> De menger ne chair, ne pouesson,
> De boyre de nulle bouesson,
> Sur paines de leurs disciplines ;
> Mais eux avant dire matines,
> Leurs lessons et leurs oresmus,
> Ils faisouent [2] tous *gaudeamus*.
> Ma dame, entendre vous debvés
> Qu'ilz estouent sy tres despravés
> Que ne gens d'ormeaux, ne rustiques,
> Charetiers, ne gens mecaniques,
> Ne voudroyent blasphemer Dieu,
> Ainsy comme ils font en ce lieu, etc...

On n'attaque pas seulement les mœurs des ecclésiastiques ; on les accuse d'ignorance et de paresse ; on se plaint hautement que les meilleurs bénéfices soient donnés aux plus indignes. Une mère ne sait quoi faire de son fils à demi stupide. Un voisin lui dit impudemment :

> Faisons en un homme d'Eglise,
> Je n'y trouve d'aultre moyen.
> — Helas ! compere, il ne sçayt rien ;
> Ce ne seroyt que vitupere.
> — O ! ne vous chaille [3], ma commere,
> Il en est bien d'aultres que luy,
> Qui ne sayvent ni *fa* ni *my*.
> Mais qu'il sache son livre lire,
> Et qu'il puisse sa messe dire,
> C'est le plus fort de la matiere.

---

[1] Texte : *De Dieu vouer* (?).
[2] Faisaient. Plus loin : *estouent*, étaient.
[3] Qu'il ne vous soucie.

> — Par le moyen d'un beau vicaire
> Qui prendra le soin et la cure
> Du benefice ou de la cure,
> Voela comme c'est qu'on en use [1].

Ailleurs, Science et Anerie sont en présence; et chacune veut procurer un bénéfice à son clerc. Le clerc savant est méprisé; celui d'Anerie, vêtu en *badin*, débite un latin burlesque; on lui donne aussitôt, non pas un, mais quatre bénéfices; le drôle n'en est pas même étonné; mais il réclame encore et il attend les hommages de tous :

> On en grossera les bonnés,
> Par force de me saluer.

Science prédit que de tels abus feront la part belle aux réformés. Le badin bénéficier ne l'écoute pas ; mais il est bonne âme, et consent qu'on laisse aux savants quelques croûtes de pain, pour qu'ils ne meurent pas de faim tout à fait.

Dans une farce, une femme se plaint des cours d'Église[2], et du latin qu'on y parle pour embrouiller les pauvres gens.

> — Collette, je n'ay nulle envie
> D'aller plaider en cour d'Eglise.
> — Et pour quoy ? — Ilz ont une guise
> Autant au soir comme au matin,
> Qu'ils ne parlent rien que latin,

---

[1] Farce de la *Bouteille*.
[2] Farce des *Femmes qui demandent les arrérages*.

Ou je n'entends pas une goute.
A bien dire cela degoute,
Neaumoins qu'ils soient gens de bien,
Mais ou jeu ou l'on n'entent rien,
Les femmes n'y sçavent que mordre.
En cour laye, il y a plus d'ordre;
Je le dis sans blasmer nulluy.

Ici, la censure est décente et mesurée. Ce n'est pas le ton ordinaire de la farce, quand elle s'attaque au clergé. Dans un très grand nombre de pièces, on lui fait jouer un rôle odieux ; dans beaucoup d'autres, un rôle ridicule ; dans plusieurs, il est ridicule et odieux tout à la fois[1]. La farce du *Meunier* exhibe sur la scène un curé qui, tour à tour, confesse un mourant, et courtise sa femme au chevet du lit d'agonie. Contraste abominable et médiocrement plaisant! Cependant, cette farce, jouée en guise de prologue joyeux, avant la représentation d'un mystère édifiant (*La vie de Monseigneur saint Martin*), fut représentée à Seurre, le 9 octobre 1496, en présence des magistrats de la ville, et, très probablement, du clergé, ou de plusieurs

---

[1] Voyez le *Savetier* : « Que le diable t'emporte », crie Audin à sa femme. Aussitôt le curé, costumé en diable, s'élance sur la scène et enlève la dame. — La farce du *Mari jaloux*, où un époux soupçonneux s'habille en chapelain, pour surprendre un amoureux, et est bâtonné, en plein théâtre, sous ce costume religieux. — *Georges le Veau*; *Frère Guillebert* (tiré d'un fabliau cynique); l'*Abbesse et les sœurs*; le *Débat d'un jeune moine et d'un vieux gendarme*, où l'auteur feint de défendre un moine libertin, en alléguant d'une façon perfide que la règle est intolérable.

membres du clergé; les *diables* qui devaient jouer le lendemain dans le mystère, prirent part à la farce ; et tous, après le jeu fini, s'en allèrent processionnellement chanter à l'Église « un beau salut moult dévotement », pour obtenir du Ciel que le beau temps favorisât la représentation du mystère. Ce mélange de cynisme et de dévotion demeure incompréhensible pour nous ; il faut le constater, sans essayer de l'expliquer ; on doit se borner à dire que toutes les époques ne pensent pas et ne sentent pas de la même façon sur tous les points.

Dans ces incroyables licences, entrait-il une part de véritable impiété ? Quelque chose de l'outrage déversé contre les membres de l'Église, retombait-il sur l'Église elle-même et sur la religion ? Il est malaisé de répondre absolument oui ou non à cette question. Nous croyons que la plupart des spectateurs et même des auteurs, endurcis par l'habitude, et trop peu clairvoyants pour sentir toute la portée d'une attaque devenue banale, croyaient sincèrement que la religion n'avait rien à souffrir des coups portés à ses ministres. Mais nous avons peine à croire que quelques esprits plus réfléchis n'eussent pas des vues plus profondes ; et il est telle de nos farces où il est bien difficile de ne pas reconnaître, dans les injures lancées contre les personnes, un certain accent de colère contre les doctrines.

Quelquefois, mais rarement, l'on vit l'Église, ou ses défenseurs, essayer de répondre sur la scène à leurs adversaires en usant des mêmes armes; ce fut sans doute avec peu de succès; les esprits graves manient d'ordinaire un peu lourdement le trait satirique. Tout le monde n'est pas Pascal pour écrire tour à tour les *Provinciales* et les *Pensées*. Voici une moralité assez froide, où l'auteur, animé des meilleures intentions, mais médiocrement doué de verve comique, a mis en scène Hérésie et Simonie montant ensemble à l'assaut d'un vénérable édifice, de l'Église, qui résiste à tous les coups et défie toutes les attaques. Hérésie veut ouvrir la porte close du lieu saint avec une clef de fer; Simonie tient une clef d'argent. Force brandit une épée. « Scandale puéril » porte « une clef de toutes pièces, » (un passe-partout). Ce nom bizarre désigne un bambin que sa haute naissance a pourvu, dès le berceau, des dignités ecclésiastiques. Un dernier assaillant, Procès, se fait fort d'entrer ou par la porte ou par la fenêtre. Les assaillants chantent ironiquement : *Attollite portas*. L'Église, qui se montre aux fenêtres de l'édifice, accable de reproches les agresseurs. Elle les défie d'entrer jamais, car Dieu

> A d'icy les clés emporté ;
> Puys, pour plus seure sauvegarde,

> Au roy les a baillés en garde,
> Qui avec moy faict residence.

« Des clefs, nous en avons », disent les assiégeants ; et chacun essaie la sienne ; mais aucun ne réussit à crocheter la forte serrure, non pas même la clef d'Hérésie, faite *de fin fer d'Alemaigne* et que l'Église apostrophe ainsi :

> C'est clef d'injure, clef d'oultrance,
> Clef violente qui ront tout,
> Clef qui ne peult venir a boult
> De ce qu'elle a encommencé ;
> Clef d'un fol, clef d'un insensé ;
> Clef d'ipocrites, de bigos,
> Clef d'un grenyer plein de fagos
> Pour les rediger tous en pouldre.

Tous les envahisseurs échouent dans leur entreprise, y compris Scandale puéril, malgré sa bonne clef que « cousins, parents, oncles, nièces » avaient fabriquée exprès pour lui. Enfin l'Église, risquant une sortie, menace les assaillants avec une face si terrible que tous s'enfuient consternés devant « le glaive entrant du Verbe divin » qu'ils ont vu briller dans sa main.

La Farce pouvait avoir ses victimes préférées ; c'étaient les ordres privilégiés. Mais le propre de la bonne comédie, c'est de ne faire grâce à aucun ridicule. Notre vieux théâtre savait aussi se moquer du peuple, des marchands, des artisans, surtout lorsqu'on les voyait aspirer à des vices qui ne sont

pas ceux de leur condition. Dans la sottie de Folle
Bombance, ce personnage, jouant le rôle de Mère
Sotte, appelle à lui les fous de tous pays. Trois se
présentent qui en figurent des milliers : un noble,
un marchand, un laboureur. Bombance veut tenir
ses États. Les trois fous commencent par lui
donner de l'argent en échange de beaux habits.
L'un engage son château, l'autre ses marchandises,
le troisième vend ses bœufs. Bombance dit au marchand :

> Folz marchans, vendez vos denrées,
> A gaing, a perte, ou aultrement,
> Pour porter les robes fourrées ;
> On n'est point prisé aultrement.
> Vestez le velours hardiment ;
> De satin pourpoins a grans manches [1],
> Et hocquetons pareillement,
> Bien cours, que ne passent les hanches ;
> De Hollande chemises blanches,
> Froncées devant la poytraine,
> Et au colet chemises blanches,
> A la mode napolitaine.

Le costume ici décrit avec tant d'exactitude est
celui d'un élégant du temps de Louis XII. Quand
les trois fous ont revêtu leurs beaux habits, Bombance achève de les pervertir en leur disant : « Ne
payez pas vos dettes ; jurez, faictes les grans sei-

---

[1] Plus loin Folle Bombance dit aux fous :

> Voz pourpointz soient desmanchez
> Des robes, c'est le temps qui court ;
> Contrefaictes gorriers de court.

gneurs, et ne travaillez plus. » Alors éclate entre eux ce dialogue :

— Fy de travail ! — Fy, fy de peine !
— Fy de soucy ! — Fy de chagrin !
— Tel seme froment et aveine,
Qui n'en mengit jamais d'ung grain.
— Tel menge trop — Tel meurt de faim.
— Tel se tue de labourer
Sa vigne, mais il n'ose grain
Sa gorge du vin arrouser.
— C'est tresor de soy reposer.
— C'est plaisir de vivre en liesse.

Pour bien vivre il suffit d'être bien habillé : écoutez le gentilhomme :

S'ung homme est remply de science,
Et n'est gourrierement vestu,
De tout le monde c'est l'usance,
Ne sera prisé ung festu ;
Mais s'il n'a vaillant qu'ung escu,
Et s'il est d'abis reparé,
Combien qu'il soit fol malotru,
De chascun sera honoré.

Alors commence, pour les trois fous, la vie de « folle bombance ». Dans un dialogue vif, bien coupé, spirituel, où l'on croit sentir la main et la verve d'un véritable poète, les quatre personnages font à l'envi l'éloge des plaisirs qu'ils vont goûter :

Le gentilhomme.
Habis quelz ?

Folle bobance.
A platte cousture.

LE MARCHANT.

Fais comment?

FOLLE BOBANCE.

Barrez hault et bas.

LE LABOUREUR.

Sentant quoy ?

FOLLE BOBANCE.

Baulme ou mulglas.

LE GENTILHOMME.

Chemises ?

FOLLE BOBANCE.

Fines pour soulas,
Froncées et de très fin lin ;
Et vous dormir entre blancs draps,
Despuis le soir jusqu'au matin.

Cinq stances, vivement coupées, se terminent par ce refrain : *Ce sont les déduits de Bobance.*

— Chaines d'or — Colliers d'abondance,
Pour porter sur ses bas colletz ;
Pour mieulx chevaucher a plaisance
Petits courtaulx — Petits muletz.
— Petits pages — Mais gros varletz.
Deux courtaux sans oultrecuidance
— Suyvant mes seigneurs au palais.
— Ce sont les deduitz de Bobance.

En peu de temps, le gentilhomme a vendu ses rentes; le laboureur, ses prés et ses champs; le marchand s'est ruiné, non sans ruiner beaucoup de gens avec lui. Nos trois gais viveurs n'ont plus rien ; et Folle Bombance se moque d'eux. Elle dit au marchand :

> Fais contre tous bancque rompue[1],
> Sans impetrer repit ne grace ;
> Puis cherche aultre part ta repue.

Elle les emmène tous les trois « dans le chasteau de Pouvreté », le château de *Tout-y-fault*.

> La vivrés en mendicité
> Jusques a la fin de vos jours.

Ils s'y laissent conduire en gémissant, tout accablés d'inutiles regrets.

Entre les types sociaux, il n'en est pas que la Farce ait étudié avec plus de complaisance et de bonheur que celui de l'avocat cauteleux et sans scrupule. Y a-t-il dans notre ancien théâtre une figure plus vivante et mieux tracée que celle de Maître Pierre Pathelin ?

*Pathelin* est bien connu. Mais pouvons-nous écrire un livre sur la comédie au quinzième siècle et n'y pas parler de ce chef-d'œuvre ? On nous permettra d'insister au contraire, et longuement, sur cette pièce ; non parce qu'elle est la plus célèbre ou même la seule célèbre de notre ancien répertoire oublié ; mais surtout parce que tout est exceptionnel dans cette comédie et la désigne à une attention particulière de la critique.

---

[1] Banqueroute.

Ainsi *Pathelin* renferme plus de quinze cents vers ; c'est-à-dire qu'il est deux ou trois fois plus étendu que nos farces les plus longues ; et dix fois plus que les plus courtes.

Tandis que la plupart des farces sont demeurées, jusqu'à notre temps, manuscrites ; ou nous sont parvenues dans une édition unique et le plus souvent par un unique exemplaire ; nous connaissons vingt-cinq éditions de *Pathelin* antérieures au xvii<sup>e</sup> siècle.

Presque toutes nos farces, aussitôt représentées, semblent avoir été vite oubliées ; elles n'ont pas d'histoire ; on a ri en les écoutant ; mais on ne les a pas lues ; on ne les a ni rappelées, ni citées dans d'autres ouvrages. Elles ont fourni peu d'allusions nouvelles, peu de locutions proverbiales ; celles qu'elles emploient en grand nombre étaient créées d'ailleurs ; *Pathelin*, au contraire, enrichit le français de proverbes, de locutions, d'allusions et de tours nouveaux et originaux. La langue française aurait perdu quelque chose, si *Pathelin* n'eût pas existé.

*Pathelin* est une des rares œuvres du moyen âge qui ait une valeur proprement littéraire au sens où nous entendons ce mot aujourd'hui ; c'est-à-dire une œuvre dans laquelle un auteur très expérimenté se propose de produire certains effets par des moyens choisis et calculés. Rien n'est naïf dans *Pathelin;* mais la profondeur du comique y est égale à l'habileté de la mise en œuvre : tout y est naturel et vrai ; mais tout y est prévu avec intention, et, comme on dit aujourd'hui, *voulu.*

Ainsi, par l'étendue du développement, par la profondeur des caractères, par la force de l'observation comique et par l'excellence du style, *Pathelin* dépasse tellement le reste de notre théâtre comique, qu'il l'a, non sans un peu d'injustice, éclipsé, et qu'on ne connaît plus que lui.

Comment l'auteur d'une œuvre si éminente, si goûtée dès son apparition, si applaudie pendant plus d'un siècle, et inoubliée depuis, comment l'auteur de *Pathelin* peut-il être resté inconnu, et tellement inconnu qu'il faut désespérer de le jamais connaître ; car les éditeurs de la pièce, dès la fin du quinzième siècle, semblent ignorer déjà qui a fait *Pathelin.* Au XVIe, Charles Estienne et Pasquier avouent n'en rien savoir [1] ; et les suppositions qu'on a faites au dix-neuvième siècle pour découvrir ce nom qui se dérobe, sont ou purement gratuites, ou évidemment fausses.

---

[1] Voir la *préface* de la *Comédie du Sacrifice* — et les *Recherches de la France*, livre VIII, chap. LIX. — Henri Estienne ne paraît pas mieux informé dans le premier *Dialogue du françois italianisé.*

On a proposé Villon, sans aucun motif, parce que Villon est célèbre, et que l'œuvre l'est aussi. Mais c'est pourquoi, si l'auteur de *Pathelin* était François Villon, nous le saurions bien ; nous aurions trouvé *Pathelin* dans quelqu'une des vingt-neuf éditions de Villon qui parurent de 1489 à 1542.

On a nommé Pierre Blanchet ; Beauchamps, au XVIII<sup>e</sup> siècle, avança ce nom au hasard. Tous les dictionnaires, tous les ouvrages de troisième main se hâtèrent d'affirmer que Blanchet a fait *Pathelin*. Mais Pathelin en 1470 existait certainement, et Blanchet n'existait guère ; il n'avait que onze ans. C'est trop jeune pour faire une pièce de cette force.

Génin, sans plus de raison, rompait des lances pour Antoine de la Salle, l'auteur du *Petit Jehan de Saintré*. Mais Antoine de la Salle est un prosateur dont la manière et le style ne ressemblent en aucune façon à l'œuvre qui nous occupe.

On a été jusqu'à supposer que l'auteur de *Pathelin* pourrait bien être... Pathelin lui-même qui se serait joué en personne. Mais qui serait ce Pathelin d'ailleurs ? On n'en sait rien du tout. Cette opinion singulière[1] se fonde sur ces deux vers obscurs de la *Louenge et excellence des bons fac-*

---

[1] Richelet semble l'accepter dans son *Dictionnaire* (1680), au mot *Farce*: « *Pathelin* et la Reine Marguerite *ont fait* des farces françaises. »

*teurs,* de Pierre Grognet, qui dit au milieu de sa liste de poètes :

> Quant au regard de Pathelin,
> Trop practiqua son pathelin.

Nous aimons mieux avouer que nous ne comprenons pas ces vers que d'en conclure l'existence d'un personnage dont il n'est dit mot nulle part ailleurs.

Résignons-nous à ignorer cet auteur ; et croyons qu'il fut probablement obscur même de son vivant ; que son nom découvert ne nous apprendrait rien de plus qu'un nom : que sans doute il n'était même pas écrivain de profession ; que *Pathelin* est peut-être son œuvre unique, née dans un jour de bonne humeur, d'une inspiration de génie.

Pourquoi l'auteur de *Pathelin* ne serait-il pas quelque joyeux clerc de la Basoche, homme d'esprit formé dans la pratique journalière des affaires et de la chicane, à connaître et à étudier l'humanité dans ses plus vilains aspects ; assurément né poète, mais qui devint procureur, et qu'on oublia derrière son greffe ; un grand génie comique, étouffé par les circonstances ?

Mais cette hypothèse est-elle plausible ? Si l'on naît poète, est-ce qu'on naît écrivain ? Or, cet inconnu sait écrire, écrire en vers (talent rare et difficile) ; il sait composer, tandis que la plupart des œuvres du moyen âge sont gâtées par un défaut choquant, l'inégalité ; par les redites, les longueurs, la diffusion, l'obscurité, les disparates de ton et de goût. *Pathelin,* d'un bout à l'autre, est composé avec proportion ; il se développe avec une verve, un entrain, une gaîté soutenus ; il offre un dialogue ferme, brillant et pur, que peu d'œuvres comiques possèdent au même degré. Une pièce aussi achevée peut-elle être l'unique ouvrage et le coup d'essai d'un inconnu [1].

Faut-il encore conter *Pathelin*? Mais peut-on le taire? ceux qui le savent par cœur passeront ces dix pages.

[1] Voyez notre *Répertoire,* pages 191-205. La date de *Pathelin* est plus aisée à déterminer que le nom de son auteur. La pièce est fort peu antérieure à l'année 1470. On l'a prétendue beaucoup plus ancienne, en se fondant sur le calcul de monnaies que fait Pathelin chez le drapier. Mais ce procédé ne conduit à rien de sûr, si on l'applique à une époque de perpétuelle instabilité monétaire. En outre, il faut observer qu'on se sert souvent, dans la conversation, d'appellations monétaires qui n'ont plus cours légal. Quelques personnes comptent encore par écus ; beaucoup comptent par louis. Il n'y a plus ni louis ni écus. Si, dans quatre cents ans, l'on trouve ces termes employés dans une comédie de notre temps, faudra-t-il attribuer la pièce au xviiie siècle ? Voici qui est plus précis : dans une *lettre de rémission,* datée de 1471, on trouve cette expression : « *Vous cuidez pateliner et faire du malade* » et depuis cette date, les allusions à Pathelin, les citations plus ou moins directes, l'emploi de mots qui sont nés de cette joyeuse comédie, enfin, les éditions mêmes de la pièce deviennent presque innombrables. L'*histoire de Pathelin*, pour ainsi dire, commence en 1471 et, depuis, se continue sans interruption. N'est-il pas au moins fort probable que la pièce est très peu antérieure à cette date.

Maître Pierre Pathelin est un avocat sans causes. Il a plaidé, autrefois ; du moins, il nous l'affirme. Mais ces jours d'éclat sont passés. Au début de la pièce il s'entretient mélancoliquement avec Dame Guillemette, sa femme, de leur commune misère. Dame Guillemette gémit sur l'état de sa dernière robe. Mais à quoi sert-il de se plaindre? Maître Pathelin juge qu'il vaut mieux agir.

> Je m'en vueil aller a la foire
> — A la foire ? — Par saint Jehan! voire,
> A la foire, gentil marchande,
> Vous desplaist-il se je marchande
> Du drap, ou quelque aultre suffrage
> Qui soit bon pour nostre mesnage?
> Nous n'avons robbe qui rien vaille.
> — Vous n'avez ne denier ne maille,
> Que ferez-vous ? — Vous ne scavez,
> Belle dame, se vous n'avez
> Du drap pour nous deux largement,
> Si me desmentez hardiment.
> Quel couleur vous semble plus belle?
> D'ung gris vert? d'un drap de Brucelle?
> Ou d'aultre ? Il le me fault scavoir.
> — Tel que vous le pourrez avoir.
> Qui emprunte ne choisist mie !
> — Pour vous, deux aulnes et demie,
> Et pour moy, trois ; voire bien quattre.
> Ce sont... — Vous comptez sans rabattre :
> Qui diable les vous prestera?
> — Que vous en chault qui ce sera?
> On les me prestera vrayment,
> A rendre... au jour du Jugement.

Là dessus maître Pathelin prend congé de sa

digne épouse ; et l'action se transporte avec lui. Nous sommes à présent dans la boutique de maître Guillaume Joceaume, marchand drapier.

La mise en scène était fort simple dans le théâtre du quinzième siècle. Il n'y avait de changement de décor ni à vue, ni derrière le rideau. Qu'on jouât une farce ou qu'on jouât un mystère, dès le début de la pièce, le spectateur voyait à la fois, sur la même scène, la figuration de tous les différents lieux où l'action devait successivement se transporter.

Dans *Pathelin,* le lieu est triple. D'un côté s'ouvrait vers le public, une chambre pauvrement meublée, avec un mauvais lit au milieu ; c'était la maison de Pathelin. De l'autre côté, des étoffes empilées, des armoires, des sièges indiquaient la boutique du drapier Guillaume. Entre les deux, s'ouvrait la rue ou la place publique, où devait se jouer le jugement à la fin de la pièce. La scène était dans un bourg, voisin de Paris ; plusieurs allusions rappellent des localités de l'Ile-de-France ; et la langue de *Pathelin* est celle qu'on parlait au xv$^e$ siècle dans cette région.

Pathelin entre chez le drapier :

— Dieu y soit — Et Dieu vous doint joye [1] !
— Or ainsi m'aist Dieu que j'avoye

[1] Que Dieu vous donne joie !

De vous veoir grant volenté !
Comment se porte la santé ?
Estes-vous sain et dru, Guillaume ?
— Ouy, par Dieu ! — Ça, ceste paulme.
Comment vous va ? — Et bien, vrayment,
A vostre bon commendement.
Et vous ? — Par sainct Pierre l'apostre,
Comme celuy qui est tout vostre.
Ainsi vous esbatez ? — Et voire !
Mais marchans, ce devez vous croire,
Ne font pas tousjours a leur guise.
— Comment se porte marchandise ?
S'en peult on mais soigner ne paistre [1].
— Et, se m'aist Dieu, mon doulx maistre,
Je ne sçay ; tousjours hay ! avant [2] !
— Ha ! qu'estoit-ce ung homme scavant,
Je requier Dieu qu'il en ait l'ame,
De vostre pere. Doulce dame !
Il m'est advis tout clerement
Que c'est-il de vous proprement.
Qu'estoit ce ung bon marchand et sage !
Vous luy resemblez de visage,
Par Dieu, comme droitte painture.
Se Dieu eut oncq de creature
Mercy, Dieu vray pardon lui face
A l'ame ! — Amen, par sa grace,
Et de nous quant il luy playra.
— Par ma foy, il me desclera
Maintefois et bien largement
Le temps qu'on voit presentement;
Moult de fois m'en est souvenu.
Et puis lors il estoit tenu
Ung des bons... — Seez vous, beau sire;
Il est bien temps de le vous dire;
Mais je suis ainsi gracieux.
— Je suis bien, par Dieu, precieux !

[1] Vivre à l'aise et bien manger.
[2] Il faut toujours suer et souffler.

Il avoit — Vrayment vous seerez !
— Voulentiers...

Pathelin s'assied ; l'ennemi est dans la place ; il continue d'amadouer Guillaume en vantant ce feu père, dont son fils est tout le portrait.

> Tant plus vous voy, par Dieu le pere,
> Veez vous la, veez vostre pere.
> Vous luy resemblez mieux que goutte
> D'eaue...

Disant cela, sa main par grand hasard, caresse une pièce de beau drap :

> Que ce drap icy est bien fait !
> Qu'est il souef, doulx et traictis !

« Ah ! si tout le monde ressemblait à ce bon père, on ne se volerait pas l'un l'autre comme on fait aujourd'hui !... Mais ce drap est trop beau. Vraiment me voilà bien attrapé. J'avais mis à part quatre-vingts écus pour éteindre une rente ; et vous en aurez la moitié ; tant ce drap-ci me plaît fort. — Mais il est bien cher, dit Guillaume un peu défiant. Combien vous en faudra-t-il ? — A combien l'aune ? — Vingt-quatre sols ! — Non, c'est trop cher. — Ah ! vous ne savez

> Comment le drap est enchery !
> Trestout le bestail est pery
> C'est yver, par la grant froidure.

Pathelin marchande pour la forme. Le prix lui

est bien égal, puisqu'il ne paiera pas. Il feint de céder à regret. Sus, aunons la pièce.

> — Combien vous en fault-il avoir?
> — Il est bien aysé a savoir.
> Quel lé a il ? — Lé de Brucelle.
> — Trois aulnes pour moy ; et pour elle
> (Elle est haulte) deux et demye.
> Ce sont six aulnes... Ne sont mie...
> Et non sont... Que je suis bec jaune !
> — Il ne s'en fault que demye aulne
> Pour faire les six justement.
> — J'en prendray six tout rondement.
> Aussi me fault il chaperon.

Les six aunes sont mesurées ; le paquet fait. Voici l'instant difficile. Pathelin va s'en tirer avec l'aisance d'un maître. « Messire, ma femme fait cuire une oie. Vous viendrez bien en tâter tout à l'heure, et en même temps prendre votre argent. » Guillaume se défend, puis accepte. « Je vous porterai votre drap. — Non certes, c'est moi qui le mets sous mon bras. — Point, il est plus honnête que ce soit... — Je ne vous en laisserai rien faire, dit Pathelin. Tenez, le voilà.

> Dessoubs l'aisselle.
> Cecy m'y fera une belle
> Bosse ! Ha ! c'est très bien allé.

L'homme et le drap s'en vont, l'un portant l'autre ; et Guillaume, laissé seul, nous ouvre alors son cœur :

Or n'est-il si fort entendeur
Qui ne treuve plus fort vendeur :
Ce trompeur la est bien bec jaune,
Quant pour vingt et quatre solz l'aulne
A prins drap qui n'en vault pas vingt.

Guillaume est donc fripon à sa façon ; et croit jouer un excellent tour à Pathelin. Il faut observer ce point pour l'intelligence de la pièce.

Pathelin rentre chez lui triomphant. « En ai-je ? » crie-t-il, du plus loin, à Dame Guillemette, en lui mettant le drap conquis sous le nez : puis il commence, avec quelle verve ! le récit de ses exploits :

GUILLEMETTE.

Comment l'a il voulu prester
Luy qui est ung homs si rebelle ?

PATHELIN.

Par saincte Marie la belle !
Je l'ai armé et blasonné [1],
Si qu'il le m'a presque donné.
Je luy disoye que feu son pere
Fut si vaillant. « Ha ! fais-je, frere,
Qu'estes vous de bon parentage !
Vous estes, fais-je, du lignage
D'icy en tour plus a louer. »
Mais je puisse Dieu avouer
S'il n'est attrait d'une peautraille,
La plus rebelle villenaille
Qui soit, ce croys-je, en ce royaume.

Dame Guillemette, mise en belle humeur, se

---

[1] Expression proverbiale. Amadoué de toutes les façons.

met à conter la fable du Renard et du Corbeau.
Cependant l'ennemi approche : il faut aviser.

« Je me vais coucher, dit Pathelin, et quand il viendra, dites-lui de parler bas ; faites bien triste mine ; affirmez que je suis au lit depuis six semaines ou deux mois ; et s'il répond qu'il m'a vu chez lui ce matin, dites à maître Guillaume que c'est mal de se moquer des malheureux. » La fine commère a bien compris sa leçon. Quelqu'un frappe à la porte ; elle ouvre en pleurant à chaudes larmes.

> — Hau ! maistre Pierre — Helas, Sire,
> Par Dieu, se vous voulez rien dire
> Parlez plus bas — Dieu vous gart, dame
> — Ho ! plus bas. — Et quoy. — Bon gré, m'ame.
> — Ou est il ? — Las ! ou doit il estre.
> — Le qui ? — Ha ! c'est mal dit, mon maistre,
> Ou il est. Et Dieu par sa grace
> Le sache ! Il garde la place
> Ou il est le povre martir,
> Unze sepmaines sans partir !

« Mais il m'est venu querre six aunes de drap tout à l'heure ; et je viens prendre mon argent. » Guillemette indignée feint de croire qu'on se moque d'elle ; Guillaume ahuri commence à craindre d'être attrapé. — Je vous dis qu'il a pris mon drap.

> — Il est bien taillé
> D'avoir drap ! Helas ! il ne hobe [1].

---
[1] Bouge.

> Il n'a nul mestier d'avoir robe.
> Jamais robe ne vestira
> Que de blanc, ne ne partira
> D'ont [1] il est que les piez devant !

Le drapier ne sait plus que croire. Avec une niaiserie superbe, il réclame encore l'oie qu'on lui avait promise.

> — Et vous n'avez point d'oye
> Au feu ? — C'est très belle demande !
> Ha ! sire, ce n'est pas viande
> Pour malades !

Il y a là un jeu de scène un peu chargé, mais amusant ; et peut-être au fond, naturel de la part d'un homme éperdu dont la cervelle n'est pas bien forte. Une folle idée vient en tête à Guillaume ; s'il retournait à sa boutique, voir si le drap n'y est pas revenu ; ou s'il y retrouvera l'homme ou le diable qui a pris les traits de Pathelin. Il traverse en courant la place ; il rentre chez lui, et, naturellement, n'y trouve ni drap, ni Pathelin, ni diable. Mais la vue de son comptoir a raffermi ses idées :

> Il a mon drap, le faux trompcrre.
> Je luy bailly en ceste place !

Et il raccourt furieux à la maison de Pathelin ; déterminé à ne plus ménager personne.

[1] D'où (*de unde*).

Il fallait varier deux scènes, dont le fond est le même. Dans la première, c'est Guillemette qui tenait tête au drapier. Ici c'est Pathelin qui s'empare du premier rôle. Quand le drapier reparaît menaçant, Pathelin, dressé sur son lit, l'accueille par un verbiage absurde, intarissable, insensé, où il mêle toutes les langues et tous les patois. Le limousin d'abord, et comme Guillaume écoute étonné sans rien comprendre, Guillemette, la bonne âme, se penche à son oreille :

> Il eut ung oncle lymosin,
> Qui fut frere de sa belle-ante :
> C'est ce qui le faict, je me vante,
> Gergonner en lymosinois.

Au limousin succède le picard.

> Sa mere fut de Picardie ;
> Pour ce, le parle il maintenant.

Le flamand remplace le picard ; et le normand vient après le flamand.

> Celuy qui l'apprint a l'escole
> Estoit normand. Ainsi advient
> Qu'en la fin il luy en souvient.
> Il s'en va !

Après le normand, le breton :

> Ce fut la mere de son pere
> Qui fut attraicte de Bretaigne.
> Il se meurt...

Après le breton, le lorrain, après le lorrain, le

latin. Cette fois, Pathelin arrive à ses fins. Guillaume épouvanté, quitte la partie, ne tenant pas à voir mourir cet enragé sous ses yeux.

> (A part.)
> Il fust bon que je m'en allasse
> Avant qu'il eust passé le pas.
> (A Guillemette.)
> Je doute qu'il ne voulsist pas
> Vous dire a son trespassement
> Devant moy si priveement
> Aucuns secrez par aventure.

Il s'esquive en disant :

> ...Le dyable en lieu de ly
> A prins mon drap pour moy tenter.

Le premier acte finit ici, s'il convient d'appliquer ce nom tout moderne au théâtre du moyen âge. En réalité, la pièce n'est pas interrompue un moment ; l'action se continue, mais dans un autre sens. Il faut qu'à son tour, l'hypocrite soit joué par un plus fin que lui ; ce sera la moralité de la farce.

On frappe à la porte de Pathelin, c'est un paysan à l'air embarrassé, un vrai nigaud, semble-t-il ; c'est Thibaut Agnelet, le berger de Guillaume, assigné devant le juge par le drapier, dont il assomme le troupeau. Agnelet vient demander à Pathelin de lui servir d'avocat.

> AGNELET.
> Il est vray et verité, sire,

> Que je les y ay assommées,
> Tant que plusieurs se sont pasmées
> Maintes fois, et sont cheues mortes,
> Tant fussent-elles saines et fortes,
> Et puis je luy faisoye entendre,
> Affin qu'il ne m'en peust reprendre,
> Qu'ilz mouroient de la clavelée.
> « Ha ! faict-il ; ne soit plus meslée
> Avec les aultres. Jette la !
> — Volentiers, » fais-je, mais cela
> Se faisoit par une aultre voye ;
> Car, par sainct Jehan, je les mengeoye,
> Qui savoye bien la maladie.
> Que voulez-vous que je vous die ?
> J'ay cecy tant continué,
> J'en ay assommé, et tué
> Tant, qu'il s'en est bien apperceu.

Voilà Thibaut Agnelet cité devant le juge. Mais il a mis de côté quelques écus pour s'acheter un bon avocat.

> Je sçay bien qu'il a bonne cause,
> Mais vous trouverez bien tel clause,
> Se voulez, qu'il l'aura maulvaise.

Gagner une mauvaise cause n'embarrasse pas Pathelin, qui n'en plaida jamais d'autres. Cette fois cependant le flagrant délit le gêne. Impossible de nier. Que faire ? ne pas répondre. Comment ? faire le muet ? non, mais l'idiot. Là est le nœud du procès. « Écoute, dit-il au berger, quoi qu'on te dise ou quoi qu'on te demande au jugement, ne réponds qu'en bêlant, comme un de tes moutons. »

> ...Ha! feray-je, il est nice.
> Il cuyde parler a ses bestes. »
> ...A moy mesme pour quelque chose
> Que je te die ne propose,
> Si ne respondz point aultrement.

Agnelet a fort bien compris; et jure de suivre jusqu'au bout un si bon conseil. Puis tous deux s'en vont devant le juge, qu'ils trouvent assis dans la rue, et rendant paternellement la justice à tout venant.

Le drapier se présente et dépose sa plainte, sans voir Pathelin qui, derrière Agnelet, dissimule son visage en le cachant d'une main.

LE JUGE.
Comment vous tenez la main haulte.
Av'vous mal aux dens, maistre Pierre?

PATHELIN.
Ouy, elles me font telle guerre,
Qu'oncques mais ne senty tel rage.

A cette voix trop bien connue, Guillaume lève les yeux, et regarde l'avocat de son berger. Que voit-il? Ce même homme qui, ce matin, lui a volé son drap! le même homme qu'il a vu, tôt après, mourant dans son lit! Le pauvre drapier achève de perdre la tête, qu'il n'eut jamais bien solide.

GUILLAUME.
Par la croix ou Dieu s'estendy!
C'est a vous a qui je vendy
Six aulnes de drap, maistre Pierre?

LE JUGE.

Qu'est-ce qu'il dit de drap ?

PATHELIN.

Il erre.
...Comment le meschant homme forge
De loing pour fournir son libelle !
Il veult dire (est il bien rebelle !)
Que son bergier avoit vendu
La laine (je l'ay entendu)
Dont fut fait le drap de ma robbe.

Le juge se fâche, et interpelle sévèrement Guillaume :

Sus, revenons a ces moutons :
Qu'en fut-il ?

GUILLAUME.

Il en print six aulnes
De neuf francs.

LE JUGE.

Sommes-nous bejaunes
Ou cornards ? Ou cuydez-vous estre ?

Le pauvre drapier voit sa faute ; mais il n'en peut mais : ses deux griefs s'embrouillent jusqu'au bout dans sa faible cervelle :

...Or ça je disoye
A mon propos, comment j'avoye
Baillé six aulnes... Doy-je dire
Mes brebis... Je vous en pry, Sire.
Pardonnez-moy...

Il accuse Pathelin d'avoir assommé son troupeau, Agnelet d'avoir pris son drap sans payer ; il se reprend, il s'indigne, il s'égare de plus en plus. Le juge le croit fou.

> Par le sangbieu, je n'y voy goute.

Il se retourne vers Agnelet, et commence à l'interroger : Bée ! fait Agnelet pour toute réponse. On insiste. Il bêle encore plus fort. — Vous voyez bien qu'il est idiot, dit Pathelin. Renvoyez-le parler à ses bêtes. Maudit soit qui cite en justice un pauvre innocent ! » Guillaume proteste et veut riposter. Mais la vue de Pathelin railleur, l'exaspère ; il oublie l'avocat, pour crier : au voleur ! — Vous avez mon drap, maître Pierre ! » Maître Pierre fait la sourde oreille : « N'avez-vous pas honte, maître Guillaume ; pour trois ou quatre moutons malades ! — Qui vous parle de moutons ? C'est mon drap que vous me rendrez. — Mettons qu'il en ait mangé six ou huit. Est-ce de quoi crier si fort ? » Alors Guillaume triomphant se retourne vers le juge :

> Regardez, Sire, regardez !
> Je luy parle de draperie,
> Et il respond de bergerie !

C'est peut-être le trait le plus fin de toute la pièce, où les finesses abondent. La colère emporte le malheureux drapier jusqu'à lui faire oublier où il est, pourquoi il plaide. On le ramène hypocritement au fait ; c'est alors qu'il crie qu'on l'égare.

Qu'arrive-t-il ? Le juge, n'espérant pas sortir de ce procès d'un fou contre un idiot, acquitte Agnelet, faute de preuves, lève la séance, et s'en va. Guillaume, éperdu et furieux, demande à Pathelin s'il est lui-même ou bien le diable. « Ne vous ai-je pas vu mourant, dans votre lit, tout à l'heure ? — Allez-y voir », dit superbement Pathelin, et Guillaume y court ; après tant de surprises, le pauvre homme est devenu tout à fait stupide.

L'avocat reste seul avec son naïf client. « Eh bien ! Agnelet, te voilà quitte. Paye-moi maintenant. — Bée ! — Ce n'est plus l'heure de dire : bée. Tu peux parler, paye-moi. — Bée. » Prières et menaces n'y font rien ; le berger bêle éperdument.

> Maugrébieu ! Ay-je tant vescu
> Qu'un bergier, un monton vestu,
> Un vilain paillart me rigolle.
> — Bee — Heu ! Bee ! L'en me puisse prendre
> Se je ne vois faire venir
> Ung bon sergent ! Mesadvenir
> Lui puisse il s'il ne t'enprisonne.
> (Agnelet s'enfuyant)
> S'il me treuve, je luy pardonne.

Et maître Pathelin peut courir. Le berger a meilleures jambes que lui.

Tel est *Pathelin,* ce chef-d'œuvre d'esprit, d'observation, de vérité. Le fond n'est rien : un marchand, fripon et sot, volé par un avocat, fripon et retors. Survient un lourd rustaud, un « mouton vêtu » qui dupe l'un et l'autre. Mais cette fable insignifiante est mise en œuvre avec un véritable génie comique.

Si quelque moralité s'en dégage, c'est tout au plus celle qu'on a nommée : la moralité du troisième larron.

Pour un âne enlevé deux voleurs se battaient.
L'un voulait le garder, l'autre voulait le vendre;
Tandis que coups de poing trottaient
Et que nos champions songeaient à se défendre,
Arrive un troisième larron
Qui saisit maître Aliboron.

Ainsi dit La Fontaine, dont la morale, toute négative, simple leçon d'expérience, ressemble plus que toute autre, à celle de nos farces.

On s'est montré quelquefois sévère, sur ce point, à l'endroit de notre ancien théâtre. M. Renan a jugé ainsi *Pathelin*[1] : « C'est le chef-d'œuvre de cette littérature essentiellement roturière, narquoise, immorale, que produisit la fin du moyen âge, et qui trouva dans Louis XI un zélé protecteur et sa plus complète personnification. » M. Renan s'indigne surtout que le héros de la pièce soit une bête, ou du moins un homme qui feint la bêtise, Agnelet. Il nous semble que c'est au contraire cette invention qui sauve la moralité de l'œuvre.

[1] *Essais de morale et de critique*, 1860, in-8°, 2ᵉ éd. pp. 303-314.

Pour roturière et surtout narquoise, la farce de *Pathelin* a bien ces deux caractères. Mais immorale, pourquoi ? une si sévère sentence ne provient-elle pas d'une conception exagérée de la mission du théâtre ? S'il devait nous rendre meilleurs, comme on l'a dit tant de fois, oh ! sans doute, Pathelin ne serait pas digne de la scène et j'avoue qu'il n'a jamais dû convertir personne. Mais, au contraire, si nous ne croyons guère au fameux adage : *Castigat ridendo mores;* si nous nous bornons à demander au théâtre de ne pas corrompre les mœurs, sans exiger de lui qu'il les corrige; si nous ne lui imposons d'autre objet que de nous amuser honnêtement, en peignant avec vérité les mœurs et les caractères, pourquoi souscririons-nous au jugement qui déclare immorale la farce de Pathelin ?

Je sais bien ce qu'on reproche à cette petite pièce. L'humanité y est trop laide ! Quatre personnages, et tous quatre fripons. Encore s'il s'agissait de quelque vol héroïque et grandiose, comme dans un mélodrame moderne; si Pathelin dérobait une fortune de roi, des titres princiers, des trésors !

Mais non, il s'agit de six aunes de drap, et de dix moutons mis à la broche. On ne vole pas pour si peu de chose, en vérité ! Voilà ce que quelques-uns ne peuvent passer à notre auteur : c'est qu'il nous montre l'humanité, à la fois si méchante et si mesquine.

Cependant l'étalage de fausses vertus au théâtre est infiniment plus dangereux que celui de vices trop réels. Montrer un coquin repoussant n'a jamais perverti personne; mais le parer des dehors d'un galant homme; le faire voir, malgré ses vices, bon, beau, brave, spirituel, attrayant, enchanteur, voilà ce qui est corrupteur, voilà ce qui est immoral.

C'est ce jeu dangereux qu'on a joué si souvent sur la scène moderne : non sans quelque danger pour les mœurs; car cet impur mélange du vice et de la vertu rend la vertu suspecte et fait le vice séduisant.

Je crains beaucoup moins la franchise de cette farce, peuplée de coquins, mais où les choses s'appellent par leur nom : un chat, un chat, et un fripon, un fripon. Si elle met à nu un peu brutalement les misères de la société, d'une société triviale, mesquine et besogneuse, cette crudité même vaut mieux que les hypocrites ménagements de tel de nos drames et de nos comédies, où l'humanité semble ne songer qu'à s'adorer elle-même, avec une complaisance niaise, jusque dans ses exemplaires les plus dégradés.

C'est la destinée des chefs-d'œuvre d'être imités

dans des écrits du second ordre, et pillés par des auteurs sans originalité. Cet honneur n'a pas manqué à Pathelin. On a joué le *Nouveau Pathelin*, le *Testament de Pathelin*, suites médiocres d'un excellent original. On a reproduit dans dix autres farces les tours, les saillies, les jeux de scène et jusqu'aux locutions qui avaient plu dans le premier *Pathelin* [1]. Procédé littéraire en lui-même assez misérable ; mais qui ne laisse pas de réussir quelquefois lorsqu'on s'en sert habilement. Après une grande moisson, l'on trouve toujours à glaner : et l'on glanait encore dans *Pathelin* plus de deux siècles après Louis XI. Pasquier dans ses *Recherches de la France* avait vanté la pièce avec une sorte d'enthousiasme. L'abbé Brueys, au commencement du xviiie siècle, prit, en lisant Pasquier, l'idée de lire *Pathelin* ; il fut charmé de notre vieille comédie, et en tira son *Avocat Patelin*, en trois actes et en prose, qui eut peu de succès à l'origine, mais fut repris par la suite avec plus de bonheur, et resta, jusque dans notre siècle, au répertoire. Brueys crut faire merveille en compliquant l'antique farce selon le goût de son temps, et en y introduisant l'amour, qui n'a rien à y faire, avec les personnages de Valère, d'Henriette et de

---

*Le Chaudronnier, le Savetier et le Tavernier*. — *Le Savetier Calbain*. Voyez notre *Répertoire*.

Colette. Il dit dans sa *Préface,* trop peu modeste, que l'ancien *Pathelin* « est un fumier dont on peut tirer de l'or », et cette suffisance nous indispose aujourd'hui contre la prose traînante et fade de Brueys. Nous serions toutefois injustes si nous ne lui savions aucun gré d'avoir, en 1706, osé trouver quelque mérite dans une œuvre du xv⁰ siècle. Il avait su même intéresser la Cour à son entreprise ; et, si l'on en croit sa *Préface,* l'Avocat Patelin, écrit en 1700, devait être représenté « devant le Roi, par les principaux seigneurs de la Cour, dans l'appartement de M$^{me}$ de Maintenon » ; mais la guerre de la succession d'Espagne empêcha l'exécution de ce projet, et la pièce fut jouée plus modestement sur le Théâtre Français (le 4 juin 1706) ; elle n'eut alors que sept représentations. Il eût été curieux de savoir l'estime que le Grand Roi aurait faite de *Pathelin ;* il est permis de penser qu'il eût peu goûté une œuvre dont le comique est, il est vrai, si profond, mais toutefois, franchement trivial.

De nos jours *Maître Pathelin* a reparu avec succès à l'Opéra-Comique [1] et surtout aux Français [2], où l'excellente traduction en vers d'Édouard Fournier, très voisine du texte, a réussi avec éclat,

---

[1] *Maître Patelin*, opéra-comique en un acte, de Bazin (1856).
[2] En 1872.

et conquis à ce chef-d'œuvre de la farce française, un vrai regain de popularité.

Entre les ridicules sociaux que la satire populaire poursuivait avec acharnement, c'est le soldat fanfaron qui a inspiré le plus grand nombre de farces. A une époque où le crédit souverain de l'épée avait dû multiplier les faux braves, le peuple aimait à décharger sur les capitaines de théâtre une partie des colères et des rancunes que l'insolence et les pilleries des gens de guerre avaient accumulées dans le cœur de Jacques Bonhomme.

Le moyen âge n'a jamais mis en scène ce soldat cher aux laboureurs, que le chauvinisme inventa au commencement de notre siècle, et reproduisit avec succès dans maint vaudeville ou maint mélodrame.

« L'Aventureux » d'une de nos farces ne ressemble pas du tout à ce vertueux militaire. Guermouset, son fils, se plaint à lui de n'être pas encore pourvu d'une cure, malgré les exploits paternels. — « Pourvu, tu le seras, dit l'Aventureux; ne sais-tu pas que tout ce que je veux, se fait.

>Sang bieu ! j'entrepris une foys
>Une matiere de grand poys ;
>Car j'alay prendre une jument
>A troys lieux, loing de toute gent,

> Et la conquestay de leger ;
> N'eust esté qu'un vilain berger
> Vint sur moy, atout[1] sa houlete,
> En me disant : « Vilain, areste ; »
> Y vint sur moy, et de fuyr.
> J'ouy je ne scay quoy brouyr,
> Je cuydois que ce fussent gens ;
> Par le sang bieu ! c'estoyent les vens ;
> Je m'en repentis bien après,
> Mais je cuydois qu'ils fussent près.
> — Et, mon pere, vostre jument ?
> — Je la laissai de peur du vent. »

Le procédé, très naïf, mais risible, consiste à faire vanter sans cesse par les fanfarons leur courage, et à leur faire conter des traits qui montrent à plein leur lâcheté.

« Mon père, dit Guermouset, je veux le bénéfice de Rignot, fils de Guillot le maire. — Va le sommer qu'il te le cède, dit l'Aventureux, ou autrement... je l'y forcerai « à coup de lance ».

Guillot, père de Rignot, est un autre « aventureux » et les deux braves se connaissent pour avoir fui ensemble. Guillot accepte le combat. Les deux champions revêtent leurs armures. Chacun sait bien que l'autre n'est pas terrible ; toutefois, le cœur leur manque un peu : l'Aventureux dit :

> — Mais, Guermouset, une aultre cure
> Ne seroyt-il point aussy bonne ?
> ... Je croys, moy, que ce fust le mieulx

---

[1] Avec.

>     Qu'il y eust apoinctations ;
>     C'est grand faict que de horions !

Les voilà en présence ! La scène est vraiment amusante : les longues lances sont en arrêt, mais aucun n'ose avancer. Ils reculent toujours, pour prendre du champ, et crient : « A mort, à mort ! » Mais ils ne peuvent se résoudre à s'aborder. Peu à peu les souvenirs de leurs communes campagnes, ou plutôt de leurs fuites communes, se réveillent dans leurs cœurs ; ils se les rappellent mélancoliquement, et finissent par jeter leurs armes. Tant pis pour Guermouset ; il trouvera bien quelque cure vacante.

Mais « Colin fils de Thenot le Maire » est le type le plus amusant de ces soldats fanfarons que le peuple exécrait, en les accusant de n'être braves que contre lui. Monsieur le Maire, au début de la farce, chante la vaillance de Colin, son fils, qui est parti depuis six mois, pour faire la guerre au royaume de Naples :

>     S'une foys il a entreprins,
>     Rende soi Naples, il est prins ;
>     Et se garde qui s'aymera,
>     Car ja homme n'eschapera,
>     Qu'il ne soit prins, ou mis a mort,
>     Ou soit a droict, ou soit a tort.
>     Car il est fier comme ung lyon.
>     Jamais ne fut tel champion,
>     Ne plus vaillant homme de guerre.

## SATIRE DES DIVERS ÉTATS

Une femme accourt cependant pour demander justice au Maire. Un gentillâtre est venu tuer jusque dans sa maison, sa meilleure poule pondeuse :

> Encore prist il deux fromaiges.
> Encore mist sa jument paistre
> En mon jardin. . . .

Là-dessus Colin paraît ; la femme a reconnu son tueur de poules, et lui crie des injures que Colin n'écoute pas, tout occupé qu'il est de conter ses exploits à Monsieur son père. Hélas ! Colin a tout perdu, même l'honneur ; il n'a plus ni sa jument, ni son bonnet, ni son *jacques* (cotte de mailles), ni sa dague. Thenot le blâme un peu d'avoir perdu son *jacques*. « Mais quoi, mon père,

> Ne pensez-vous pas qu'en pourpoint
> On coure bien mieux que vestu.

Colin n'a pas tout dit. Il a fait un prisonnier ; il l'amène avec lui. Fais-le venir, dit le père

> — Venez doncques avecques moi,
> Ou aultrement je le lairray.
> Il porte ung grand baston ferré.
> Par Nostre Dame, je le crains !

A eux deux, ils amènent le prisonnier.

> L'as-tu bien conquesté si grant ?
> Colin, tu estois vaillant homme !
> — Et je le prins au premier somme,

> Cependant comme il se dormoit,
> Et j'escoutai comme il ronfloit.
> Alors le courage me creut.

On interroge le prisonnier, qui répond dans un baragouin tout à fait incompréhensible :

> *Got fadracot garare vestud my,*
> *Touffe dulain mistrande, etc.*

Une lettre qu'il montre, et qui est écrite en latin, révèle enfin sa vraie qualité. Ce n'est pas un Turc, c'est un pèlerin allemand. Voilà la belle prise de guerre qu'a faite Monsieur Colin !

La meilleure satire qu'aient inspirée les faux braves à la malice populaire est le monologue du *Franc-Archer de Bagnolet,* une si jolie pièce qu'on a pu sans faire injure à Villon, la lui attribuer ; mais on n'en connaît pas l'auteur. Les allusions dont la pièce est remplie, permettent de la dater assez exactement de 1468 ; le *Franc-Archer* est tout à fait un contemporain de *Pathelin*

Les Francs-Archers avaient été créés sous Charles VII, par des lettres-royaux données à Montils-les-Tours, le 28 avril 1448, qui ordonnèrent que « en chacune paroisse du royaume, aura un archer qui sera et se tiendra continuellement en habillement suffisant, et armé de salade, dague, épée, arc, trousses et jaques ou huques de brigandines, et seront appelés les francs-archers ; lesquels seront élus et choisis ès prevôtés et élections les plus duits et aisés pour le fait et exercice, etc. ». Chaque village désigna probablement son plus mauvais sujet pour la charge de franc-archer : toujours est-il que cette milice, dont l'entretien pesait sur les bourgs, fut très vite impopulaire, et devint le point de mire de tous les brocards et de tous les quolibets. Sa lâcheté fut proverbiale. Après trente-deux ans d'existence, et plusieurs essais infructueux de réorganisation, elle fut supprimée par Louis XI en 1480.

Le « Franc-Archer de Bagnolet » contribua peut-être au discrédit de cette institution malheureuse. La pièce est excellente, et dut avoir un immense succès.

Le Franc-Archer sort du logis, tout plein d'une humeur guerrière. Sa première parole est un défi qu'il jette au vent. Mais voyez le contre-temps. Personne ne répond à son belliqueux appel :

> C'est a meshuy ?[1] j'ay beau corner ;
> Or ça il s'en faut retourner,
> Maulgré ses dentz, en sa maison.
> Si ne vis-je pieça [2] saison
> Ou j'eusse si hardy couraige
> Que j'ay ; par la morbieu, j'enraige
> Que je n'ay a qui me combattre ! . . .

---

[1] C'est pour aujourd'hui ?
[2] Depuis longtemps.

> Mon gantelet vela pour gaige.
> Par le sang bieu ! Je ne crains paige
> S'il n'a point plus de quatorze ans.
> J'ay autresfoys tenus les rencz,
> Dieu mercy, et gaigné le pris
> Contre cinq Angloys que je pris...
> Ce fust au siege d'Alençon [1].
> Les troys se misrent a rançon,
> Et le quatriesme s'enfuit.
> Incontinent que l'autre ouyt
> Ce bruit, il me print a la gorge:
> Se je n'eusse crié : Saint George !
> Combien que je suis bon Francoys,
> Sang bieu ! il m'eust tué ançoys [2]
> Que personne m'eust secouru.
> Et quant je me senty feru
> D'une bouteille, qu'il cassa
> Sur ma teste : « Venez ça, ça, »
> Dis-je lors « que chascun s'appaise !
> Je ne quiers point faire de noise,
> Ventrebieu, et beuvons ensemble ! »

A ce moment, le cri d'un coq se fait entendre. Le Franc-Archer dresse l'oreille :

> Qu'esse-cy ? J'ay ouy poulaille
> Chanter chez quelque bonne vieille ;
> Il convient que je la resveille.

Cette idée de poule au pot plaît à son ventre affamé. Il cherche le poulailler tout en continuant à se raconter ses hauts faits :

> Je ne craignoys que les dangiers,
> Moy ; je n'avoys peur d'aultre chose [3].

---

[1] Repris sur les Anglais en 1449.
[2] Avant que.
[3] Panurge : « Je ne crains rien fors les dangiers. Je le dis

Tout à coup, le brave s'arrête net : « Adonc appercoit le Franc Archier un espoventail de cheneviere, faict en facon d'ung gendarme, croix blanche devant et croix noire derriere, en sa main tenant une arbaleste. » Voilà mon Franc-Archer mort de peur !

> Ha! le sacrement de l'autel!
> Je suis affoibli! Qu'esse cy?
> Ha! monseigneur, pour Dieu, mercy!
> Hault le trait! Qu'aye vie franche!
> Je voy bien a vostre croix blanche
> Que nous sommes tout d'ung party.

Mais le vent fait tourner l'épouvantail; et la croix noire apparaît :

> Par le sang bieu, c'est ung Breton,
> Et je dy que je suis Francoys !...
> Dea, je suis Breton si vous l'estes.
> Vive sainct Denis ou sainct Yve!
> Ne m'en chault qui, mais que je vive.
> ... Et si, ne me veult escouter !
> En l'honneur de la Passion
> De Dieu qu'aye confession,
> Car je me sens ja fort malade.

La confession est bien un peu longue, mais le Franc-Archer la détaille pour retarder le coup mortel. Sur le cinquième commandement *(Homicide point ne seras)*, il a la conscience légère,

> Meurdre ne fis onc qu'en poulaille.

tousjours ; aussi disoit le Franc Archier de Baignolet. » *(Pantagruel*, IV, LV).

A ce moment, l'épouvantail tombe à terre : un coup de vent l'a renversé ! Le Franc-Archer n'est pas encore rassuré : l'ennemi voudra venger sa chute :

> Las ! monseigneur, vous estes cheu !
> Jesus ! et qui vous a bouté,
> Dictes ? Se n'ay-je pas esté,
> Vrayement, ou diable m'emporte !
> ... Au fort, baillez moy vostre main,
> Je vous aideray a lever.

Il approche avec précaution. L'homme de paille n'a point bougé. Le Franc-Archer s'étonne :

> Il n'a pié ne main ; il ne hobe[1].
> Par le corbieu, c'est une robe,
> Plaine... de quoy ? Charbieu, de paille !
> Qu'esse cy, morbieu ? On se raille,
> Se cuiday-je, des gens de guerre.

Il redevient tout à fait brave :

> La mort bieu, vous serez batu
> Tout au travers de ceste espee.....
> Quand la robbe seroit couppee
> Ce seroit ung tres grant dommaige :
> Je vous emporteray pour gaige,
> Toutes foys, apres tout hutin.
> Au fort, ce sera mon butin,
> Que je rapporte de la guerre...
> Parbieu ! si me disoit le cueur,
> Que j'en viendroye a mon honneur !

Nous avons dit que Louis XI supprima les Francs-Archers (1480). Quarante années plus tard, lorsque

---
[1] Bouge.

François Ier (1521) essaya de rétablir cette milice rurale, les mêmes excès, les mêmes abus donnèrent lieu bientôt aux mêmes plaintes : « (Ils) commencerent, dit un chroniqueur, a eulx eslever sur le commun populaire, voulans vivre oyseux sans plus vacquer a leurs mestiers acoustumez, piller sur les champs, comme ilz eussent faict en pays des ennemys; par quoy, plusieurs d'entre eulx prins et mis es mains des prevostz des mareschaux, au gibet, qu'ils avoient bien desservy, finerent leur vie[1]. » Le *Franc-Archer de Cherré* vengea les paysans de 1521, comme le *Franc-Archer de Bagnolet* avait fait ceux du siècle précédent. Cherré est un village de l'Anjou, dans l'arrondissement de Segré. La pièce est bien du cru; tous les lieux qu'elle nomme sont également angevins. Elle fut composée avant la mort de Bayard (30 avril 1524); car il y est fait allusion au chevalier comme à un homme vivant. Les fanfaronnades des faux braves sont dépeintes, dans cette pièce, avec beaucoup de verve et d'esprit.

> ... La mort bieu, entre nous, gendarmes,
> Ne songeons qu'en assaulx, alarmes,
> Rencontres, tournées, batailles,
> Grans horions d'estoc, de tailles.
> La mort bieu, c'est nostre desduict !

[1] Bourdigné, *Chroniques d'Anjou*, Ed. Quatrebarbes, Angers, 1842, in-8°, t. II, p. 330.

... N'a pas une année et demye,
A Millan, a Fontharabie[1],
Je m'y monstré homme de bien ;
Je feis un coup ; je ne dis rien,
Pour neant le reciteroye ;
On diroit que je mentiroye.
... Oultre tous ceulx que je feis rendre,
J'en tuay beaucoup ; je m'en tays.
... Or Dieu leur vueille pardonner
Par sa grace, et aussi a nous !
Ce sont gens mors, qu'en voulez-vous ?
... Les plus aspres me faisoient lieu,
Quand ilz congneurent ma vaillance.
J'en embrochoys sept en ma lance,
Comme endoilles en une gaulle,
Et les vous portoys sur l'espaule...
... Les gendarmes ne demandoient
Que me veoir, pour ma vaillantise.
L'ung en parle, l'autre en divise ;
Le Roy estoit la en personne,
Ou ung qui avoit une couronne,
Sur la teste, je le vey bien ;
Je ne feis pas semblant de rien,
Tant qu'on luy eust conté mon faict ;
Il s'enquist qui avoit deffaict
Les ennemys, et defferré :
« C'est le franc archier de Cherré, »
Ce luy dist-on. Il sault en place,
Et vient a moy, et si m'embrasse,
Et se deffuble devant moy :
« Da. feis-je, mon seigneur le Roy,
Ne me faictes point tant d'honneur.
— Ma foy, dist-il, gentil seigneur,
Vous serez mon grand capitaine... »
... Voyla que c'est que de la guerre ;
Il n'est que la pour bruict acquerre.

---

[1] 1522 et 1521.

Voilà certainement des traits d'excellente comédie. L'intervention du Roi est amenée surtout d'une façon spirituelle et piquante. Le trait est vrai dans son exagération ; si bien que des écrivains modernes, qui n'avaient jamais lu le Franc-Archer de Cherré, ont retrouvé la même gasconnade pour peindre les vieux grognards de l'Empire endoctrinant les jeunes conscrits à la veillée [1].

Du fanfaron à l'aventurier il n'y a qu'un pas. La farce s'est plu maintes fois à mettre en scène avec vivacité ces chevaliers d'industrie, qui jouaient au noble avec une épée faussée et un manteau rapiécé. Un page, qui n'est point payé, dit d'assez dures vérités à son noble maître : « Page, tu sais mes illustres amis ? — Oui, Messieurs du Croc et Happe-Gibet, qui, à force de trouver des choses qui n'étaient point perdues, ont fini à la potence. — Page ! oublies-tu les ennemis que j'ai tués ! — Des poux à remplir un panier. — Mais j'ai porté l'oiseau (le faucon) comme un gentilhomme ! — Oui, des poules

---

[1] Nous avouons ne plus savoir où nous avons lu cette histoire du sergent Bernard : « Sergent Bernard, lui disent les conscrits, contez-nous donc la bataille de Wagram. — Facile, mes enfants. L'Empereur était sur une éminence qui suivait tout avec sa longue vue. Les Autrichiens fuyaient devant nous ; j'étais en tête et les piquais de ma baïonnette. L'Empereur dit à ses maréchaux : « Quel est donc ce guerrier qui a touché le premier l'ennemi ? — Sire, disent les Maréchaux, c'est le sergent Bernard. — J'aurais dû le deviner, » dit l'Empereur. Mes enfants, voilà comment s'est passée la bataille de Wagram. »

volées. — Mais les dames me font mille avances. — J'ai souvenir d'une manchotte; encore elle se moqua de vous. — Et puis, je suis beau joueur. — Certes! quand vous avez trois sous, c'est que vous en devez six[1]. »

C'est à tort que le Dialogue de Messieurs de Mallepaye et de Baillevent a été attribué souvent à Villon; mais il ne serait pas indigne de lui appartenir. La belle humeur des aventuriers, leur outrecuidance, leur jactance énorme, et leur audace dénuée de scrupules, n'ont jamais été dépeintes avec plus de vivacité, plus d'esprit, plus de poésie que dans ce morceau, qui n'était peut-être pas destiné au théâtre : l'extrême rapidité du dialogue le rend en effet un peu obscur.

Messieurs de Mallepaye et de Baillevent, comme leurs noms l'indiquent, figurent les chevaliers d'industrie qui ont la mine aussi haute que leur bourse est plate. Ils gourmandent la destinée, mais sans aigreur, et après tout, ils sont si contents d'eux-mêmes qu'ils n'en veulent pas trop aux autres.

> — Si j'avoys autant que je doy,
> Sang bieu! je seroys chez le Roy
> Un page après moy — Voire deux.
> — S'on nous bailloit par inventoire
> Deux mille escuz en une armoire,

---

[1] Voyez la farce : le *Gentilhomme et son Page*. La même antithèse burlesque a inspiré celle du *Gaudisseur et du Sot*.

> Ilz n'auroient garde d'y moysir.
> — Il y a ceste malheurté
> Que de l'argent qu'avons presté
> Nous n'en arrons ne croix ne pile.
> — Ou sont les cens et deux cens mille
> Escus, que nous avions en pile,
> Quant chascun avoit bien du sien ?
> — J'ay dueil que vieulx villains ternys
> Soient d'or et d'argent si garnis,
> Et mignons en ont tant besoing !
> ... — Avez vous toujours l'eritaige
> De Baillevent ? — Ouy — J'enraige
> Qu'en Mallepaye n'a vins, blez, grains.
> ... — Quant a moy, je me determine
> D'entrer chez voisin et voisine
> Et d'aller veoir se le pot bout.

Ainsi causent ces deux gaillards

> Adventureux comme Suysses
> A Nancy [1], sur les Bourguignons.

L'entretien fini, ils s'en vont « la plume au vent » chercher butin en vrais oiseaux de proie.

> — Ou ung franc couraige s'emploie
> Il treuve a gaigner — Querons proye.
> — Desquelz serons-nous ? — Des plus fors.

A côté des gueux à rapière, voici telle farce où sont mis en scène les gueux sans cape et sans épée, les gueux populaires ; les uns geignant sur leur misérable sort ; les autres plus heureux, qui croient avec Montaigne que « les gueux ont leurs magni-

---

[1] La bataille de Nancy est de 1477. Le *dialogue* n'est probablement pas de beaucoup postérieur.

ficences et leurs voluptez comme les riches ». Ainsi le Pauvre content de la Farce des deux Savetiers. Le Riche l'ennuie de ses conseils :

> — Amasse pour quand seras vieux.
> — Je boy, et suis tousjours joyeux.
> — D'argent vient plaisance mondaine.
> — Douleur aussi, travail et peine.
> — Argent fait avoir maints esbats.
> — Souvent aussi faict dire : Hélas !
> — Quiconque a cent escus comptant
> Il peut galler, gaudir et rire.
> — Par sainct Jehan ! je n'en ay pas tant,
> Et si, ne boy pour tant du pire.

Dans la farce du *Pâté et de la Tarte* on trouve une peinture moins riante des misérables.

Deux *coquins*, c'est-à-dire deux pauvres truands affamés et nus sont en scène, dialoguant sur leur misère. Le début saisissant eût inspiré Gavarni :

> Ouyche ! — Qu'as-tu ? — Si froyt que tremble,
> Et si n'ay tissu ne filé.
> — Sainct Jehan, nous sommes bien ensemble !
> Ouyche ! — Qu'as-tu ? — Si froyt que tremble !

Ce ton ne se soutient pas : le théâtre du moyen âge étale la misère pour exciter non la compassion, mais le ridicule. Après s'être promis de partager le butin, les deux « coquins » s'en vont en chasse. Ils entendent un pâtissier qui, s'en allant dîner en ville, donne l'ordre à sa femme de remettre un pâté d'anguilles au messager qu'il lui enverra. Quelques moments s'écoulent, l'un des compagnons se présente à la femme, réclame le pâté d'anguilles, l'obtient sans peine et va le partager avec son camarade.

Cependant le pâtissier qui n'a pas trouvé ses convives, revient dîner avec sa femme. Il apprend que le pâté n'est plus à la maison, se met en grand'colère et bat la pâtissière.

« Le pâté était *faſelu* » (léger), dit l'un des coquins à l'autre. J'ai vu dans la boutique une belle tarte. Va donc la chercher. »

L'autre y va et au premier mot qu'il dit à la femme, le pâtissier, qu'il n'avait pas aperçu, fond sur lui et le roue de coups. Il crie et avoue tout le stratagème. On lui pardonne, à condition qu'il amènera son compagnon. Il n'y manque, et retourne dire au second coquin : « La femme ne veut donner la tarte qu'à celui qui a reçu le pâté. » — Soit ; l'autre y court bien vite. Mais quels coups il attrape, et du mari et de la femme, qui lui rend ceux qu'elle a reçus. Quand il rejoint son camarade :

> A, faulx trahistre deloyaux,
> Tu m'as bien fait aller meurdryr !
> — Et ne devois-tu point partir [1],
> Aussi bien au mal comme au bien ?

Cette innocente « pochade » n'a pas une grande

---

[1] Avoir part.

portée comique ; mais nos farces ne prétendent que par exception à traiter les hautes questions sociales. Tous les petits métiers de la rue ou de l'échoppe y sont passés en revue sans autre objet que l'agrément d'une peinture fidèle.

Voici le « Porteur d'eau » qui s'est cru épris d'une belle fille et l'a demandée en mariage ; mais il se ravise et, le soir des noces, il s'enfuit avec les cadeaux, un manteau d'emprunt, quelques écus pris à sa femme, et sans payer les violons qui se gourment avec les conviés. Voilà le « Vendeur de livres », qui s'époumone à crier les titres alléchants de cent sortes de facéties, mêlées à quelques livres de piété. Voilà le beau Colin, qui a séduit une jeune fille et qu'on traîne devant l'Official, pour le contraindre d'épouser. « Par la croix Dieu », dit la mère,

> J'aymeroys myeulx
> Luy avoir crevé les deulx yeux
> Que je n'en eusse la raison.

Le beau Colin épousera Marion, et paiera cent sous d'amende. Un témoin Guillot-des-Noix s'est trouvé à propos pour jurer que Colin avait promis le mariage.

Puis c'est le monde assez vilain des serviteurs de maison. Si nous ne savions que la farce noircit un peu tout ce qu'elle touche, nous pourrions croire qu'on s'est mépris sur le compte des domestiques du bon vieux temps. La farce les peint avides, gourmands, voleurs, infidèles ; toujours médisant du maître, et se moquant de lui ; si le ménage est divisé, ils ne manquent pas de servir les vices du plus méchant, en faisant bien payer leur complicité[1]. Certains traits, peints complaisamment, reparaissent dans plusieurs farces ; par exemple, l'avidité, la goinfrerie des nourrices à gages. Les « chamberières » se plaignent

> Qu'en effet c'est le plus d'affaire
> Que l'on ayt que de leur complaire.

Et la nourrice elle-même en dégustant le vieux vin se demande :

> Se nostre maistre et la maistresse
> Ont si bon temps que nous avons!

Il faut cela pour la santé :

> Tant ay mal au cueur au matin ;
> Se je ne boy troys doigts de vin,
> Je ne fais bien de la journée.

Il faut nommer à part un certain nombre de monologues, exclusivement consacrés à faire la description d'un petit métier, et l'énumération des mille et un talents de celui qui l'exerce, ordinai-

---

[1] Farce des Chamberières, Debat de la Nourrice et de la Chamberière, Farce de Tout-Ménage, Besogne-Faite, la Chamberière et le Fou.

rement d'un valet ou d'une chambrière ; d'un bateleur ou d'une « batelière ». Cette donnée, plusieurs fois reprise, paraît n'avoir jamais lassé la curiosité des spectateurs [1].

La plupart du temps les héros de ces monologues sont des coquins prêts à toutes les besognes, et même aux besognes honnêtes ; mais ils préfèrent peut-être les autres. Ils ne cachent pas eux-mêmes leur friponnerie :

> Touteffoys quoy que je vous die,
> Gardez vos bources, bonnes gens ;
> Qui bien les garde, il faict grant sens.

D'ailleurs leurs divers talents ne les ont pas enrichis :

> Je vous signifie, bonne gent,
> Que logé suis au *Plat d'argent*.
> Je n'ay rien, s'on ne me le donne.

*Le Plat d'argent*, jeu de mots mélancolique qui revient sans cesse dans les facéties du moyen âge. C'est l'Auberge des Bourses Plates.

Le « Monologue nouveau et fort récréatif de la fille batelière » est une pure parade, et cette pièce était débitée sans doute aussi bien sur les voitures des charlatans que sur les tréteaux des farceurs :

---

[1] La Chambrière à louer à tout faire, le Clerc de Taverne, maître Hambrelin, le Varlet à louer à tout faire, Watelet de tous métiers.

La « fille batelière » a été la « chambrière d'un bateleur » ; elle a vendu sa panacée par tout le monde, et surtout en Normandie (elle nomme vingt localités voisines de Rouen). Elle mêle à son *boniment* les tours d'adresse d'un chien savant « vestu de quelque toylle de couleur ». Ainsi que d'autres morceaux non moins effrontés, ce monologue finit singulièrement par une prière :

> Je pry Jhesus qui a tout faict
> Qu'il preserve cette assistence.

Parmi ces monologues qui sont comme le programme comique d'un métier populaire, citons celui du « Clerc de Taverne » qui s'appellerait aujourd'hui le Garçon de Café. Avec quelle conviction il fait l'éloge de ces cabarets précieux, où tous biens se rencontrent :

> Avez vous soif? vous y burez.
> Av'vous faim? vous y mengerez.
> A-t-on froit? on s'y chauffera.
> Ou chault? on s'y rafreschira.
> Pain, vin, feu, et tout bon repos,
> Bruyt de chopines et de potz,
> De tasses d'argent et vesselle ;
> Et, quant on en part, on chancelle,
> Et est on parfoys si joyeulx
> Que les larmes viennent aux yeux,
> Plus grosses que pepins de poire.

On y joue aux cartes, aux dés ; on y conte fleurette à la femme du tavernier. On y fait les dîners fins bien plus aisément que chez soi ; à la maison, les femmes se fâchent pour la moindre dépense. Où ferait-on, sinon à la taverne, les grands repas de corporation,

> Quant ung quidam receu veult estre
> A chief d'œuvre pour estre maistre.

Le monologue est, de sa nature, presque vide d'action et très peu dramatique. Un caractère tout opposé marque un grand nombre de farces qu'on pourrait nommer de pures parades, car le style et le dialogue y ont fort peu d'importance ; et tout l'agrément qu'elles purent jamais avoir est dans les jeux de scène qui les accompagnaient. Ce genre de farces a dû précéder tous les autres ; celles que nous possédons ne sont pas plus anciennes que le reste du vieux répertoire ; mais elles ne doivent pas beaucoup différer de ces improvisations bouffonnes où se complaisaient la verve et l'insolence des jongleurs aux premiers temps de notre théâtre comique.

Le nom de *parades* que nous leur appliquons est un peu trop récent ; puisqu'il nous est venu d'Italie au XVIe siècle ; mais il représente bien le caractère des pièces dont nous parlons ici. Il n'y faut chercher ni la finesse ni la profondeur. Les coups de pied, les coups de poing, les coups de bâton y remplaçaient l'esprit avec avantage.

C'est un aveugle et son « varlet », qui vont demander l'aumône à une tripière, elle reçoit fort mal « les povres membres de Dieu ». Ils veulent lui voler un boudin. Elle les met en déroute par de vigoureux soufflets. Voilà toute la pièce [1]. *Maître Mimin le goutteux* est peut-être un peu moins plat. Il jette les hauts cris contre sa goutte qui le torture : il ordonne à son valet de courir chercher un médecin. Le valet ne se hâte pas, il lit un livre qui l'intéresse, les *Chroniques gargantuines;* (ce livre fameux qui donna peut-être à Rabelais l'idée de son roman, parut vers 1526). De plus, le brave homme est sourd ; on lui demande l'apothicaire, il entend le vicaire. Il sort, il rencontre un chaussetier et lui dit : Où est le presbytère ? Le chaussetier, qui n'est pas moins sourd, croit qu'on a besoin de ses services, et suit le valet jusqu'à la maison du goutteux auquel il prend mesure d'une paire de chausses, malgré les cris du patient. Le malentendu est complet et assez grotesque.

La farce d'« Un chaudronnier », sans être beaucoup plus fine, bien jouée par de bons mimes, pouvait être vraiment plaisante. Un mari met sa femme au défi de se taire et de rester immobile aussi longtemps que lui. Voilà nos gens de pierre,

---

[1] Un Aveugle, son Varlet et une Tripière.

comme deux statues. Passe un chaudronnier en quête d'ouvrage ; il voit les deux entêtés, et veut les tirer de leur rigidité. Il coiffe le mari d'un chaudron, lui barbouille de noir la face, lui met une grande cuiller dans la main. L'homme ne rit ni ne bouge. Le chaudronnier passe à la femme ; et changeant de manière, il va pour l'embrasser. Le mari s'émeut, et tout en criant : « Le diable te puisse emporter », donne au galant un coup de cuiller sur la tête. « Notre-Dame ! vous avez perdu », dit la femme avec sang-froid. Le mari en convient et, sans trop de rancune, emmène sa femme et le chaudronnier boire à la taverne [1].

Ailleurs, ce sont des scènes de marché, des querelles de poissardes, qui finissent par s'arracher les cheveux après s'être jeté à la figure tous les poissons de leur étal, et toutes les injures de leur vocabulaire. De telles pièces ne pouvaient avoir d'autre mérite que celui de reproduire fidèlement l'aspect

---

[1] Tout n'est pas aussi plaisant dans ce genre de la parade pure. Rien de plus inepte que l'*Arbalète ;* on dit au *Sot* qu'il faut, pour être savant, mûrir sa pensée, dévorer des livres, et parler *à trait* (à propos). Là-dessus il enveloppe sa tête comme un melon, mâche un morceau de papier, et fait une harangue à une flèche d'arbalète. — La sottie du *Roi des sots* est toute en jeux de mots et en calembours. Un personnage *qui rapporte* s'y promène avec des rats dans sa hotte ; c'est un *rats-porteur*. — La sottie des *Trompeurs* n'est pas plus forte. A un signal donné, les *Sots* qui la jouaient riaient tous en même temps, puis pleuraient tous ensemble : tout cela ne valait que par le jeu.

journalier de la rue et du carrefour. Les esprits délicats demanderont toujours autre chose au théâtre que la copie servile et vulgaire de la réalité; mais on ne peut nier que cette fidélité dans la peinture de la vie, n'ait trouvé, de tout temps, faveur auprès des spectateurs naïfs. Même, il arrive parfois que ce genre est le dernier qui plaise encore à certains esprits que l'excès du raffinement littéraire a conduits au dégoût de la littérature [1].

Comme toute comédie populaire, la farce a ses personnages traditionnels qu'elle fait reparaître dans des rôles différents, avec des traits analogues. Ils sont moins nombreux toutefois et leur physionomie est moins tranchée que dans la comédie italienne populaire, où, comme on sait, les types étaient fixés et ne variaient jamais.

Le plus remarquable personnage traditionnel dans la Farce est le *Badin*. La sottie a ses *galants* et ses *sots*; la farce a le *badin* [2].

*Sot* et *badin*, dans mainte farce, jouent le rôle

---

[1] Il est inutile de rappeler autrement que par leurs titres quelques autres farces, très plates, du même genre : *le Sourd et l'Ivrogne*, *l'Obstination des Femmes*, *Guillerme qui mangea les figues*, *le Marchand de Pommes*, *l'Appointeur et le Sergent*, etc.

[2] A la fin ces distinctions disparurent ; le *badin* cessa de s'opposer au *Sot* ou *Galant* : on lit dans Guillaume Bouchet : « On convia ce soir-là les Enfants-sans-Soucy avec leur badin qui promit de bien badiner. » Mais dans la sottie des *Sobres-Sots*, les *Sots* affectent encore de se préférer au Badin.

capital, et, si l'on en croit Rabelais, ce personnage était confié au plus habile joueur : « Nous voyons entre jongleurs à la distribution des rolles, le personnaige du Sot et du Badin estre toujours representé par le plus perit [1] et parfaict joueur de leur compaignie [2]. »

Nous connaissons le *Sot*. Mais qu'est-ce que le badin? En bas latin *badare* signifie rester la bouche béante; d'où *badaud* et *badin* qui ne sont pourtant pas la même chose, quoiqu'il y ait bien un peu du *badaud* dans le badin. Le badin personnifie la jeunesse abandonnée à la nature; un peu crédule, parce qu'elle est ignorante; et pourtant fine, parce qu'elle est naturellement malicieuse. Selon les jours et les occasions, le badin sera stupide ou rusé; mais quand il est stupide, on est tenté de croire qu'il le fait exprès; et quand il est rusé, on ne saurait dire s'il l'est par calcul ou d'instinct. Au fond, c'est un gamin qui n'est plus un enfant; il tient un peu du singe; toujours preste, agile et léger, mais capricieux, malin, méchant même; et quelquefois obtus par entêtement, comme un singe.

Il a la langue dorée; il est grand séducteur. Jean de Lagny, badin, a trompé trois filles de village, Tretaulde, Perrette Venez-tôt, et Olive; en leur

---

[1] Habile.
[2] Tiers livre, ch. XXXVII.

promettant le mariage. On le traîne devant le Juge ; il sort de là blanc comme neige, ayant si bien embrouillé l'affaire que le Juge condamne un témoin à sa place.

Mais le plus souvent le badin fait l'imbécile, et c'est encore son plus sûr moyen d'exciter le rire du public [1]. C'est Mahuet, badin, natif de Bagnolet, village dont le nom prêtait à rire, nous ne savons pourquoi ; mais nous avons vu plus haut *le Franc-Archer de Bagnolet*. Sa mère l'envoie à Paris pour vendre sa crème et ses œufs ; mais il ne les donnera qu'*au prix du marché*. On veut les lui acheter : « Je ne les donne qu'*au prix du marché*, dit-il. — Mais, dit un mauvais plaisant, c'est moi, le prix du marché. — Alors, prenez, je vous les donne. » On devine s'il est bien reçu par sa mère, Mahuet, qui rentre au logis sans œufs, sans crème et sans argent.

Presque toujours le badin est lâche ; ce qui lui attire plus d'une mésaventure. Tel est le pauvre Phlipot, de qui trois *galants* (ou trois *sots*) font leur souffre-douleur. On lui persuade ainsi de se

---

[1] Voir par exemple la farce de *la Bouteille ; Messire Jean et la Mère de Jaquet badin ; la Mère, le Compère, Jouart et l'Ecolier ; le Mari, la Femme, le Badin qui se loue ; la Femme, le Badin, le mari et deux voisins ; Pernet qui va au vin ; le Meunier et le Gentilhomme ; Jenin, fils de Rien ; Jeninot qui fit un Roi de son chat*.

faire gendarme, quoiqu'il soit bien peureux dans l'âme. A peine habillé, Phlipot, tout comme un autre, vexe et pille le paysan. Mais le jeu va changer, l'ennemi approche ; Phlipot s'inquiète et dit tristement :

> Je vouldroys bien estre cheulx nous.

Les galants s'amusent de sa peur.

> L'artillerye est dangereuse ;
> Car elle housse [1] a tous costes ;
> Pouf, pif, pouf, paf, c'est grand dangier.

On le fait coucher à terre, pour éviter les boulets ; il s'endort en disant :

> O ! que voecy un mauvais lict.

A peine est-il endormi, que les mystificateurs fondent sur lui en criant : Tue ! tue !

> Tuer ! qui vive ! je me rens,

crie Phlipot ; il crie tout ce qu'on veut : « Vive Angleterre ! Vive Espagne ! Vive France ! » à la fin : « Vivent les plus forts ! » mais il n'échappe pas aux coups qui pleuvent sur lui de tous côtés.

Ailleurs, le badin joue un rôle moins niais en face de trois autres Galants (farce de *Trois galants et un badin*). Ils veulent s'amuser de lui, mais il n'est pas si sot qu'il paraît. « Serais-tu pape

---

[1] Housser, balayer (houssoir, balai de houx).

volontiers, Naudin ? — Il dit oui d'abord ; il dit non à la réflexion.

> Se je venoys a estre pape,
> Et que j'alasse en la bataille,
> On y frape d'estoq, de taille,
> Ainsi que malheur vient a coup ;
> Y ne fauldroit c'un meschant coup
> De canon, qui trop pince et mord ;
> Petouf! voyla le pape mort !
> Et Naudin tout ensemblement.
> ... J'ayme trop mieux estre badin.

— Eh bien, Naudin, si tu étais Dieu? — Cette idée sourit à Naudin : la sainte Vierge serait sa femme, et sainte Catherine, sa sœur. Il donnerait aux trois galants la place des saints Pierre, Paul et Barthélemy. Il mettrait en enfer tous les sergents d'abord; puis tous les marchands de bois, les maquignons, les gens de guerre, les boulangers, les meuniers. Au ciel iraient les bons buveurs et les ménétriers ; les femmes aussi, du moins les bonnes ; mais après qu'on les aurait rendues muettes. On boirait du vin de Beaune au ciel, et sur terre on ne se battrait plus :

> Car les canons et les bombardes
> Les piques et les halebardes
> Seroyent tout de sucres candis[1].

---

> J'y vois de gros gardes,
> Cuirassés de bardes,
> Portant hallebardes
> De sucre candi.

[1] (Béranger, *Voyage au pays de Cocagne*). Singulière rencontre d'expression.

Dans une froide analyse tout cela n'est pas bien fort. Mais le jeu de scène a fait valoir, dans tous les temps, des plaisanteries qui n'étaient pas plus fines; certaines faces gravement niaises donnent du prix à d'insignifiantes bêtises. Brunet, qui fut illustre au commencement de ce siècle, aurait peut-être fait rire encore dans le rôle du Badin. *Jeannot* et *Jocrisse* qui ont tant charmé nos grands-pères étaient-ils beaucoup plus fins que *Mahuet, natif de Bagnolet ?* De notre temps, plus d'une fois on a vu tout Paris et la fleur de l'Europe se presser dans une salle étroite pour entendre et voir une ineptie à la mode, mais, d'ailleurs, absolument stupide. Chaque siècle prend en pitié les amusements du siècle précédent, et court lui-même à d'autres amusements qui paraîtront mortellement plats et ridicules après une génération écoulée.

# CHAPITRE VI

## SATIRE DE L'AMOUR, DES FEMMES ET DU MARIAGE

L'ancienne comédie française est foncièrement hostile aux femmes, incrédule à l'amour, irrespectueuse envers le mariage.

Il n'en faudrait pas conclure qu'il n'y eût au moyen âge ni femmes honnêtes, ni amours sincères, ni mariages heureux. A toute époque, les vices et les ridicules que la comédie attaque de préférence, ne sont pas les plus répandus ; mais au contraire ceux qui choquent le plus vivement, peut-être parce qu'ils sont rares.

Au moyen âge l'esprit comique et satirique est une réaction contre l'esprit qu'on pourrait nommer poétique et chevaleresque. Celui-ci avait fort idéalisé la femme et l'amour. La satire et la comédie s'attachèrent à dénigrer et à rabaisser l'une et l'autre.

Les femmes furent donc maltraitées cruellement dans les farces et les sotties. Notre répertoire comique offre au plus quatre ou cinq exceptions. Dans la farce du *Vieil amoureux* et du *Jeune amoureux,* l'auteur a donné raison au dernier; qui, naturellement, croit que toutes les femmes sont des anges; tandis que le vieux routier, prompt à maudire, sur le tard, ce qu'il a trop aimé dans le vert de l'âge, déclare qu'elles sont toutes des diables ; mais à la fin, le vieux cède aux raisons du jeune et s'avoue vaincu, ou du moins réduit au silence. Il est vrai que le Jeune Amoureux n'a pas seulement vanté l'amante, il a trouvé de jolis vers pour louer la femme dans toutes les conditions de sa vie, et célébrer, par exemple, le dévouement maternel :

>    Or ça, qui nous a eslevés,
>    Nourris petis, alimentés,
>    Vestis, et lavés, et frottés,
>    Tenus nets, et de corps et d'ames ?
>    Respons. — Et ç'ont esté les femmes.

Voici une autre exception ; voici un gracieux chant d'amour égaré dans nos farces ; c'est le spirituel dialogue de *Deux amoureux recréatifs et joyeux,* œuvre exquise de Clément Marot. Au milieu de tant d'ouvrages médiocres ou vulgaires, ce court morceau, finement travaillé par la main d'un grand poète, brille d'un vif éclat.

Deux amoureux, jeunes tous deux (l'un peut-être un peu moins que l'autre), se font confidence de leurs amours. Celui-ci s'est épris de sa belle, s'il faut l'avouer, à l'église et le jour de Pâques :

> Tu dois savoir
> Que tousjours, a ces grans journées,
> Les femmes sont mieux attournées
> Qu'aux aultres jours ; et cela tente.
> O mon Dieu ! qu'elle estoyt contente
> De sa personne ce jour la !

Suit une description agréable et curieuse de la toilette de cette belle :

> Elle vous avoit un corset
> D'un fin bleu, lassé d'un lasset
> Jaulne, qu'elle avoit faict exprès ;
> Elle vous avoit puis après
> Mancherons d'escarlatte verte,
> Robbe de pers [1], large et ouverte,
> (J'entends a l'endroict des tetins ;)
> Chausses noires, petis patins,
> Linge blanc, ceincture houppée,
> Le chapperon faict en poupée,
> Les cheveux en passe fillon [2],
> Et l'œil gay en esmerillon,
> Soupple et droite comme une gaule.

Pourquoi faut-il qu'elle soit impitoyable autant que jolie ? Le pauvre amoureux se désespère, en

---
[1] Drap bleu foncé.
[2] Frisés au fer.

contant tout ce qu'il a fait pour fléchir la belle sans obtenir le moindre regard. « Il fallait donc offrir des bijoux et de l'argent », dit le camarade qui connait son siècle :

> Telz dons, telz presens servent mieulx
> Que beaulté, sçavoir ne prieres.
> Ils endorment les chamberieres,
> Ils ouvrent les portes fermées.
> Comme s'elles estoient charmées ;
> Ils font aveugler ceux qui veoyent,
> Et taire les chiens qui aboyent [1].

Ce sceptique croit à l'amour, mais seulement dans le mariage :

> Ouy, car je sçay seürement
> Que ceulx qui ayment autrement
> Sont voulentiers touts marmiteux ;
> L'ung est fasché, l'aultre est piteux,
> L'un brusle et art, l'aultre est transy !
> Qu'ay-je que faire d'estre ainsy ?

Cet ami des joies tranquilles épousera, l'an qui vient, sa petite voisine ; elle aura quinze ans tout juste ; et, en attendant l'âge, il fait sa cour à bon marché, donnant ;

---

[1] Ces jolis vers de maître Clément n'ont pas été perdus pour La Fontaine :
> On ne doit plaindre un métail qui fait tout,
> Renverse murs, jette portes par terre,
> N'entreprend rien dont il ne vienne à bout,
> Fait taire chiens et, quand il veut, servantes,
> Et quand il veut, les rend plus éloquentes
> Que Cicéron, et mieux persuadantes.
>                     (*Le Faucon*.)

> Ung tas de petis afficquetz
> Qui n'estoient pas de grand valeur,
> Quelque ceincture de couleur,
> Au temps que le Landit venoit.

Son compagnon, livré aux folles amours, le trouve sage, mais je ne sais s'il envie cette sagesse :

> Je puisse mourir, compaignon !
> Je croy que tu es plus heureux
> Cent foys, que tu n'es amoureux.

Si peu galante que fût la farce, elle avouait quelquefois que pour polir un honnête homme, il n'est rien tel que d'aimer une honnête et jolie fille. Témoin l'écolier Mimin, dont les pédants gâteraient l'esprit si l'amour ne le venait guérir. Maître Raulet, son père, l'a mis à l'école pour qu'il y apprît le latin jusqu'à son mariage. Mimin a si bien profité

> Qu'il ne parle plus le françois.
> On n'entend non plus qu'un Anglois
> Ce qu'il dit.....

Raulet, sa femme, avec la fiancée de Mimin et le futur beau-père, s'en vont chez le maître d'école pour mesurer le désastre. Le magister est en train d'interroger Mimin, qui répond dans un latin burlesque ; son professeur l'admire :

> Comme il fait ce latin trembler !

Les visiteurs arrivent. Mimin les salue dans son jargon. Les supplications n'y font rien ; on ne peut lui arracher un mot de français. Il consent à embrasser sa fiancée, mais il la complimente en latin. Lubine, la mère, est furieuse ; elle propose de mettre son fils en cage pour lui apprendre à parler comme on serine les petits oiseaux. L'idée est bien accueillie. Voilà maistre Mimin sous mue. Les hommes veulent lui faire la leçon, mais ils n'arrivent à rien. Les femmes les écartent, et la mère d'abord, puis la fiancée se mettent à l'œuvre. Miracle ! Maître Mimin répond en pur français aux douces leçons de la belle :

— Or dictes : M'amye, ma mignonne,
— Or dictes : M'amye, ma mignonne,
— Mon cueur et m'amour je vous donne.
— Mon cueur et m'amour je vous donne.

Le magister émerveillé s'écrie sentencieusement:

Il n'est ouvrage que de femme.

Nous verrons tout à l'heure comment la farce aime à donner tort aux femmes, toutes les fois qu'elle met en scène un ménage malheureux. Une seule pièce fait exception à la règle, mais cette pièce est l'œuvre d'une femme, de Marguerite d'Angoulême. L'aimable Reine de Navarre fut rarement mieux inspirée ; on ne trouve dans son théâtre rien qui approche de cette *comédie* sans titre, dont les personnages sont : deux jeunes filles, deux femmes mariées et une vieille.

La première fille est une belle insensible qui vante le bonheur de sa virginité dédaigneuse. La seconde fille préfère la joie d'être aimée à celle de l'indépendance ; elle soutient d'ailleurs qu'on est libre en servant ce qu'on aime. La première femme n'aime pas son mari qui la maltraite, mais elle lui demeure fidèle par honneur. La seconde femme aime trop un mari dont elle n'est pas aimée, et la jalousie la torture.

Arrive une vieille de cent ans, veuve depuis plus d'un demi-siècle. Toutes quatre lui content leur histoire et lui demandent conseil. La vieille dit à la femme maltraitée : que si son mari est incorrigible, il faut se consoler en aimant ailleurs. A la femme jalouse : qu'il faut n'aimer le sien qu'autant qu'elle en est aimée, et le traiter comme il la traite. La fille insensible lui déclare qu'elle est fort heureuse et ne demande rien à l'amour : elle le dit dans un rythme léger, sautillant, que nos farces rarement emploient :

> Quand j'ay ouy parler,
> Venir et aller
> Ces folz amoureux,
> Je me prens a rire,
> Et a part moy dire :
> Qu'ilz sont malheureux !
> Fy d'affection !
> Fy de passion,
> Qui le cœur tourmente !

> Mon cœur est a moy;
> Je n'ay mis ma foy
> En don ni en vente.

La vieille lui répond : que son orgueil s'abaissera et qu'elle aimera passionnément le premier qu'elle trouvera digne de son amour :

> Amour est un fin et faux ange,
> Qui trescruellement se venge
> De ceux qui de luy n'ont fait compte ;
> Car un orgueilleux craint la honte.
> Plus il vous voit, honneste et belle,
> Envers luy cruelle et rebelle,
> Plus il desire droit frapper
> En vostre cœur, et l'attrapper ;
> Ce que jusques icy n'a fait,
> N'ayant trouvé nul si parfait
> Qui meritast vostre amytié.
> Si une fois vostre moytié
> Amour met devant voz beaux yeux
> Onques personne n'ayma mieux
> Que vous ferez, j'en suis certaine.
> Ce sera la bonté haultaine
> Qui par le temps y pourvoyra.
> Jusques la l'on ne vous verra
> Aymer ; car vous estes trop fine,
> Je le voy bien a vostre myne ;
> Car de rien ne faites semblant.
> Amour qui va les cœurs emblant,
> Et le temps, qui doucement passe,
> Sans que vostre vertu s'efface,
> Vous feront changer de propos ;
> Troubler le cœur, battre le poux,
> Et sentir le doux et l'amer
> Que l'on peult souffrir pour aymer.

A la jeune fille amoureuse qui, naïve, s'abandonne à la joie d'un amour vertueux et fonde son bonheur sur le mariage, la vieille dit tristement l'incertitude et la brièveté de l'amour et du bonheur :

> Fille, vous me faites pitié !
> Car vostre grand contentement
> Ne sçauroit durer longuement.
> Le cœur d'un homme est si muable ;
> Le temps est si tresvariable ;
> Les occasions qui surviennent,
> Les paroles qui vont et viennent,
> Qu'impossible est qu'Amour soit ferme,
> Combien qu'il le jure et afferme.
> Las ! ma fille, il m'a bien menty !
> Il me presenta un party,
> Au printemps de ma grand jeunesse,
> Tel qu'au ciel n'y avoit deesse
> A qui j'eusse changé mon lieu.
> Mon amy j'aimois, plus que Dieu ;
> Et de luy pensois estre aymée,
> Dont de nully n'estois blasmée.
> Or voyez que le temps m'a fait.
> Un serviteur si très parfait
> Il m'a osté, sans nul respit ;
> Dont j'ay souffert si grand despit
> Que, soixante ans a, le regrette.
> Vieille je suis, mais je souhaite
> Souvent le bien que j'ay perdu.
> Mon malheur avez entendu
> Qui de mon cœur n'est arraché.
> Vous n'en aurez meilleur marché :
> Car le temps, qui vous fait present
> D'aise et de plaisir a present,
> Ainsi qu'il a d'amour le feu
> Dans vostre cœur mis peu a peu,
> Ainsi, peu a peu, l'estaindra ;
> Dont telle douleur vous tiendra
> Vostre esperit et vostre corps,

> Que l'ame en saillira dehors,
> S'elle n'est de Dieu arrestée.
> Helas, je vous voy apprestée
> De souffrir autant de tourment
> D'amour que de contentement!

Ainsi ces gracieux vers sont une apologie discrète du cœur féminin ; ils nous montrent les femmes toujours malheureuses et, dans leur malheur, plus dignes de pitié que de blâme[1]. Mais

---

[1] La même idée, mais avec une intention secrètement satirique, a inspiré la farce des *Malcontentes* : la jeune fille arrive en chantant :

> Las ! quant serai-je maryée ?...
> Je suys en la fleur de jeunesse,
> Et sy je n'ay poinct d'amoureulx ;
> J'ey bien des ans quinze ou quatorze,
> Au plus; c'est le poinct d'arager.

On remarquera la précocité du moyen âge ; les héroïnes des chansons de geste n'ont souvent même que douze ans.

La *mariée* entre et pousse de bien autres plaintes :

> A ! fille folle, desvoyée,
> Souhaités vous avoir mary ?

Et elle lui fait la plus triste peinture du mariage et des maris. La fille interroge sur ce qui la touche le plus : la toilette.

> Et quant il voyt la queue troussée
> Large, espanye, damassée,
> Et les beaux pougnez de velours,
> Que dict-il ? — Il en est jaloux.
> — Les chaines tant bien avenantes,
> Et ces cordelieres trainantes
> Un pié au dessoubz des genoulx,
> Qu'en dict-il ? — Il en est jaloux.

Entre une veuve, qui se fait raconter l'histoire des deux *malcontentes* : hélas ! elle n'est pas plus heureuse que la mariée ou que la fille : elle avait un mari parfait, mais il est mort. Les trois femmes se lamentent ; la jeune crie qu'elle veut un mari ;

c'est une femme qui les a écrits ; et maintenant nous en avons fini avec le bien qu'a dit quelquefois des femmes la comédie du moyen âge.

A présent, les ruses des amantes, les perfidies des épouses, la niaiserie des maris trompés vont seules occuper la scène et s'y étaler longuement avec une complaisance inépuisable.

Si vous pressez un peu le poète pour connaître la cause de sa sévérité, il vous dira peut-être crûment « que les femmes ne valent rien ». Voyez la farce allégorique des « Femmes qui veulent aller à l'école » ; on les adresse à *Faire-bien,* mais celui-ci n'en peut rien tirer ; elles ne veulent écouter qu'un maître dont le nom dit la qualité : c'est *Folconduit.*

> Ainsi se veulent gouverner
> Toutes femmes par Folconduit.
> Nulle science ne leur duit ;
> Verité leur est adversaire ;
> Science ne les peut attraire

la mariée qu'elle se vengera du sien, dût-elle prendre un amant ; la vieille pleure le défunt.

Arrive la Religieuse ; les trois autres vantent son bonheur, mais bien à tort : c'est une quatrième *mal contente.*

> Le voyès-vous ce maistre froq ?
> Je le gecteroys aux ortyes.
> ... Quoy ! nous sommes plus amortyes,
> Plus pasles, plus defigurées,
> Entre nous, povres enmurées,
> Que se l'ame estoyt hors du corps
> ... Mourir puist-il de male rage
> Qui me mist en religion

A se taire, ou a peu parler ;
D'ailleurs veulent toujours aller
Par ville, ou en pelerinage.

La femme, telle que ce théâtre l'a dépeinte, n'est accessible qu'à un seul sentiment, l'amour; encore n'apporte-t-elle dans l'amour ni délicatesse ni dévouement, mais seulement l'ardeur des sens. Le plus aimé est vite oublié, s'il meurt ou s'il est absent. Voici une veuve de la veille, qui pleure chaudement le défunt. Mais en voyant son valet Robin, léger, preste et de belle humeur, elle essuie ses larmes et lui offre de l'épouser. L'accord conclu, le mort se représente à sa pensée; une voisine la console; et moitié riant, moitié pleurant, la pauvre femme tour à tour regrette le mari défunt et sourit au mari vivant. La scène est joliment conduite :

La Femme.

An, an, an, j'ay le cœur marry !

Robinet.

De quoy ?

La Femme.

De mon deffunt mary,
Du bon Roger, dont Dieu ait l'ame ;
Car c'estoyt le meilleur pour femme
Qui fust jamais desus la terre.

Robinet.

Il est mort.

La Femme.

Je ne le puys croire.

Toutes les nuictz, y m'est avys
Que je le vois la, vis a vis,
Et sy me monte en reverye
Que jamais ne me remarye.

### La Commère.

Ma commere, c'est grand folye
De s'en donner merencolye ;
Toutefoys, quant il en souvyent,
Pleurer et gemyr en convyent,
Pour s'acquicter envers nature.

### La Femme.

A ! la benigne creature
Que c'estoyt, et tant secourable ;
Un chascun l'avoyt agreable ;
Je crains bien, a changer, du pire.

### La Commère.

Ne craignez pas qu'il vous empire,
Toujours irés de mieulx en mieulx.
Robinet est assés joyeulx,
Tournant vite comme une meulle.
Ce n'est rien qu'une femme seulle,
Ma mye, un chascun la deboulte.

### La Femme.

Raison veult que je m'y reboulte,
Car Dieu m'en a amonnestee ;
Car des la premyere nuyctée
Qu'on sonnoyt pour le trespassé,
Dont le deuil n'estoyt pas passé,
J'ouys bien de nostre maison
Les cloches disant en leur son,
Incessamment, ce me sembloyt,
« Pren ton valet, pren ton valet. »

Voilà la constance des femmes! Il ne faut donc pas s'étonner si le mariage est dépeint dans mainte pièce comme une institution fâcheuse, et si féconde en maux de tout genre qu'on ferait toujours sagement de n'en point essayer. C'est l'avis qu'un prudent docteur donne, trop tard, au Nouveau Marié : « A quel sort dois-je m'attendre ? » demande la néophyte. L'oracle répond :

> Prends la, telle qu'elle viendra.
> Assés souffrir te conviendra.
> Dieu te doint[1] bonne patience !

« Si elle est jalouse, feins d'être jaloux toi-même. Si elle aime le vin, garde les clefs du cellier. Si elle est querelleuse, supporte-la. Si elle te trompe, hé bien ! crois et affirme toujours qu'elle est la plus sage des femmes. Tu veux aussi savoir si elle t'aime sincèrement : essaie de la contrarier. En somme, maintiens-la toujours

> En crainte, non trop rudement ;
> Mais entre deux, moyennement.

La conclusion n'est pas consolante :

> Tu seras homme plus martyr
> Que sainct Laurens qu'on fit rostir.

La victime répond sur un ton résigné :

> Puisque je suis en mariage,
> Dieu me doint estre fort et sage
> Pour supporter tous les tourmens !

---

[1] Que Dieu te donne.

Mêmes maximes chez l'auteur des « Maux du mariage », un « sermon joyeux », s'il faut en croire le titre. Maux de l'état de fiançailles, maux du jour du mariage et du lendemain, maux du temps d'accouchement, du baptême et des relevailles, l'impitoyable « prêcheur » n'en oublie aucun dans son sermon en trois parties. Mais il y a pourtant des biens, lui dira-t-on, dans le mariage. Oui, pour la femme [1] :

> ... Quant le jour des nopces est près
> Il fault semondre a pompe grande,
> Et achepter de la viande,
> Louer menestriers et farseurs,
> Maistres d'hostelz et rotisseurs,
> Avec la salle tapissée,
> Parée de mays et de jonchée ;
> Et puis fault donner aux parens
> Les plus prochains et apparens,
> Robes, pourpoinctz, chausses, bonnetz,
> Panthouffles, chapperons, corsetz ;
> Et aux filles de l'assemblée,
> Toute jour, chappeaulx et livrée.
> Ce n'est rien : mais tout couste argent.
> ... Encores convient il qu'il serve
> A table toute la caterve.
> Par quoy n'arreste en lieu ne place,
> Ne n'a de boire un coup espace,
> Mais est bien ayse s'en courant,
> Peult happer quelque demourant.

[1] Comparer *le Ménage et la charge de Mariage*, — *la Patience des Femmes*. Même brutalité dans le « sermon joyeux pour une noce » ainsi intitulé probablement par ironie, car il ne semble pas possible qu'en aucun temps on l'ait galamment débité devant une femme mariée du jour.

La noce finie, accourent tous les fournisseurs pour se faire payer :

> Tout l'argent de son mariage
> Prendra vollée, et s'encourra ;
> *Mais sa femme demourera !*

Quel enfer que le mariage, s'il fallait en croire les auteurs de nos farces :

> A foys, on regibbe, on s'y mort,
> A foys, on rit et on se joue,
> A foys, on donne sur la joue,
> Quant ung peu trop pres on s'approche ;
> A foys, on use de reproche,
> A foys, on rit ; a foys, on pleure.
> A foys, l'on dit : Mauldit soit l'heure
> Que jamais mariez je fus[1] !

La même satire du mariage est ressassée en vingt façons différentes, avec une verve intarissable. Voici la farce du « Pèlerinage de mariage ». Une vieille Pèlerine et deux jeunes s'avancent en chantant :

> Or allons a nostre voyage
> Que l'on appelle mariage.
> Jeunes filles en ont desir.

Arrive un vieux Pèlerin qui revient du pays de mariage, tout harassé d'un long et dur pèlerinage. On lui demande le chemin et des renseignements sur le pays : il en dit du bien et du mal, mais plus

---

[1] Farce des *Cris de Paris*.

de mal que de bien. Un jeune Pèlerin qui survient, tout enflammé pour ce grand voyage, se moque du vieillard.

> Sy ces vieulx en sont mal contens
> Fault-il les jeunes desgouster ?

Le vieillard n'est pas cru : jeunes pèlerines et jeune pèlerin continueront leur pèlerinage. Au moins, leur crie-t-il,

> ..... regardés quelle promesse
> Vous ferez devant qu'ouïr messe
> A la grand porte de l'eglise.

Ah! si l'on pouvait changer de femme !

> Changer ! vray Dieu ! a la male heure !
> S'on les changeoyt comme les mulles,
> Que de contraz, et que de bulles !
> Les taverniers auroyent bon temps.

Mais les jeunes gens n'entendent à rien ; et quoi que leur disent les vieux, ils courent tous s'engager dans ce mauvais chemin du mariage,

> *Ce chemin duquel on ne sort*
> *Que le plus foible ne soit mort* [1].

Il y avait de bonnes femmes au XVᵉ siècle, comme il y en a encore ; mais on n'en parlait pas au théâtre. La peinture d'un ménage uni n'offrait rien du tout de plaisant. Les maris heureux, comme les

---

[1] Ces deux jolis vers appartiennent à la farce : *Le Pèlerin, la Pèlerine*, etc., imitée du *Pèlerinage de Mariage*.

peuples, n'ont pas d'histoire. Sur la scène on étalera donc une grande variété de diables féminins; femme acariâtre et grondeuse; femme avare et revêche; et surtout femme trompeuse et dévergondée. Aucun type fâcheux ne manquera dans la collection. Plus rarement les mauvais maris feront les frais de la satire. Pourquoi? Peut-être parce que ce sont les hommes qui composent les farces. Peut-être aussi parce qu'une tradition injuste, mais établie, voulait que la femme trompée par son mari fût un objet de pitié; que l'homme, trompé par sa femme, fût un objet de risée. Nous avons changé tout cela; et l'on a vu souvent de nos jours le spectateur s'apitoyer sur le sort d'un honnête homme indignement abusé. Mais le moyen âge avait la pitié moins facile et la plaisanterie plus dure : nous l'avons dit ailleurs, et l'on nous permettra de nous répéter ici : « Le moyen âge ne craignait pas de tourner au comique des situations pénibles ou même atroces, dont nous ne pourrions supporter aujourd'hui l'horreur. Mais l'époque, sans être plus méchante qu'une autre, était dure à la souffrance, et peu accessible à l'attendrissement. Dans les farces on rit très souvent à gorge déployée de bien des choses qui de nos jours seraient mises en scène pour nous tirer des pleurs. Cette facilité à rire des misères de l'homme, le moyen âge l'a transmise, adoucie, mais non diminuée, d'abord à la Renaissance (qu'on se rappelle dans Rabelais l'histoire des Chicanoux, et celle du sacristain écartelé par Villon), ensuite, au XVIIe siècle. Il y a chez Molière, il y a chez Regnard des situations comiques qui sur la scène, dans notre siècle, deviendraient purement pathétiques. Est-ce à dire que nos cœurs soient plus sensibles, ou notre sensibilité plus emphatique [1] ? »

C'est peut-être seulement que la société, en vieillissant, s'est aperçue que les choses de ce monde ne sont pas, comme le semblait croire le moyen âge, absolument tristes ou gaies ; mais fort souvent mêlées de joie et d'amertume. On voyait dans les mystères l'héroïsme et la bouffonnerie s'étaler côte à côte sur la même scène ; mais remarquons-le bien, ils se heurtaient sans se mêler ; jamais une situation ambiguë n'était offerte au spectateur ; il riait et pleurait tour à tour, et presque en même temps ; mais il savait toujours, à chaque moment, s'il devait pleurer ou rire. Notre théâtre moderne offre, au contraire, des situations et des personnages complexes en eux-mêmes, c'est-à-dire à demi risibles, à demi dignes de pitié. La farce, encore bien plus que le mystère, ignorait ces raffinements ;

---

[1] Voy. nos *Mystères*, I, 277.

elle voulait rire franchement; et, quelquefois, devant les situations au fond les plus douloureuses, elle s'en donnait à cœur joie.

Prenons la farce de « Colin qui loue et dépite (maudit) Dieu en un moment à cause de sa femme ». Au début de la pièce, Colin laboure en chantant ; mais la besogne est rude, il voudrait bien être riche. Arrive sa femme qui lui crie : « De l'argent, Colin ; voilà le sergent « qui nous exécute ». De l'argent, Colin, pour m'acheter un chaperon. De l'argent, Colin, pour faire bouillir la marmite. » Flatteries, prières, menaces, rien n'y peut faire : Colin n'a plus un denier. Mais il s'ennuie enfin d'entendre une femme qui geint toujours et crie « de l'argent ». Colin tourne les talons et s'en va tout seul dans un autre pays.

La femme abandonnée s'assied sur un banc devant sa porte et se lamente. Un consolateur s'offre bientôt, que la farce appelle tout court « l'amant ». Il parle doucement, tendrement : il est refusé d'abord, mais il est écouté. A la fin, la misère, non l'amour, l'emporte.

L'AMANT.
Prenez en gré ce petit don
De vingt escus que je vous baille,
Et de Colin le bon preudon,
Vostre mary, plus ne vous chaille [1].

[1] Ne vous soucie.

Quelque temps passe. Colin reparait. Il n'a point fait fortune. « A peu que je ne suis tout nudz », dit-il en rouvrant sa porte. — « Avez-vous de l'argent, crie la femme. — J'ai faim et soif. — Buvez, voici de l'eau. » Colin médit de l'eau claire, en jetant un regard autour de lui. Quel changement dans son mobilier ! Mais d'où lui vient tout ce beau ménage ? « Colin, de la grâce de Dieu. — Ce ciel de lit, ces chaudrons, ces courtines ? — Colin, de la grâce de Dieu. — Il ne m'exauce pas si bien, moi. — Oui, mais je sais le bon coin de l'église, celui d'où il entend tout. » Colin accepte sa fortune et remercie le ciel. Mais quoi ! voilà jusqu'à un petit enfant qu'il n'avait jamais vu chez lui ! D'où peut-il bien venir ? « Colin, de la grâce de Dieu. » Cette fois, Colin va se fâcher ; la grâce de Dieu le comble. « Puisqu'à présent vous avez du bien, il vous fallait un héritier », dit la femme. Colin maugrée un peu ; mais que faire ? il faut tout prendre ou tout laisser.

Cette farce, malheureusement remplie de vers bizarres et de mots obscurs, est, d'ailleurs, fine, ingénieuse, et morale même, à sa façon. Chaque époque traite une même donnée par un procédé différent. De nos jours, on ferait un drame sur un pareil sujet : le drame de la femme pauvre, jetée par l'abandon dans le désordre. Le moyen âge traduit l'idée en farce ; il aime à regarder en riant jusqu'aux pires misères de la vie. Cela ne l'empêche point de moraliser. La farce de Colin se termine par une double leçon à l'adresse des maris et des femmes :

LA FEMME.

... Car j'eusse plus cher qu'on m'eust arse [1]
Que de mener meschante vie.
Pour ce, Messeigneurs, je vous prie
Que vos femmes n'abandonnez.

COLIN.

Bonnes dames, entretenez
Vos maris par bonne maniere,
Et trop fort ne les ransonnez
Pour faire trop de la gorriere [2].

La peinture des ruses des femmes, de leurs perfidies enjouées, de leurs caresses menteuses, s'étale en une interminable galerie, aussi variée par l'exécution que monotone par le sujet. Entre tant de pièces médiocres ou plates, faisons d'abord une place à part à une œuvre originale et fine qu'a publiée M. F. Michel en 1832, sous ce titre : *La Pipée*. Comme dans une des comédies d'Aristophane, les personnages sont ici des oiseaux, ou du moins, des hommes travestis en oiseaux, affublés d'un plumage éclatant et des noms de Verdier, Bec-jaune et Rouge-gorge ; ce sont trois têtes de

---

[1] Brûlée.
[2] La femme à la mode.

linottes, qui symbolisent les amoureux et leurs illusions. Avec eux, Cuider, qui personnifie la vanité des mondains ; Bruit d'Amour, le héraut des dames, et Plaisante-Folie, la femme à la mode, complètent la petite société brillante, frivole et menteuse où le poète va nous introduire. Cuider est, de son métier, « marchand de duperies à l'usage des femmes », mais toutes en sont si bien pourvues, surtout les plus laides, qu'il ne vend rien et se désespère. Il s'entend à propos avec Bruit d'Amour pour tendre une « pipée », c'est-à-dire un piège, où l'on prendra tous les naïfs, ces vaniteux oiseaux, comme Bec-jaune, Verdier, Rouge-gorge, qu'on entend, au début de la pièce, médire de l'amour et des femmes, en se vantant de les connaître trop bien pour avoir rien à en craindre. Qui sera l'appeau ? Une jolie fille, Plaisante-Folie, au chant séducteur. Cuider lui fait la leçon ; elle n'en a pas besoin. Elle sait très bien qu'elle devra plumer tous les oiseaux qui, attirés par ses chansons, viendront se prendre à la glu ; les uns seront plumés avec ménagement ; les autres tout d'un coup et jusqu'à la dernière plume. Bec-jaune, le plus sot de tous, est pris le premier, plumé en un instant, puis jeté dehors. Rouge-gorge et Verdier se moquent de lui ; mais Verdier s'approche trop près de la chanteuse, et tandis qu'il se plaît à l'écouter, elle lui arrache aussi quelques plumes ; il s'échappe, mais non pas intact. Rouge-gorge, qui se croit invulnérable, arrive à son tour près de la pipée et parle à Plaisante-Folie d'une façon toute dédaigneuse, puis plus douce, puis tout à fait tendre ; et à la fin, le voilà tout englué comme les autres. Mais on ne relâchera pas une capture de si haut prix : Cuider épousera Plaisante-Folie, et Rouge-gorge restera chez eux pour les servir toute sa vie, comme un esclave obéissant, et peut-être (qui sait ?) niaisement heureux de son esclavage.

Après la fantaisie ailée, capricieuse, voici la vraie comédie, celle qui observe et exprime la réalité. C'est la « Cornette » de Jean d'Abondance, piquant tableau de la crédulité d'un vieux mari dupé par la perfidie d'une jeune femme. Il y a dans cette farce quelques traits excellents qui ont peut-être inspiré à Molière les scènes les plus profondes du *Malade imaginaire*. Mais Molière a-t-il pu lire la *Cornette* encore en manuscrit au XVII<sup>e</sup> siècle et publiée seulement de nos jours ?

En tout cas, voici un dialogue digne d'Argan et de Béline :

— Bonsoir, mon mary. — Ha ! ma femme
— Vous n'escrivez plus ; baisez moy.
— Ha ! folle, folle ! — Tant d'esmoy
Ne nous est au corps profitable !
— Tu as le cœur si charitable

> Que la lerme me vient aux yeux.
> — En bonne foy, j'aimerois mieux
> Estre morte que vous ! — Ma mye,
> Pour moy je ne le voudrois mye ;
> Vous estes en vostre jeunesse.
> — Ah ! mon amy, vostre sagesse,
> Vostre bonté, et vostre sens
> M'ont mis au cœur (ce que je sens),
> Plaisirs et pensée amoureuse ;
> Dont je me tiens la plus heureuse
> Femme, qui onc espousat homme,
> Depuys Paris jusques a Rome.
> Dieu a mon cas a bien pourvu...
> ... — Il est vray, mais il m'a donné
> Un tresor qui est sans diffame.
> — Et quel tresor ? — C'est vous, ma femme.
> ... Depuis que mon cœur a hanté
> Vostre petit cœur, ma mignotte,
> J'entends, ce m'est advis, la notte
> Du rossignolet dans mon cœur...

Le vieillard a deux neveux, fort inquiets sur l'héritage ; leur jeune tante dissipe tout, et le bien passe à ses amants. Il est temps d'aviser ; il faut avertir le crédule vieillard :

> Nous lui dirons ce propos la,
> Et qu'elle va deça, dela,
> Par l'huys devant, par l'huys derriere,
> Et que ce n'est pas la maniere,
> Courir ça, la, de tous coustez.

Mais la dame les a fait épier ; son valet lui a répété leurs discours ; elle saura bien prévenir l'assaut. « Vos neveux sont fort insolents, dit-elle à son vieux mari ; ils trouvent à redire à tout ce que vous faites. Ils blâment surtout votre cornette[1]:

> Leurs propos disent ainsi la
> Qu'elle va deca et dela,
> Devant, derriere, et de travers,
> Et a l'endroit, et a l'envers.
> Mais sans mentir mot ne demy,
> El' vous faict tres bien, mon amy.

Le vieillard est furieux : « De quoi se mêlent mes neveux ? Et ne puis-je maintenant me coiffer à ma guise ?

> Laissez les hardiment venir.
> Puis qu'ils parlent de ma cornette,
> Je parleray a leur barette[2],
> Si bien qu'il luy en souviendra.

Les neveux se présentent ; mais à peine ont-ils ouvert la bouche que leur oncle les interrompt :

> — Je sçay bien ce que voulés dire ;
> Elle ira de ça et de la,
> Devant, darriere et a travers,
> Et a l'endroit, et a l'envers,
> En depit de vostre visaige.

— Mais, notre oncle, on s'en moque déjà. — Soit! il suffit qu'il me plaise ainsi.

> — Mais un chacun en medira.

— Tant pis ; s'il plaît à ma femme et à moi, les autres n'auront rien à dire. » Le quiproquo se

---

[1] Sorte de chaperon.
[2] « Je parle... je parle à mon bonnet. — Et moi je pourrais bien parler à ta barrette. » *L'Avare*, acte I, sc. III.

poursuit, le vieillard croyant toujours qu'on lui parle de sa cornette, et les neveux voulant parler de leur tante.

>  Plust a Dieu, oncle, que sçussiez
> Le bel honneur qu'elle vous faict !
> Car certes elle est tant villaine !
> — Vous avez menty par vos dents.
> Estes-vous venus cy dedans
> Me corriger ? — Mon oncle, c'est...
> . . . . . . — Elle me plaist.
> — Nous n'en irons plus debastans ;
> Mais, oncle, elle vous couste tant !
> — N'ayez ja soucy du coustage.
> Qui l'auroit traisnée par la fange,
> Et foullée aux pieds et saillie,
> L'amour ne luy seroit faillie.
> Elle est a mon plaisir.....

La scène finit par une brouille complète. L'oncle met ses deux neveux à la porte et reste seul, très fier de sa fermeté. La femme rentre ayant tout entendu :

> Et puis, mon mary, vos parens
> Ont-ils parlé de la cornette ?
> — Ils ont eu responce fort nette.
> Tousjours vers moy aurés credit,
> Et, par ma foy, s'ils m'avoient dit
> Que fussiez mauvaise femme,
> Sotte, deshonneste et infame,
> Je croirois autant leur sornette,
> Comment j'ay fait de ma cornette.
> La raison ? Je vous cognois bien,
> Et cognois qu'ils ne valent rien,
> Et qu'il ssont de mauvaise sorte.
> — Moy ! j'aymerois mieux estre morte,

> Sur ma foy ! — Sans jurer, ma mie,
> Je vous cognois, n'en doutez mie.

Serait-ce aussi dans nos farces que Molière aurait puisé l'idée de son Georges Dandin, dont le triste aïeul s'appelle ici Georges le Veau ?

Pauvre Georges ! il se repent bien fort d'avoir épousé une coquette : « Ha ! dit-il, se j'eusse sceu ! » Mais il est trop tard,

> Puis qu'il est traict, il le fault boire,
> Et l'avaller tout doulcement.

Georges va demander à Dieu ce qu'il faut faire en si méchant cas. Le clerc, caché derrière l'autel, lui crie :

> Qu'il fault obeir a la teste
> De sa femme bonne et honneste.

Quoiqu'il sache trop bien qu'elle n'est ni l'un ni l'autre, Georges obéira donc, parce qu'il est faible et sans défense. On le berne, on le conspue en cent façons ; on le revêt de la peau d'un veau, et on menace de l'écorcher comme un veau véritable. Le curé feint d'exorciser cet homme changé en bête et qui ne peut être qu'un diable ; et cependant la dame injurie sa victime :

> Mais croire on ne peut le tourment
> Qu'a une fille de maison,
> A qui on donne sans raison
> Ung badault sans nulle science

> Chargée en sens ma conscience,
> D'avoir dit ouy seullement.

C'est l'Angélique de Molière, mais une Angélique féroce, impitoyable, comme la comédie de son temps, envers tout ce qui est laid, faible et ridicule.

Il y a un peu plus de gaieté dans la farce de Lucas, « sergent borgne et boiteux », nouvel arrangement d'une facétie vieille comme le monde. Lucas s'est avisé de rentrer chez lui sans être attendu. On l'a bien prévenu de quelque chose ; mais il n'en croit rien. Il dit à son voisin :

> Myeulx voys d'un œuil que toy de deulx.

Il a compté sans Fine-Mine, sa femme. En entendant son mari qui heurte à l'huis, la rusée s'élance au devant, ouvre à grand'hâte et lui fait fête : « Ah ! Lucas, j'ai rêvé que Dieu vous avait rendu les deux yeux. Mon ami, laissez-moi de grâce en faire l'épreuve :

> Car j'y ay ma credence ferme.
> Voyés vous pas cler quand je ferme
> Cestuy-cy.....

En même temps, elle couvre de la main le bon œil du vieux borgne et l'amoureux s'échappe. Moralité :

> Combien qu'un borgne fust subtil,
> Un boiteulx cauteleux et fin,
> Il n'est si fin que femme fine [1].

---

[1] Voir dans notre *Répertoire*, au *Catalogue des Farces*, les sources de celle-ci.

Ainsi ces méchantes femmes déçoivent leurs pauvres maris avec le sourire aux lèvres ; et toutefois leurs victimes ne sont pas toujours dupes de leurs serments et de leurs caresses : mais l'un est indifférent et veut garder la paix avant tout :

> — Venez ça, Roger, mon amy.
> Avez vous trouvé faulte en my,
> Par quoi me devez cela dire ?
> ... Me suis-je avec vous maintenue
> Aultrement que femme de bien ?
> — Nostre Dame, je n'en sçay rien.
> Aussi n'en veulx-je rien sçavoir.
> — Je ne vouldroys pour mal avoir
> Vous faire telle villennie !
> — Alyson, je ne le dy mie.
> Ainsi le croy certainement [1].

L'autre trouve son compte au sort qui lui est fait. Ne voit-il pas que son voisin Colin, pourvu d'une femme honnête, mais acariâtre, semble envier son compère Mathieu, si bien choyé par la sienne ? « Mais c'est peut-être parce qu'elle te trompe, dit Colin. — Je n'en veux rien savoir, dit Mathieu.

> Que dyable ay-je affaire
> De cercher ce qui m'est contraire,
> Et ce que ne vouldreys trouver ?

S'il prêtait mieux l'oreille, il entendrait sa trop aimable épouse dire, avant Macette et Tartufe,

[1] Farce d'*Un Amoureux*.

Le peché est tout pardonné
Quand on ne le faict qu'en cachette.

Mais le mari complaisant veut être aveugle et sourd ; et tandis qu'on se prend aux cheveux dans le ménage de la femme honnête et quinteuse, il règne un touchant accord dans la maison de l'adroite coquette. C'est la moralité de cette farce très peu morale. Nos vieux comiques préféraient un vrai diable à la femme grondeuse ; ils retrouvent la verve de Plaute pour feindre les discours de l'épouse bien dotée, qui malmène aigrement le mari qu'elle a enrichi :

> Tu ne meritois d'avoir femme
> D'honneur et reputation,
> Comme je suis, sans fiction.
> Ne sçais tu pas que tu n'as tiltre
> Que d'un coquin, ou d'un belistre ?
> Quand tu me vins faire la cour,
> Tu disois : « Madame, tout court
> J'ay bien mille livres de rente,
> Pour nourrir maistresse et servante
> Vous porterez suyvant le cours
> Un beau chapperon de velours... »
> Puis le mariage estant faict,
> Il ne s'y trouva rien d'effect ;
> Tu devois prou, et n'avois guiere.
> Tant qu'il fallut que la premiere,
> Te voyant si tresindigent,
> Je deboursasse mon argent,
> Pour t'exempter d'ingratitude
> Et t'affranchir de servitude,
> Vers ceux qui t'avoient faict plaisir.

N'y aura-t-il donc pas, dans tout ce théâtre, un seul mari qui sache se faire respecter ? Ce jaloux qui fait le terrible et parle de tuer tout le monde, est berné comme les plus timides :

LA FEMME.

Dea ! n'arés-vous jamais repos ?

LE MARI.

Pourquoy leur tenés vous propos ?

LA FEMME.

A qui ?

LE MARI.

Je n'en parle plus, mais...

LA FEMME.

Quel mais ?

LE MARI.

Qu'ils n'y viennent jamais ;
Gardez vous de les escouter !

LA FEMME.

Quoi ! vous voulés donques douter
De moy ?

LE MARI.

Je ne daigneroys, mais...

LA FEMME.

Quel mais, quel mais ?

LE MARI.

Je vous promais,
Touchés là, sy je les tenoys,
Sans espargner foyble ne fort,
Je ruroys tant que je pouroys
Desus, tip, toup, tap, tu es mort.

LA FEMME.

Sans confession ?

LE MARI.

Droict ou tort ;
Et pour tant, qu'il vous en souvyenne.

LA FEMME.

Je garderay bien qu'il n'en vienne
Piece ceans.

LE MARI.

Je vous en prye,
Si n'en voulés estre marrye ;
Je les turoys tous sans pityé...

Mais sans faire si grand bruit, d'autres, qu'on croirait des lourdauds, savent fort bien se défendre ou se venger. Voici une pièce assez plaisante et qui même ne manque pas d'une certaine moralité grossière, telle que le genre la comportait. Le gentilhomme fait la cour à la belle Lison, femme de Naudet, espèce de niais de village. Pour écarter Naudet, il l'envoie porter une lettre à « la Damoyselle », c'est-à-dire à sa propre femme. Naudet, — qui l'aurait cru ? — Naudet qui sait fort bien pourquoi on l'éloigne, s'acquitte envers son seigneur en lui rendant la pareille et réussit à paraître aimable à la châtelaine. Le gentilhomme, un peu tard, se promet de mieux veiller sur son bien, au lieu de convoiter celui d'autrui. Naudet trouve cela fort sage et développe ainsi la leçon :

> Gardez donc vostre seigneurie,
> Et Naudet sa naudeterie.
> Ne venez plus naudetiser,
> Je n'iray plus seigneuriser.
> Chascun a ce qu'il a, se tienne,
> Et affin qu'il vous en souvienne,
> Croyez moi : qu'il fault, mon amy,
> A trompeur trompeur et demy.

Même morale dans la farce du *Meunier* et de la *Meunière,* et dans celle du *Poulailler*, pièce très violente dirigée contre les gentillâtres trop galants. Deux de ces hobereaux affublés de noms grotesques, Monsieur de la Hannetonnière et Monsieur de la Papillonnière, font tous les deux la cour à la femme du meunier ; celle-ci s'entend avec son mari pour leur escroquer de l'argent. Le meunier emprunte un sac d'écus à chacun des deux hobereaux, en simulant un voyage urgent. La nuit vient ; le premier gentilhomme accourt au moulin ; mais il entend du bruit, et court se cacher dans le poulailler ; son rival, qui l'avait fait fuir, entre à son tour dans la maison ; nouveau bruit ; nouvelle fuite du côté des poules. Le meunier revient fort joyeux, fait lui-même le galant auprès des deux dames de la Hannetonnière et de la Papillonnière, mange le souper apporté par les maris ; puis, repu et satisfait, va dénicher au poulailler les amoureux mourants de peur ; ils demandent la vie à genoux et l'obtiennent, en faisant cadeau à ce terrible meunier de l'argent qu'ils lui avaient prêté. C'est ainsi que la populace, tremblante devant le noble, se vengeait en se moquant de lui, quand le noble n'était pas là.

Dans une farce toute différente, le beau rôle et la victoire appartiennent encore à un mari d'abord méprisé. Mais il s'agit ici d'une femme révoltée, non d'une infidèle. La farce trop indulgente à celle qui trompe et qui ment, est impitoyable à celle qui s'insurge. On sait assez, depuis Aristophane, que le théâtre comique est volontiers conservateur. En effet, tout ce qui est nouveau prête au ridicule par cela même qu'il est nouveau. On comprendra donc aisément que la cause de l'émancipation des femmes, ce grand procès déjà soulevé au temps de Lysistrata, ne trouve aucun appui dans nos farces. La femme doit obéir, on n'y connaît pas d'autre loi. Celle qui se révolte, s'en repentira tôt ou tard. C'est la moralité de cette jolie pièce, assez connue, *le Cuvier*, d'ailleurs tirée de loin, car l'original est dans l'Inde. Mais notre théâtre l'a toute renouvelée, en l'adaptant à ses mœurs.

Jaquinot est un mari victime et doublement victime, car il a deux femmes attachées à le tourmenter ; sa femme et la mère de sa femme ; autrement dit sa belle-mère. Au début de la farce lui-même raconte vivement ses chagrins :

  Le grand dyable me mena bien

> Quant je me mis en mariage ;
> Ce n'est que tempeste et orage,
> On n'a que soucy et que peine.
> Toujours ma femme se demaine
> Comme ung saillant [1], et puis sa mere
> Afferme toujours la matiere.....
> Je n'ay repos, heur, ne arrest ;
> Je suis ploté et tourmenté
> De gros cailloux sur ma cervelle.
> L'une crye, l'autre grumelle ;
> L'une maudit, l'autre tempeste.
> Soit jour ouvrier, ou jour de feste,
> Je n'ay point d'aultre passe temps ;
> Je suis au renc des mal contens,
> Car de rien ne fais mon proffit.
> Mais par le sanc que Dieu me fist !
> Je serai maistre en ma maison,
> Se m'y metz.....

L'aigre voix de la femme interrompt ces doléances :

> — Dea, que de plaictz !
> Taisez-vous ; si ferez que saige.

Jaquinot baisse la tête et ne fait plus de si longs discours. Il réclame cependant ; on lui fait faire trop de choses dans sa maison, trop de choses qui ne regardent que les femmes. La belle-mère intervient pour concilier les deux époux :

> Pour vous mieulx souvenir du faict
> Il vous convient faire ung roullet
> Et mettre tout en ung fueillet
> Ce qu'elle vous commandera.

Je ne sais si le malicieux Jaquinot prévoit déjà

---

[1] Serpent.

sa vengeance, mais il accepte avec joie l'idée qu'on lui suggère, et le voilà qui écrit sous la dictée des deux commères. Sa femme n'a pas l'esprit moins retors ; elle veut d'abord faire écrire une obligation générale de soumission :

> Or escripvez qu'on puisse lire,
> Prenez que vous m'obeyrez,
> Ne jamais desobeyrez
> De faire tout le vouloir mien.

Mais ceci est trop vague ; Jaquinot refuse d'écrire ; passons aux détails. La liste en sera longue, malgré les protestations du mari, qui finit toujours par céder.

LA MÈRE.
> ... Il vous fauldra toujours lever
> Premier pour faire la besogne.

LA FEMME.
> ... De nuit, se l'enfant se resveille,
> Ainsi que faict en plusieurs lieux,
> Il vous faudra estre songneux
> De vous lever pour le bercer,
> Pourmener, porter, apprester
> Parmi la chambre ; et fust minuict.

LA MÈRE.
> Après, Jaquinot, il vous faut
> Boulenger, fournier, et buer.

LA FEMME.
> Bluter, laver et essanger.

LA MÈRE.
> Aller, venir, courir, troter,
> Peine avoir comme Lucifer.

LA FEMME.
Faire le pain, le four chauffer...
LA MÈRE.
Mener la mousture au moulin.
LA FEMME.
Faire le lict au plus matin,
Sur peine d'estre bien battu.
LA MÈRE.
Et puis mettre le pot au feu,
Et tenir la cuisine nette.

Jaquinot écrit toujours, le plus lentement possible ; mais chaque fois qu'il essaie de réclamer, la femme le menace de son poing fermé.

— Je vous batteray plus que plastre
— Helas! plus je n'en veux debattre.
Il y sera, n'en parlez plus.

La liste est close enfin ; le *rollet* signé de Jaquinot, qui pour entrer en fonctions commencera par aider sa femme à tordre la lessive. Ce devoir n'est pas indiqué clairement ; mais un bon soufflet que reçoit le mari, tranche la question en faveur de la femme.

Un grand cuvier est au milieu de la salle. Les deux époux, l'un à droite et l'autre à gauche, tiennent un lourd paquet de linge au-dessus. Soit par mégarde, soit par malice, Jaquinot lâche le bout qu'il tient, et la femme avec le linge, choit dans la cuve, la tête la première.

> Mon Dieu, soyez de moi records,
> Ayez pitié de ma pauvre ame ;
> Aydez moi a sortir dehors ;
> Ou je mourray par grand diffame.
> Jaquinot, sauvez vostre femme,
> Tirez la hors de ce bacquet.

Jaquinot gravement consulte la charte de ses devoirs et, n'y voyant pas l'obligation de tirer sa femme d'un cuvier, répond :

> Cela n'est pas a mon rollet...
> — Mon bon mary, saulvez ma vie ;
> Je suis ja toute esvanouye.
> Baillez la main ung tantinet.
> — Cela n'est point a mon rollet.
> ... — Tost pensez de me secourir.
> — Aller, venir, trotter, courir.
> — Jamais n'en passeray ce jour.
> — Faire le pain, chauffer le four.
> — Çà, la main, je tire a ma fin.
> — Mener la mousture au moulin,
> ... — Las ! il vous semble que soit jeu.
> — Et puis mettre le pot au feu.
> — Las ! ou est ma mere Jaquette ?
> — Et tenir la cuisine nette.
> — Allez moy querir le curé.
> — Tout mon papier est escuré,
> Mais je vous prometz, sans long plet,
> Que cela n'est a mon rollet.

Là-dessus la mère arrive :

> — Je suis arrivée en ce lieu
> Pour sçavoir comme tout se porte.
> — Tres-bien, puisque ma femme est morte.

Morte, non pas encore ; car elle crie de toutes ses forces. La mère s'élance pour tirer sa fille ; mais elle n'est pas assez forte : Aydez-moi, Jaquinot...

— Cela n'est point a mon rollet.

Décidément, il faut composer. On déchirera le fatal *rollet ;* Jaquinot sera le maître ; la femme humblement y consent ; elle jure, par tous les saints du Paradis, qu'elle sera douce et soumise et désormais obéira toujours. A ces conditions Jaquinot tend la main et tire du cuvier la dame ainsi domptée. Rien ne nous empêche de croire qu'ils feront dès lors un excellent ménage, mais pourtant, je n'en suis pas bien sûr ; ni Jaquinot non plus ; car il s'écrie, près de finir la farce : « Heureux seray, se marché tient. »

Pour dompter ce sexe indocile, nos vieux auteurs ne croient qu'à la force. On n'a pas toujours la ressource de jeter sa femme dans un cuvier. Du moins on peut la battre, et c'est là le conseil que les farces, à plusieurs reprises, donnent au mari mal obéi dans sa maison. « Martin Bâton, sieur de la Houssaye » se vante ainsi de faire

> Les bons disciples aux regens,
> Et l'enfant obeir au pere.

Mais il a beau frapper sur les dames ; elles ne s'en tairont pas davantage ; elles caquetteront jusque sous les coups [1]. Il n'importe : le remède a du

---

[1] Farce de *Martin Baton qui rabat le caquet des femmes.*

bon. Regardez ce mari dont on se moquait hier, à son nez, quand il citait à sa femme le *Livre des quenouilles* ou quelque autre moraliste. Il est allé consulter Messire *Domine-de*, qui l'envoya voir le *pont-aux-ânes*. Et qu'a-t-il vu sur ce pont ? Un bûcheron qui rouait de coups son baudet, Nolly, pour le faire avancer ; et il avançait. Voilà un trait de lumière. Le mari rentre à la maison et, un bon bâton à la main, il rend sa femme obéissante, et même prévenante, en vérité [1].

C'est la recette du savetier, l'époux de la docile Marguet [2]. Cependant Jaquet, son compère, tremble devant Proserpine, sa terrible épouse. Au cabaret, le savetier, confiant dans sa force, offre à Jaquet de troquer leurs femmes ; et Jaquet tout joyeux accepte. Tout aussitôt, Proserpine s'assouplit sous le bâton, si bien, que Jaquet reste émerveillé. Le savetier conclut fièrement :

> Femme qui son mary tempeste,
> Qu'on ne la baille pas a Jaquet :
> Car envers luy fait trop la beste.
> Qu'on me la baille, car sa teste
> J'amolyray et son caquet [3].

Mais qu'on se garde bien d'abuser de ce procédé. Le moins bon remède aux maux du mariage, c'est

---

[1] Farce du *Pont aux Anes*.
[2] *Le Savetier, Marguet, Jaquet, Proserpine.*
[3] Vous si vous connaissez des maris loups garous
   Envoyez les au moins à l'école chez nous. (*L'Ecole des Maris*).

encore d'échanger sa femme. Le plus sûr est toujours de garder ce qu'on a. C'est la morale très pratique de deux petites pièces assez gaies, qui semblent se faire pendant, les « Hommes qui font saler leurs Femmes », et « les Femmes qui font refondre leurs maris ». Ceux-là, deux imbéciles, trouvent leurs femmes trop douces : un charlatan, maître Macé, s'offre à saler Gillette et Françoise, au prix de dix francs l'une. Laissé seul avec ces dames, il leur fait la leçon, et quand leurs maris rentrent, elles les battent. Effrayés d'un si grand changement, ils voudraient bien dessaler leurs femmes. Mais le Docteur a usé sa science ; il faudra désormais les garder comme elles sont[1]. D'autre part, voici Jeannette et Perrette qui, trouvant leurs maris trop vieux, s'avisent de les faire refondre. Un chaudronnier se charge de l'opération, pour cent écus. Honnêtement il prévient les dames qu'elles ne gagneront pas au change, et qu'elles gouverneront moins facilement deux jeunes maris que deux vieux. Les femmes s'obstinent. La métamorphose s'opère, et au bout de quelques instants deux jeunes et beaux maris sortent de la chaudière ; mais leur humeur aussi est changée ; ces

---

[1] La même folle idée a inspiré la *Femme mute*, jouée par Rabelais et ses amis à Montpellier. Voy. dans notre *Répertoire*, Catalogue des Farces perdues.

époux débonnaires et complaisants sont devenus deux tyrans, qui lèvent le bâton sur leurs femmes, si elles n'obéissent pas ponctuellement à tous leurs caprices. Les pauvres dames vont retrouver le fondeur, mais il ne peut plus rien pour elles; les maris rajeunis ne consentiraient plus à rentrer dans la chaudière ; il ne reste à leurs femmes d'autre parti que la patience [1].

C'est le dernier mot de la morale des farces, si l'on veut absolument que les farces aient une morale. Elles semblent dire aux ménages troublés : « Mes amis, vous êtes mal, c'est vrai ; mais vous pourriez être pis. Voyez les amoureux ! Gens mariés n'ont-ils pas, après tout, la vie moins dure ? Donc ne bougez d'où vous êtes. Tâchez de vous supporter l'un l'autre. » Et cette morale, un peu terre à terre, semble résumer l'enseignement de tout notre ancien théâtre comique, si sévère aux mœurs du temps, mais plus sévère encore aux novateurs, aux réformateurs, aux donneurs de belles promesses. Toute sa sagesse aboutit à dire : « Rien ne va trop bien ici-bas, mais tout pourrait aller plus mal ; laissez les choses comme elles sont ; usez le mieux possible de la vie, et tâchez de rester contents de votre état, de votre Roi, de votre femme et de vous-mêmes. »

[1] La farce des *Troqueurs de maris* offre la même moralité.

# CHAPITRE VII

## LA RENAISSANCE ET SON INFLUENCE SUR LE THÉATRE COMIQUE

La comédie en France au moyen âge avait été tout indigène et tout originale. S'il s'était fait dans l'ombre des cloîtres ou dans les cabinets des lettrés quelques essais d'imitation du théâtre antique, le peuple les avait ignorés. La première fois qu'on essaya de représenter devant lui une pièce de Térence, il se fâcha et voulut faire un mauvais parti aux acteurs. C'était en 1502, à Metz, dans le palais épiscopal. Le dimanche 31 janvier, après dîner, quelques gens d'église et jeunes clercs commencèrent, dans la salle basse, la représentation d'une comédie en latin « nommée Térence » dit le Chroniqueur Pierre Aubrion [1]. On avait laissé les portes

---

[1] *Journal de Pierre Aubrion*, édité par L. Larchey, p. 441. Cf. *Mémoires de Jacomin Husson*, édition Michelant, p. 214.

ouvertes ; le « menu peuple » entra en foule ; irrité de ne pas comprendre les joueurs, il commença par les insulter ; puis monta sur la scène, en menaçant de les battre ; les pauvres acteurs s'enfuirent. Le lendemain lundi « le dit peuple estoit chacun a sa besoigne ». On joua Térence en latin, sans encombre, « et n'y entroient que gens d'eglise, seigneurs et clercs ». C'est ainsi que le théâtre latin fit sa rentrée sur la scène gauloise, à petit bruit, comme en cachette, et par devant un cercle aristocratique et choisi.

Cinquante années plus tard, les rôles étaient bien changés. Alors c'est le théâtre indigène qui se fait humble et petit et semble demander grâce ; c'est la comédie imitée des anciens qui s'étale avec arrogance.

La *Deffence et Illustration de la Langue françoyse,* par Joachim Du Bellay, manifeste audacieux de la nouvelle école poétique, parut en 1549. L'auteur y parlait avec dédain des moralités et des farces, et faisait appel aux novateurs pour restaurer en France « les Comédies et Tragédies en leur ancienne dignité ».

On ne saurait en vouloir à Joachim Du Bellay, s'il refuse à nos farces le nom de comédies. Ce dédain était dans son rôle ; il faisait partie de sa tactique. D'ailleurs la Pléiade était sincèrement convaincue que tout ce qui l'avait précédée, en France, était de nulle valeur.

Mais voici qui est plus étrange ; un adversaire de Du Bellay, un disciple de Marot, Charles Fontaine, le plus ingénieux et le plus ardent défenseur de l'ancienne école poétique, un homme qui, assurément, avait lu *Pathelin,* et, semble-t-il, devait le goûter ; en répondant à Du Bellay et en le contredisant sur tous les autres points, n'ose lui tenir tête sur ce seul point ; et il écrit dans son *Quintil Horatian :* « De comedies françoyses en vers, certes je n'en scay poinct. » Il est vrai que Fontaine ajoute : que la Farce et la Moralité n'usurpent point sur la Tragédie et la Comédie « ains sont autres poëmes a part ». Mais qu'entend donc Fontaine par une comédie ?

Enfin parut Étienne Jodelle qui devait montrer à la France la première « comédie » vraiment digne de ce nom. Pasquier, dans ses *Recherches,* en parle encore, après cinquante ans, avec un bel enthousiasme ; et même, trompé par ses souvenirs complaisants, il fait deux pièces d'une seule comme pour doubler la gloire de Jodelle, qui, dit-il, « fit deux comédies, la *Rencontre* et l'*Eugène* » ; mais Pasquier se trompe ; *Eugène* et la *Rencontre* ne sont qu'une seule et même pièce. Pasquier lui-même explique le sous-titre (la *Rencontre*) « parce qu'au gros de la mélange (au fort de l'intrigue) tous les personnages s'étaient trouvés pêle-mêle casuellement dedans une maison ; fuseau qui fut fort bien par lui démêlé par la clôture du jeu. Cette comédie et la *Cléopâtre* (tragédie du même auteur) furent représentées devant le roi Henri (Henri II) à Paris, en l'hôtel de Reims avec un grand applaudissement de toute la compagnie et depuis encore au collège de Boncour, où toutes les fenêtres étaient tapissées d'une infinité de personnages d'honneur et la cour si pleine d'écoliers que les portes du collège en regorgeaient. Je le dis, ajoute l'historien, comme celui qui y étais présent, avec le grand Tornebus (*Turnèbe*) en une même chambre. Et les entreparleurs étaient tous hommes de nom ; car même Remy Belleau et Jean de la Péruse jouaient les principaux « roulets ».

Le *Prologue* de la pièce est bien curieux : c'est une violente diatribe contre tous les prédécesseurs de Jodelle, tous les vieux comiques français. Comme tout grand réformateur, Jodelle fait consister l'essentiel de sa réforme à démolir et jeter bas tout ce qu'on a fait avant lui. Il dit fort peu ce qu'il fera ; mais fort haut ce qu'il ne veut pas faire. N'attendez pas que dans sa pièce :

> brouillant avecque nos farceurs
> Le saint ruisseau de nos plus saintes sœurs,

> On moralise un conseil, un escrit,
> Un temps, un tout, une chair, un esprit
> Et tels fatras, dont maint et maint folastre,
> Fait bien souvent l'honneur de son theatre.

Dès lors l'exemple était donné de haut ; tous le suivirent. Il fut convenu qu'on ne pouvait écrire une comédie sans injurier dans le *Prologue* les auteurs de moralités et de farces, qui auraient eu toutefois beau jeu pour répondre, s'ils n'avaient été morts. Le jeune Grévin, dans la *Trésorière*, éclate encore plus haut, et frappe encore plus fort; très peu catholique auteur, il invoque habilement l'intérêt de la religion, et met les âmes pieuses de son côté, par cette protestation édifiante :

> Ce n'est pas nostre intention
> De mesler la religion
> Dans le sujet des choses feintes ;
> Aussi jamais les lettres saintes
> Ne furent donnees de Dieu
> Pour en faire après quelque jeu.
> ... Celui donc qui voudra complaire
> Tant seulement au populaire,
> Celui choisira les erreurs
> Des plus ignorants bateleurs.
> Il introduira la nature,
> Le genre humain, l'agriculture,
> Un tout, un rien et un chacun,
> Le faux parler, le bruit commun
> Et telles choses qu'Ignorance
> Jadis mesla parmi la France...
> N'attendez donc en ce theatre
> Ne farce ne moralité ;
> Mais seulement l'antiquité,

Qui d'une face plus hardie
Represente la comedie.

Après Jacques Grévin, c'est Jean de la Taille, presque aussi jeune (tous ces audacieux ont vingt ans), qui en tête de sa pièce des *Corrivaux,* publiée en 1562, et intitulée fièrement *comédie,* commente ainsi ce titre encore neuf, et dont l'audace lui semble belle :

« Oui, une comedie, pour certain, vous y verrez; non point une farse, ni une moralité ; nous ne nous amusons point en chose ni si basse, ni si sotte, et qui ne monstre qu'une pure ignorance de nos vieux François. Vous y verrez jouer une comedie, faite au patron, a la mode et au portraict des anciens Grecs et Latins; une comedie, dis-je, qui vous agreera plus que toutes (je le dis hardiment) les farses et moralitez qui furent onc jouées en France. Aussi avons nous grand desir de bannir de ce royaulme telles badineries et sottises, qui comme ameres espiceries, ne font que corrompre le goust de notre langue. »

Pour l'invention du mot d'*épiceries* il en faut laisser l'honneur à Du Bellay, qui a imaginé le premier dans la *Défense et Illustration* de qualifier ainsi toute la poésie française antérieure à ses premiers vers. Mais sans chicaner les réformateurs sur les mots, qu'y avait-il au fond de leurs belles et grandes promesses ? Voyons les choses d'un peu plus près.

La tragédie de *Cléopâtre* par Jodelle, n'est pas du tout un chef-d'œuvre ; mais assurément c'est une nouveauté. Une imitation de Sénèque ne saurait avoir rien de commun avec les Mystères. Quant à l'*Eugène,* il vaut mieux que la *Cléopâtre.* Mais était-il, en France, aussi nouveau que la *Cléopâtre,* comme Jodelle affectait de le dire, et parvenait peut-être à le croire ?

L'innovation était tout extérieur et superficielle. La *comédie* de la Renaissance se fit honneur, à bon marché, de ce nom tiré du grec, que le moyen âge avait d'ailleurs connu, mais qu'il employait dans un autre sens [1]. Mais cette restauration de la comédie antique ne fut guère, au début, qu'un pur changement de titre et de costume. La comédie fut divisée en actes et en scènes ; à l'imitation des anciens. Elle employa quelquefois la prose, que ni les anciens, ni le moyen âge n'avaient admise au théâtre. Ainsi le cadre fut un peu modifié ; mais, au fond, l'esprit du théâtre comique demeura, dans la seconde moitié du XVIe siècle, ce qu'il avait été dans la première. De la farce à la comédie, il y eut

---

[1] Après la chute du théâtre antique, un récit dialogué, ou même non dialogué, se nomma *comédie* lorsqu'il était gai et satirique, *tragédie* lorsqu'il était triste. Voyez les exemples da l'*Histoire littéraire de la France*, tome XXIV p. 477.

succession, héritage, tradition continue; non pas rupture et abîme, comme entre le mystère et la tragédie[1].

Qu'est-ce qu'*Eugène,* sinon une longue farce où s'étalait, pour la dix-millième fois, la satire d'un ecclésiastique libertin et celle d'un mari complaisant? Pour reprendre à nouveau cette vieille plaisanterie, était-ce la peine d'enfler la voix si fort, et de faire rimer les *saintes sœurs,* avec ces misérables *farceurs,* qui avaient fait tout justement la même chose que Jodelle, sans se croire tenus d'invoquer, pour si peu, les Muses?

*Eugène* est donc une vraie farce, telle que nos catalogues dramatiques en indiquent cent analogues. C'est le même emploi preste et familier du vers de huit syllabes, c'est la même licence de langage et de situations, la même brutalité dans les mots et aussi dans les caractères; tous tranchés, tous peints crûment, sans aucunes nuances; la satire est grossière et violente; souvent malicieuse, rarement spirituelle. La conduite de l'intrigue est maladroite; les scènes se succèdent sans transitions, comme les verres d'une lanterne magique. Il n'y a dans l'*Eugène* d'autre progrès marqué, sur tout ce qui l'avait précédé, qu'un plus grand souci, quelquefois heureux, du style.

[1] Voy. *Introduction,* p. 2.

Les premiers successeurs de Jodelle dans la comédie n'ont pas innové beaucoup davantage. La *Trésorière* et les *Ebahis* de Jacques Grévin sont composés comme de véritables farces, sur des aventures réelles qui avaient défrayé tout récemment la chronique scandaleuse à Paris. Dans la *Trésorière,* le quartier, la qualité des personnages mis en jeu, avaient été, paraît-il, suffisamment désignés pour que nul ne s'y trompât. On lit, en effet, dans l'*Avant-jeu* de la pièce :

> Or sachiez qu'en tout ce discours,
> Nous representons les amours
> Et la finesse coutumiere
> D'une gentille Tresoriere,
> Dont le mestier est descouvert
> Non loin de la place Maubert.
> Vray est que le Protonotaire,
> Principal de tout cest affaire,
> Est de nostre Université.

Il y eut quelques plaintes. L'auteur se montra plus discret en écrivant *les Ebahis.* Dans le *Prologue* de sa pièce, il affecte de dire qu'il n'a point cette fois

> Osé mettre en escript la rue
> Ou il a ceste affaire vue,
> Craignant leur donner quelque ennuy (aux femmes)
> Ce nonobstant, j'ay sceu de luy

(C'est l'éditeur qui est censé parler ici de l'auteur.)

> Que ceste comedie est faite
> Sur le discours de quelque amour

> Qui s'est conduite au carrefour
> De Saint Sevrin...

Ce n'est peut-être là qu'une feinte pour affriander la malignité publique. Mais ne fût-ce que par cette affectation de puiser ses sujets dans les scènes de la vie réelle, et dans les aventures du voisin, la comédie de la Renaissance démeurait, sans l'avouer, fidèle aux traditions de la farce.

Est-ce à dire que cette comédie n'offre aucun caractère nouveau? Nous n'irons pas jusque-là : nous pensons seulement qu'elle est beaucoup moins nouvelle qu'elle ne prétendait l'être : même sa principale innovation, par une rencontre assez piquante, est justement la marque de son peu d'originalité.

Tout ce qu'elle ne doit pas au moyen âge, elle l'emprunte aux Anciens et s'en fait gloire : « Je me contente, dit majestueusement Grévin, en tête de son *Théâtre,* de donner aux Français la comédie en telle pureté qu'anciennement l'ont baillée Aristophane aux Grecs, Plaute et Térence aux Romains. »

La comédie du moyen âge n'avait jamais imité ; elle est souvent médiocre, mais elle est toujours elle-même. Au contraire la comédie de la Renaissance (et c'est par là surtout qu'elle se distingue de ceux à qui elle succède), a puisé largement aux sources anciennes ou étrangères, surtout chez les Latins et chez les Italiens. Ces derniers lui ont fourni tout l'*imbroglio,* inconnu au moyen âge; déjà complexe, mais encore monotone, à l'époque de la Renaissance. Un peu plus tard la comédie, croyant avoir épuisé Plaute, Térence, l'Arioste, empruntera aux Espagnols; et ce procédé avoué d'imitation, de traduction, autorisé par d'heureux exemples, régnera sur la scène française et dans le roman, jusqu'à la fin du xviie siècle.

Ainsi se justifie la date où s'arrête ce livre. S'il n'est pas vrai que le genre comique ait été renouvelé au temps de la Renaissance, il demeure exact que son originalité première et nationale s'est trouvée alors altérée par l'introduction d'éléments étrangers mêlés au fond indigène. Dès que l'influence italienne ou latine se fait sentir dans notre théâtre, l'histoire de la « comédie au moyen âge » est terminée.

Pour la prolonger davantage, il faudrait suivre en pleine Renaissance, et jusqu'au plus beau temps de la comédie classique, les traces longtemps persistantes, quoique affaiblies, des origines de cette comédie ; il faudrait montrer la farce, la sottie, la moralité se survivant à elles-mêmes, sous des noms nouveaux, sous des formes rajeunies. Nous avons indiqué, du moins, cette curieuse unité de notre théâtre comique, dans l'*Introduction* de cet ouvrage ; il faudrait un autre volume pour développer un point de vue aussi fécond en rapprochements presque tous nouveaux. Les plus illustres de nos auteurs comiques modernes doivent quelque chose à la comédie du moyen âge, qu'ils n'ont jamais lue peut-être. Si la supériorité de la France en ce genre est peu contestée, la richesse et la perfection de notre théâtre comique sont en partie au moins, un héritage du moyen âge. L'analyse des caractères nous vient des moralités. L'esprit frondeur nous vient des sotties. Mais, avant tout, la franchise comique, et cette naïveté, cet effort vers le vrai dans la peinture du ridicule, qui sont les meilleures qualités de nos bonnes comédies, nous viennent en partie des farces ; où, parmi de graves défauts, ces qualités du moins se trouvent : car la farce grossit et exagère les traits de la vérité, selon une loi de théâtre qui est juste et bien fondée ; mais elle ne les altère pas tout à fait ; elle fait grimacer les figures ; elle ne les invente pas.

Est-ce donc faire trop d'honneur à notre ancien théâtre comique (à la vérité si vulgaire et si imparfait) que de dire en résumé : les vieux auteurs de comédies ont un peu contribué à la perfection des nouveaux ?

Non seulement l'esprit de la moralité, de la farce et de la sottie a survécu en partie, quoique transformé, dans le théâtre comique moderne ; mais on peut suivre longtemps sur la scène au delà de 1550, des traces persistantes et des vestiges précis des anciens genres.

Surtout la farce eut la vie dure ; on jouait encore de véritables farces, ainsi qualifiées, longtemps après la mort de Henri IV. Les fameux comédiens du premier tiers du XVIIe siècle, Gros-Guillaume, Gaultier-Garguille, Guillot-Gorju, Turlupin, Bruscambille jouaient des farces très analogues à celles du siècle précédent, mais d'ordinaire en prose [1]. Voici une curieuse anecdote racontée par Tallemant ; elle nous apprend que ces farces avaient pour spectateurs, non la seule populace, mais des rois, des maréchaux de France. C'était vers la fin du règne de Henri IV : « Une fois ce prince tenait

---

[1] Un satirique du temps, d'Esternod (voyez Régnier, édition Courbet, p. XL), nomme les satiriques ses confrères pêle-mêle avec les farceurs en renom du jour ; tous ont également l'œil ouvert pour happer les fautes du prochain.

> Régnier, Berthelot et Sigongne,
> Et dedans l'Hostel de Bourgongne
> Vautret Valeran, et Gasteau,
> Jean Farine, Gautier Garguille
> Et Gringalet, et Bruscambille
> En rimeront un air nouveau.

Ce qui suivit de la farce se confond de plus en plus avec la satire.

entre ses jambes le maréchal de Roquelaure, tandis qu'il faisait jouer à Gros-Guillaume la *farce du gentilhomme gascon*. A tout bout de champ, pour divertir son maître, le maréchal (*qui était Gascon*) faisait semblant de vouloir se lever pour aller battre Gros-Guillaume, et Gros-Guillaume disait : « *Cousis, ne bous fâchez.* » Il arriva qu'après la mort du roi, les comédiens, n'osant jouer à Paris tant tout le monde y était dans la consternation, s'en allèrent dans les provinces, et enfin à Bordeaux. Le maréchal y était lieutenant-de-roi ; il fallut demander permission : « Je vous la donne, leur dit-il, à condition que vous jouerez la farce du Gentilhomme gascon. » Ils crurent qu'on les rouerait de coups de bâton au sortir de là ; ils voulurent faire leurs excuses. « Jouez, jouez seulement », leur dit-il. Le maréchal y alla ; mais le souvenir d'un si bon maître lui causa une telle douleur qu'il fut contraint de sortir tout en larmes dès le commencement de la farce. »

Comme il arrive de toutes choses, la farce [1] avait déjà passé de mode à Paris, qu'elle florissait encore dans les provinces. Tallemant raconte ainsi que vers 1648, Mademoiselle de Rohan, nouvellement mariée à Chabot, « fut conviée (en Bretagne) à la

---

[1] Scarron en parle ainsi dans le *Roman comique* 1651).

comédie chez quelques particuliers ; les comédiens, *à la farce,* représentèrent une héritière qui était recherchée par trois hommes ; elle leur dit qu'elle se donnerait à celui qui danserait le mieux. L'un dansa la bourrée, le second, la pavane ; et le dernier la *chabotte ;* elle choisit le dernier. Madame de Rohan, au lieu de dissimuler, fut si sotte qu'elle éclata et sortit de l'assemblée » [1].

Le déclin de la farce commence avec le règne de Louis XIII. Le genre était grossier, par tradition, sinon par essence ; à mesure que le langage et les mœurs allaient se raffinant, la vieille licence dut déplaire aux esprits cultivés et délicats ; on reléga la farce parmi les divertissements bons pour les laquais [2].

Il fallut tout le génie comique de Molière pour remettre en vogue (au moins sa vie durant) ce genre dédaigné. Molière n'a pas écrit de *farces* ainsi qualifiées ; mais sous un autre nom, ses petites comédies ne sont pas autre chose [3] : et l'un

---

[1] Edition Monmerqué, tome I, pages 99-100.

[2] « Quant aux farces, écrit un moraliste, d'autant que volontiers elles sont pleines de toutes impudicités, vilenies et gourmandises, et gestes peu honnêtes, enseignant au peuple comment on peut tromper la femme d'autrui ; et les serviteurs et servantes, leurs maîtres ; et autres semblables choses, (elles) sont réprouvées des gens sages... (*Les Diverses Leçons* de Loys Guyon, 3ᵉ édition, Lyon, Ant. Chard, 1625, tome I, p. 875).

[3] Le compte rendu des *Précieuses Ridicules*, publié en 1660 par Mˡˡᵉ Des Jardins (Mᵐᵉ de Villedieu) probablement avec l'aveu

des plus constants reproches que lui adressaient ses nombreux ennemis, c'était précisément d'avoir réveillé, chez les spectateurs de son théâtre, le goût du gros rire et de la bouffonnerie si chère au moyen âge. Un pamphlet de l'époque accuse sérieusement cet auteur comique de nuire à la tragédie :

> Aux farces pour jamais le théâtre est réduit...
> Ces chefs d'œuvre de l'art, ces grandes tragédies
> Par ce bouffon célèbre en vont être bannies [1].

La *Moralité*, plus étrangère aux goûts nouveaux par son caractère allégorique et didactique, disparut aussi plus tôt. Toutefois, rien de ce qui a vécu ne disparaît entièrement. La moralité elle-même survivait dans l'ombre des collèges, et dans le cœur des pédagogues.

D'Alembert, dans l'*Encyclopédie* (à l'article *Collège*), se moque des abstractions dramatiques, encore en honneur dans les classes au XVIIIᵉ siècle. « Nous avons sous les yeux, dit-il, un ouvrage intitulé : la *Défaite du Solécisme par Despautère*,

---

de Molière, est encore intitulé : *Récit en prose et en vers de la farce des Précieuses*, sans que ce mot de *farce* indique aucune appréciation désavantageuse de la part de l'auteur du récit. (Voyez Molière, édition des *Grands écrivains*, tome II, p. 118.) — Une *mazarinade* est intitulée : « La farce des courtisans de Pluton et leur pèlerinage en son royaume. » — *Les Rieurs du Beau-Richard* de La Fontaine sont une pure farce.

[1] *Elomire hypocondre*, 4ᵉ acte.

représentée plusieurs fois dans un collège de Paris : le chevalier *Prétérit,* le chevalier *Supin,* le marquis des *Conjugaisons* et d'autres personnages de la même trempe sont les lieutenants généraux de Despautère, auquel deux grands princes, *Solécisme* et *Barbarisme* déclarent une guerre mortelle. »

Vers le même temps, la *Gazette de France* (du 7 décembre 1764) parle d'un divertissement de la composition de M. Poinsinet, exécuté à Trianon, le mercredi 28 octobre pour l'amusement de nos seigneurs les Enfants de France. « Les interlocuteurs, dit Bachaumont[1], sont des personnages moraux dans le goût de ceux des fables de La Motte : *Dame Mémoire, Demoiselle Imagination,* etc. On conçoit combien cela doit être froid. »

On le conçoit en effet : et il semble étrange qu'en 1764, on écrivît encore des moralités, et même des moralités grammaticales. Mais ceci n'est-il pas plus surprenant ? On a trouvé dans les portefeuilles d'André Chénier et on a publié récemment[2] le plan d'une véritable *moralité,* composée par lui en 1789, à l'aurore de la Révolution. Ce projet porte en titre ces mots grecs abrégés : Θεσπιάκ. κωμ. ἐλευθ. Ce qui veut dire, à ce qu'il semble : comédie prophétique de la liberté.

---

[1] A la date du 9 décembre 1764.
[2] Edit. Gabriel de Chénier, t. II, p. 185.

« Dans le premier acte : Démos ou le Peuple paraît garrotté avec des liens qui s'appellent *tailles, corvée, gabelle,* etc. Des collecteurs venant le surprendre, comme il mange *jambon,* boit *du vin,* etc. toujours payant. Puis des nobles, des ecclésiastiques, se faisant mutuellement des politesses, se cédant des droits, qu'il paye toujours ; donnant sur lui des billets payables à vue ; et, lui, payant ; etc... (scènes courtes et vives) Nobles et prêtres, etc... lui disant : « Eh bien ! tu chantais, tu dansais toujours autrefois, » et voulant s'amuser de ses gambades... — Non, je ne chante plus. — S'en allant, lui disent l'un après l'autre à chaque plainte. — C'est pour ton bien. — Quand ils sont partis. — C'est pour mon bien ! Ah ! et pour mon bien, garrotté et pour mon bien, ruiné ; et pour mon bien, etc... Eh ! messieurs, si c'est mon bien que vous avez fait jusqu'ici, faites-moi donc de grâce un peu de mal. » Puis des sages, des savants, avec un ou deux nobles, un ou deux prêtres, etc... — Tu es le plus fort. — Je n'en sais rien. — Tu es le maître, tu as des droits. — Je n'en sais rien. — Essaye seulement. »

Ensuite un personnage ainsi désigné Ἐλευθέρ. (la Liberté) sortait des « ruines d'une caverne ». Un noble s'indignait qu'on voulût donner une si belle fille en mariage à *Peuple,* ce manant, et il la réclamait pour lui seul. André Chénier n'a pas développé davantage cette singulière ébauche, et l'exécution de la pièce ne fut probablement jamais commencée. Les événements marchèrent si vite, qu'elle perdit bientôt tout à propos ; bientôt ce furent le noble et le prêtre qui durent trembler devant le manant, non seulement affranchi, mais devenu terrible et tyrannique à son tour.

On a dit souvent que les débris du moyen âge ont duré jusqu'à la Révolution. N'est-ce pas une chose piquante que la dernière des moralités ait été ébauchée par le dernier des classiques, pendant la réunion des derniers États Généraux ?

# CONCLUSION

Le moyen âge avait relégué dans un genre spécial, toute intention d'améliorer les mœurs par la comédie ; il avait nommé ce genre la *moralité ;* il l'avait rendu souvent fort grave et même ennuyeux par l'abus de la prédication. Mais, quitte ainsi envers la morale, ou du moins, se flattant de l'être, le moyen âge, dans tous les autres genres comiques, ne s'était plus soucié que de rire et de faire rire aux dépens de tout et de tous.

On croyait encore que l'objet de la comédie, c'est de rire ; et que le rire est l'un des plus beaux dons faits à l'homme. Un ancien philosophe l'avait bien défini : « l'animal qui rit. » — Rions, dit aussi Rabelais, « pour ce que rire est le propre de l'homme ». Toutefois, l'on pourrait objecter que, si tout est risible, l'univers est une chose profondément triste ; mais le moyen âge paraît ne s'être jamais arrêté à ce scrupule.

Au reste, le rire était encore à lui-même son seul objet. Le bon Santeul n'avait pas encore inventé la fameuse devise dont il orna, pour obliger Arlequin, le rideau neuf de la Comédie Italienne : *Castigat ridendo mores*. Illustre adage, que quelques-uns, dit-on, cherchent encore dans Quintilien. Mais vainement. Il est beaucoup moins ancien. Peu nous importerait, s'il était vrai. Mais l'est-il? Pensons-nous sincèrement que la comédie « corrige les mœurs par le rire ? »

Contradiction singulière ! On a vu le théâtre absolument proscrit, chargé d'anathèmes, déclaré damnable et pernicieux par plusieurs docteurs trop sévères ; dont le plus ancien est Platon (dans sa *République*), le plus éloquent, Bossuet (dans ses *Maximes et Réflexions sur la Comédie*); le moins autorisé, je crois, Jean-Jacques Rousseau (dans la *Lettre à d'Alembert sur les spectacles*.) Mais d'autres sages, par une autre exagération, prétendent faire de la comédie l'instrument le plus efficace de l'amélioration des mœurs ; et, s'il faut les en croire, il n'est vice ni travers qu'une bonne pièce en cinq actes, ne soit propre à corriger. Ce n'est pas seulement de nos ridicules que le théâtre saurait nous purger ; il aurait encore des remèdes contre les défauts les plus graves. Il serait la meilleure école de vertu qu'on pût offrir à la faiblesse humaine ; et le plus éloquent sermon serait bien moins propre à nous convertir qu'une belle comédie en vers.

De graves écrivains ont apporté le témoignage de leur expérience personnelle à l'appui de cette agréable illusion : « Je ne me suis jamais senti si pénétré du désir d'être honnête homme, dit Montesquieu, qu'en sortant d'une représentation d'*Esope à la Cour*. » Cet aveu fait grand honneur à Boursault, l'auteur de la pièce, et à Montesquieu plus encore ; il montre qu'il fallait peu de chose pour le décider à être honnête homme.

Mais les conversions par le théâtre ne sont pas fréquentes. La vanité humaine s'y oppose. Qui s'est jamais reconnu soi-même dans un portrait de comédie ? Quel avare n'a d'abord nommé son voisin, en voyant Harpagon ordonner sa fête économique ? Et quel parvenu vaniteux ne s'est réjoui de comparer M. Jourdain à quelqu'un de ses amis, et d'applaudir à la ressemblance ? Le ridicule s'ignore lui-même ; il a je ne sais combien de beaux noms et de beaux prétextes dont il se couvre, et de bonne foi. Tout le monde ne se croit pas parfait, quoique cette infirmité soit déjà le fait de beaucoup de gens ; mais s'il en est quelques-uns qui consentent à croire qu'ils ont besoin d'être améliorés, ils se résigneront à y travailler partout plutôt qu'au théâtre, où on leur demanderait d'accomplir un sacrifice vraiment trop dur : celui de rire aux dépens d'eux-mêmes. On veut bien pleurer ses péchés ; mais non avouer qu'ils soient ridicules.

Ainsi nous craignons fort que le théâtre comique n'ait jamais converti personne ; et l'histoire même du théâtre semblerait nous donner raison. Jusqu'à *Tartufe,* les « dévots » étaient assez mal vus à la cour. On joua *Tartufe,* et la fausse piété devint malheureusement à la mode ; et l'hypocrisie religieuse fut un moyen de parvenir autour de Louis XIV vieillissant. C'est après *Turcaret,* et non avant, que l'on vit pulluler les financiers sans pudeur, et s'enfler en un jour de scandaleuses fortunes ; si la France avait compris la leçon donnée par Lesage, elle en avait mal profité. Mais comprend-on les leçons du théâtre ? Quant Beaumarchais fit son *Figaro,* l'aristocratie française devina si peu sur qui tombaient les coups de cette satire amère de ses vices, qu'elle protégea l'auteur et fit fête à la pièce. Mais si elle en fut réjouie, elle n'en fut pas corrigée. Voilà comme toute l'histoire littéraire appuie la vérité du précepte de Santeul. *Castigat ridendo mores.* Disons plus exactement :

la comédie ne fait pas toujours rire, mais elle ne corrige jamais.

Est-ce à dire que le théâtre soit nécessairement immoral, comme l'ont affirmé Platon, Bossuet, Jean-Jacques Rousseau? Cette pensée est bien loin de nous. Le théâtre n'est par lui-même, ni moral, ni immoral ; il est tout simplement une forme de l'art, comme la peinture, la sculpture ou la musique ; forme plus dangereuse, peut-être, parce qu'elle est plus puissante ; mais qui néanmoins obéit aux mêmes lois que toutes les autres. Leur but commun c'est d'exprimer le beau en faisant resplendir le vrai ; ce n'est pas de nous rendre directement meilleurs ou plus vertueux. Sans doute tous les arts doivent respecter la morale ; l'artiste qui l'oublie, agit en malhonnête homme. Mais l'obligation de la respecter n'entraîne pas celle de la servir. Imposer aux arts pour unique ou principal objet de servir la morale et de prêcher la vertu, c'est les soumettre à une tâche impossible, et contradictoire avec leur nature même. Demandons au poète autant que nous demandons au peintre, au sculpteur ; mais ne lui demandons pas davantage. C'est assez pour sa gloire, et c'est bien accomplir son œuvre, s'il sait figurer sous nos yeux l'homme, ses vertus, ses vices, et le faire vivre sur la scène, comme d'autres font par le marbre ou la couleur.

Mais revenons à nos farces, dont les auteurs ne se sont jamais, sans doute, interrogés sur cette grave question de la moralité dans l'art. Ils n'avaient souci que d'amuser, nous l'avons dit; ils ne parlaient jamais de la mission du théâtre, et du sacerdoce des poètes comiques. Qu'on ne croie pas cependant que la comédie ait tenu dans la vie sociale au moyen âge une petite place ; son influence, au contraire, fut considérable ; et les faiseurs de sotties et de farces agirent sur l'esprit de leur temps beaucoup plus, n'en doutons pas, qu'ils ne croyaient faire eux-mêmes.

Or le développement du genre, la grande popularité de certaines farces et des acteurs qui les représentaient, la renommée bruyante faite à certains auteurs comiques, tels que Gringore, coïncide singulièrement avec la décadence et la fin du moyen âge. La comédie est le dernier genre littéraire qui ait fleuri à cette époque ; et tandis qu'elle se portait bien et faisait fortune, le moyen âge était déjà bien malade.

Y a-t-il entre ces deux faits d'autres liens qu'une coïncidence? Ou bien le grand développement de la comédie a-t-il contribué à la décadence du moyen âge? En est-il un signe, une cause, ou une conséquence?

Il est vrai que l'esprit satirique est aussi ancien dans la poésie française que l'esprit héroïque et chevaleresque : on a même prétendu qu'il est, chez nous, plus indigène. Nous devons, a-t-on dit, la veine des chansons de gestes à une influence germanique ; nous ne devons à personne la veine des fabliaux. La verve épique du *Roland* nous vient d'au delà du Rhin. La verve narquoise du *Renard* est née chez nous.

Ces questions d'origines sont délicates à résoudre. Mais quoi qu'il en soit, l'esprit de raillerie est vieux en France; moins d'un quart de siècle après que l'héroïque bravoure de la noblesse féodale avait inspiré le *Roland*, l'épopée se parodiait elle-même (dans le *Voyage de Charlemagne à Constantinople*); et le moyen âge commençait ainsi l'œuvre de dérision qu'il poursuivit jusqu'à son dernier jour, et couronna dans le roman de Rabelais.

Deux inspirations se partagent, ou plutôt se disputent cette époque (du onzième siècle au seizième); l'une en exalte les vertus, le sentiment religieux, le courage militaire, le dévouement à l'amour; l'autre se plaît à nier ou bafouer ces grands sentiments. Ces deux inspirations, ces deux tendances luttent l'une contre l'autre, avec un succès divers ; et, d'abord, la première l'emporte; et, durant le xi$^e$ siècle et le xii$^e$, l'esprit chevaleresque domine dans la poésie, comme il domine dans la société. C'est le temps des chansons de gestes et du grand développement de la poésie lyrique, amoureuse et religieuse à la fois ; c'est le temps où la noblesse française, irrésistible conquérante, envahit l'Europe et l'Orient, et s'y taille des royautés, en Angleterre, en Portugal, en Italie, à Constantinople, à Jérusalem. Au XIIIe siècle, les deux influences semblent se faire équilibre ; ou plutôt, si la figure sainte et majestueuse de Louis IX qui domine tout ce siècle, ne nous faisait illusion, nous verrions déjà l'esprit satirique, l'esprit d'opposition tendre à l'emporter sur l'autre, avec le *Roman de Renart,* avec la seconde partie du *Roman de la Rose,* avec d'innombrables fabliaux. A partir du XIVe siècle, la victoire de l'élément railleur et destructif est assurée ; le moyen âge, avec une ardeur incroyable, travaille à se détruire lui-même ; à ébranler tous ses appuis ; à mettre à nu toutes ses faiblesses.

Dans cette conspiration d'un siècle contre lui-même, le théâtre comique a déployé une verve, une ardeur, une fécondité de moyens où les autres genres littéraires n'ont pu atteindre. Il nous a transmis un tableau complet, grossièrement peint, certainement chargé, mais animé, mais vivant, des mœurs de la société française à la veille de la Renaissance.

Ce portrait malveillant, noir de malice et d'âcre gaieté, a-t-il plus qu'une demi-ressemblance? Non sans doute. A aucune époque la société ne fut si malade; les gouvernements si mauvais; les nobles si impitoyables; les clercs, si corrompus; la justice, si vénale; les avocats, si malhonnêtes; les soldats, si lâches; les marchands, si fripons; les femmes, si dévergondées; les maris, si sots; les enfants, si ingrats; les serviteurs, si haineux; le monde enfin, le monde entier, si pourri. Une société, telle qu'on nous la montre dans les farces, ne durerait pas six mois. Celle-là dura trois siècles; c'est qu'elle était moins noire que son portrait.

Si dans quatre cents ans on juge notre époque sur le témoignage de nos comédies modernes, est-ce que le jugement sera bien favorable? Mais sera-t-il équitable et juste?

Encore une fois, la comédie est un témoin malveillant et partial. Elle ne voit, elle ne peint que les vices, les travers, les ridicules; car, au fond, quelque intention qu'elle affecte, elle veut faire rire et non corriger; or elle sait bien que ce qui fait rire, c'est la verve dans la malice; non l'indulgence des jugements, la charité des intentions.

Toute comédie est donc médisante; mais celle du moyen âge l'a été au plus haut degré; l'époque ignorait cet art des nuances, des sous-entendus, des atténuations, qui, dans les temps de littérature polie et raffinée, prévient l'excès dans chaque genre et ménage habilement le goût et la vérité. Le xv$^e$ siècle ne sait rien de ces délicatesses ; il n'emploie, dans ses tableaux, ni ombres, ni clair-obscur, ni demi-teintes ; mais toutes les couleurs sont crues et franches, brutalement plaquées les unes à côté des autres dans une enluminure éclatante.

Telle fut l'œuvre : un acte d'accusation contre tous les vices du siècle ; un réquisitoire à la fois railleur et passionné. Ni ceux qui l'écrivaient, ni ceux qui le jouaient, ni ceux qui le voyaient représenter, ne le prenaient tout à fait au sérieux ; nous l'avons dit. Autrement, la moitié des représentations se fussent terminées par une émeute. Nous n'avons pas rencontré plus de cinq ou six exemples de désordres populaires éclatant à la suite de quelque représentation comique.

Mais sans que l'effet du spectacle sur les spectateurs fût ordinairement si brusque et si violent, quelle ne dût pas être, à la longue, l'influence du théâtre sur le peuple? et quelle impression la société du moyen âge dut-elle ressentir de la vue prolongée de cette comédie qu'elle-même avait inspirée ?

Nous avons dit plus haut que l'extrême licence des farces choquait moins alors qu'elle ne ferait aujourd'hui ; et par conséquent devait offrir un moindre danger moral. Mais ici voyons les choses de plus haut, à un point de vue plus général. Il y avait dans les farces, dans les sotties, une autre licence que celle des mots et des situations ; une licence plus profonde et plus radicale : la société tout entière y était attaquée dans tous ses membres, surtout dans ses chefs, déchirée, vilipendée, vouée au mépris et à la haine, sous les yeux du peuple et avec son applaudissement.

Tout cela, pour rire ; on ne cessait de le répéter ; et nous avons eu soin d'en tenir compte. Mais il restait de ce rire autre chose que de la gaieté.

Est-ce par hasard que les Réformés, dès qu'apparut Luther, s'emparèrent du théâtre, et usèrent, avec une incroyable ardeur, des privilèges de la farce pour attaquer l'Église romaine et populariser leurs griefs et leurs doctrines ? Rien ne paraissait moins convenir à leur humeur et à leur conduite. Ils réprouvaient le théâtre, et toutefois ils s'en servaient. N'est-ce pas qu'une tradition constante leur montrait la farce comme une arme toute préparée ; la plus dangereuse que des novateurs pussent diriger contre les institutions et la société établie ?

Les pouvoirs régnants qui furent au moyen âge si cruellement intolérants envers les moindres écarts de doctrine, et si indulgents aux dernières licences, lorsqu'on attaquait seulement les personnes, semblent avoir manqué, sur ce point, de logique et de prévoyance. Non, ce n'était pas une bonne école à ouvrir au peuple que celle de ce théâtre audacieux, où sans cesse il voyait tourner en mépris et en raillerie toutes les institutions, toutes les autorités sur lesquelles était fondé l'édifice politique du moyen âge.

Donc la comédie a contribué, pour sa part, à ébranler cet édifice. Il devait périr, un peu plus tôt ou un peu plus tard ; parce qu'il est dans la nécessité des choses, que les civilisations, comme les hommes eux-mêmes, s'affaiblissent en vieillissant ; et finissent par mourir. Mais la maladie peut hâter la fin du corps social comme celle du corps humain : et quelle maladie plus funeste que de douter de soi-même, de sa force et de sa vertu ?

La comédie a enseigné ce doute aux hommes du moyen âge ; lentement, mais incessamment ; elle a insinué dans leur âme le subtil poison de la raillerie universelle. Ainsi, jadis, Aristophane avait commencé la décadence d'Athènes en apprenant aux Athéniens à se mépriser eux-mêmes. Tel est peut-être, dans tous les temps et dans toutes les civilisations le rôle de la comédie satirique. Elle met à nu les plaies sociales, mais les envenime en les découvrant. Elle hâte ainsi la fin de ce qui vieillit et doit mourir, et l'avènement de ce qui naît et veut vivre. Elle est un instrument très actif et très puissant de progrès, ou (pour ne rien préjuger) de changement dans les États.

Ainsi le rire, qu'on dit bon à l'homme, est peut-être funeste aux sociétés chancelantes... Mais n'insistons pas sur une si grosse question à propos de si petites œuvres ! Ombre des antiques « farceurs », malicieux Écoliers, Basochiens en liesse, Enfants-sans-souci, suppôts de la Mère Folle ou du Prince des Sots, vous tous qui ne vouliez que rire, joyeux acteurs et joyeux auteurs, vous vous moqueriez de votre historien s'il s'avisait de terminer votre histoire en écrivant un lourd chapitre de philosophie sociale.

FIN.

# TABLE

INTRODUCTION. .................................... 1
CHAPITRE Ier. — Les origines. Le théâtre comique au XIIIe siècle et au XIVe siècle. Adam de la Halle.............................. 15
CHAPITRE II. — Les genres comiques. Moralités. Farces. Sotties. Monologues.............. 44
CHAPITRE III. — Moralités religieuses, édifiantes ou pathétiques............................ 78
CHAPITRE IV. — L'Histoire de France au théâtre.. 117
CHAPITRE V. — Satire des divers états............ 208
CHAPITRE VI. — Satire de l'amour, des femmes et du mariage............................. 287
CHAPITRE VII. — La Renaissance et son influence sur le théâtre comique................... 330
CONCLUSION........................................ 349

Versailles, Imprimeries CERF, 59, rue Duplessis.

www.ingramcontent.com/pod-product-compliance
Lightning Source LLC
Chambersburg PA
CBHW070451170426
43201CB00010B/1295